广东外语外贸大学国际服务外包人才培训系列教材

Fuwu Waibao Kehu Guanxi Guanli

服务外包客户关系管理

陈震红　主编

暨南大学出版社
JINAN UNIVERSITY PRESS

中国·广州

《服务外包客户关系管理》编委会

总　序

自21世纪以来，我国承接美欧日等国家和地区的国际服务外包呈加速发展之势。2012年，我国承接国际服务外包执行金额为336.4亿美元，现已成为全球第二大服务外包接包国。伴随着服务外包产业的迅速发展，我国能熟练从事国际服务外包业务中高端人才的短缺问题日益突显出来。因此，尽快培养国际服务外包产业所需的中高端人才，已成为促进我国服务外包产业持续、快速和健康发展的当务之急。

广东外语外贸大学国际服务外包研究院和国际服务外包人才培训基地是全国普通高等院校中最早成立的有关国际服务外包研究和人才培训的专门机构。2009年10月以来，国际服务外包研究院承接国际服务外包的理论研究和政府咨询等课题40余项，发表论文200余篇。目前，广东外语外贸大学国际服务外包研究院已成为华南地区国际服务外包理论研究中心、政府决策咨询智库。四年来，广东外语外贸大学国际服务外包人才培训基地共培训软件架构师、软件测试工程师和网络工程师等IT类高校"双师型"教师150余人；培养和培训ITO、BPO、KPO等适用型大学毕业生2 000余人；为IBM、西艾、从兴等服务外包企业定制培训服务外包商务英语和相关业务流程专业人才500余人；培训服务外包企业和政府中高层管理人员近7 000人。经过几年来对服务外包人才培养模式与实践的有益探索，广东外语外贸大学国际服务外包人才培训基地已成为广东省服务外包"双师型"教师资源库、大学毕业生适用型人才交付中心、企业和政府管理人员短期进修中心。

广东外语外贸大学作为广东省国际服务外包高端人才培训基地，为更好地发挥其在国际化人才培养上的优势，进一步提高国际服务外包人才培养的质量，特组织专家学者编写了本套教材。本套教材包括《服务外包企业战略管理》、《服务外包项目管理》、《服务外包客户关系管理》、《商务沟通英语》、《商务会谈技巧英语》、《商务谈判日语》、《商务交际日语》、《软件开发中级英语阅读与写作教程》和《软件测试中级英语阅读与写作教程》，共9本。

培训服务外包产业所需的中高端人才是一项系统工程，其中，编写出能够既反映服务外包发展理论，又符合服务外包发展实践的教材就尤其重要。

1

我们希望本套教材的出版能够为服务外包人才的培养尽一份力量；同时，我们也真诚地欢迎各位读者对本套教材的不足之处提出修改的意见和建议，以期进一步提高我们教材编写的质量。

广东外语外贸大学国际服务外包人才培训系列教材编委会
2013 年 5 月

前　言

发展服务外包产业是当今中国建立现代产业体系的一项重要挑战和机遇。目前，我国服务外包产业业务规模增长迅速，涌现了一批竞争能力强的本土企业。但总体来看，我国服务外包产业仍处于起步成长阶段和学习阶段，所以以维持原有客户和开发新客户为主的客户关系管理逐渐得到企业的重视。客户成为服务外包企业不可或缺的核心资源，对于为企业培养应用型的管理人才来说，服务外包企业客户关系管理的理论和实践就显得尤为重要。本书就是在这样的理论和实践需要的背景下编写的。

全书分为三部分，共八章。第一部分包括第一章和第二章，介绍了客户关系管理概述、客户关系管理的基本理论、CRM 系统的基本知识、服务外包的演变历程、服务外包的核心思想与基本理论、外包管理的基本知识。第二部分包括第三章至第六章，介绍了服务外包企业的客户关系管理战略规划、服务外包企业的客户关系管理的基本策略、服务外包企业客户关系管理的生命周期管理、客户和客户识别、客户信息的收集、客户细分、服务外包企业客户关系的建立、服务外包企业客户关系的维持、客户关系的质量管理、良好的客户沟通与互动、客户个性化管理、客户价值的开发。第三部分包括第七章及第八章，介绍了呼叫中心概述、呼叫中心基本功能与技术结构、呼叫中心绩效评价、呼叫中心的管理过程、服务外包企业服务管理体系、服务外包企业客户关系的绩效评价、服务外包企业 CRM 风险识别与防范。

本书主要面向高校服务外包领域专业人才的教育，以及服务外包行业专业人才的培训。本书是在吸收国内外客户关系管理教材合理内核的基础上，经对服务外包企业进行广泛的调研而编写的。也可为与服务外包相关的政府部门及相关人员提供一定的参考。

本书由陈震红主编，董俊武、梁舆珊任副主编。陈震红负责本书的整体策划、编著及统稿工作。负责参加编写人员具体分工如下：陈震红（第一章至第三章）、董俊武（第四章、第五章）；梁舆珊（第六章）；余鑫（第七章）；钟亚军（第八章）。董俊武、梁舆珊参加了全书的校核工作。曾志伟、夏娴清、何哲茵、戴巧玲、林海珊等还参加了本书的前期资料收集工作。

　　本书在编写过程中，还广泛参考了国内外大量文献资料，尽管我们已尽力列明，但如有遗漏还请不吝告知。虽然我们作出了很大努力，但由于时间有限、水平有限，书中恐仍存疏漏及不当之处，恳请专家学者和广大读者批评指正。

编者

2013 年 3 月于广州白云山

目　录

第三编　客户关系管理的监督与控制

第一编　基础知识

第一章　客户关系管理

【学习目标】
1. 了解客户关系管理产生的背景与演变历程
2. 掌握客户关系管理的三大基本理论

【开篇案例】

作为全球最大、访问人数最多和利润最高的网上书店，亚马逊网上书店的销售收入一直保持着较高的年增长率。面对越来越多的竞争者，亚马逊网上书店的常胜法宝之一就是借助其功能强大的 CRM 系统，亚马逊网上书店采用了 Oracle 的数据库、互联网技术平台及大量的 Oracle 电子商务应用程序。

亚马逊网上书店在处理与客户的关系时充分利用了 CRM 系统的客户智能性。当客户在亚马逊购买图书后，其销售系统会记录下该客户购买和浏览过的书目，当客户再次进入该书店时，系统会识别出客户的身份，并会根据其喜好推荐有关书目。客户浏览书店的次数越多，系统对客户的了解也就越多，也就能更好地为客户服务。显然，这种有针对性的服务对维持客户的忠诚度有极大帮助。CRM 系统在亚马逊网上书店的成功实施不仅给它带来了 65% 的回头客，也极大地提高了书店的声誉和影响力，使其成为公认的网上交易与电子商务的杰出代表。

第一节 客户关系管理概述

一、客户关系管理产生的背景

客户关系管理（customer relationship management，CRM）最早由世界著名的美国咨询公司 Gartner Group 于 20 世纪 80 年代提出，它是 90 年代随着互联网和电子商务涌入中国的最重要的 IT 技术和管理理念之一，是学术界及企业界研究的热点问题。

客户关系管理的理论基础来源于西方的市场营销理论，它在美国最早产生并得以迅速发展。随着新经济时代的来临，企业的战略中心正从"以产品为核心"向"以客户为核心"转变。客户已经成为企业最重要的资源。CRM 的产生是市场需求和管理理念更新的需要，是电子化浪潮和信息技术支持等因素推动和促成的结果。客户关系管理的产生可归结为以下两大方面的因素：

1. 市场需求促成管理理念更新

客户关系管理的产生源于营销理论的发展和市场形态的演变，是营销概念在市场经济中演化的结果。市场形态在经济发展的历程中不断演变，迫使营销领域产生了从以交易为中心到以关系为中心的转变，企业的营销观念也经历了"生产观念—产品观念—销售观念—市场营销观念—社会营销观念—关系营销观念"的过程，如图 1－1 所示。

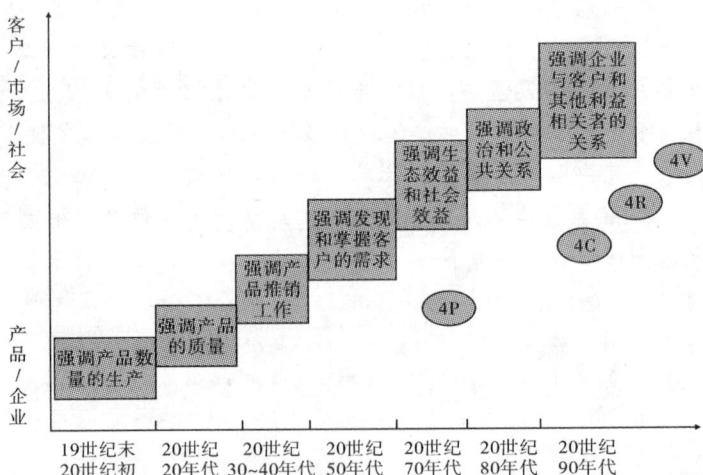

图 1－1　营销管理的发展过程（赵冰，2010）

最初企业所处的市场环境为卖方市场，商品供不应求，产品销售基本上不存在竞争，只要生产出产品就能卖得出去，故企业管理的目标是如何更快更好地生产出产品，营销工作的重点就是提高生产率。到 20 世纪 20 年代，西方资本主义国家开始由卖方市场向买方市场过渡，客户对产品结构提出了更高的要求，在这样的环境下形成了产品观念，企业开始注重产品质量的提高。直至 20 世纪三四十年代，随着科技的进步、管理方式的变革、大规模生产的推广，以及政治环境日趋稳定，企业生产力迅速增加，出现了产品过剩的局面，这使得市场竞争愈加激烈，企业生产出的产品如果卖不出去，就无法实现资本循环。为了实现从商品向货币的转换，企业除了注重产品的质量外，还要注重推销，销售观念开始盛行。20 世纪 50 年代形成了市场营销观念，又称为以客户为中心的营销观念。此时营销的重点是发现和掌握客户的需求，并以比竞争对手更为有效的方式提供适合这些需求的产品。但一些组织单纯强调满足市场需求，缺乏对自身条件和市场环境的分析，到 20 世纪 70 年代，西方资本主义国家陆续出现了能源短缺、环境污染等一系列问题。在这样的环境下，产生了强调社会责任、以社会利益为中心的社会营销观念。20 世纪 80 年代以后，世界经济进入了一个发展迟缓、缺乏生机的时期，新的贸易保护主义开始抬头，菲利普·科特勒提出了大市场营销观念，强调用政治权力和公共关系等力量来促进全球经济贸易的发展。

20 世纪 90 年代，企业面临的环境发生了深刻的变化，竞争加剧是客户关系管理兴起的最直接原因。这种变化导致了企业与客户的关系发生了根本改变，从而不得不促使企业寻求满足客户需求和维系客户的新方法。正是在这种背景下，全新的客户关系管理理念的引入从根本上变革了企业的运作管理模式。

2. "技术革命"推动"客户革命"

早在 20 世纪 70 年代末就已经开始了客户关系的理念研究，但对这一理念的实践到 90 年代中期才开始。导致客户关系管理实践滞后的根本原因在于企业与客户之间巨额的沟通成本。在信息和通信技术不够发达的情况下，企业要达到及时双向地与客户进行沟通的要求是很困难的。

90 年代以后，以 Internet 技术为代表的信息和通信技术对人类的商业行为产生了巨大的影响。在客户关系管理领域，引入了许多革新性技术，如运用数据仓库、联机分析处理、数据挖掘和其他互补技术等，使得营销人员可以从大量繁杂的客户数据中找出有用的信息，分析客户特征和偏好，预测客户需求和行为，从而积累客户知识。因为市场的竞争在加剧，所以服务质量的差异成为企业能否留住客户的关键，新的通信技术迫使企业以前所未有的热情关注自己的客户。可以说，现代信息技术的飞速发展对客户关系管理起到了巨大的推动作用。

二、客户关系管理的演变历程

在国际上对客户关系管理的认识经历了一系列的变化。目前关于客户关系管理的定义主要分为"商业概念型"和"技术概念型"两大类别。前者侧重于商业管理层面，后者侧重于信息技术层面。关于客户关系管理的概念争论的核心是：客户关系管理到底是纯粹的管理策略，还是单纯的技术，或者技术是否应该成为客户关系管理的一个不可分割的组成部分？

国际上关于客户关系管理的研究可分为四个阶段：

第一阶段：20世纪70年代末到80年代初，这是客户关系管理理念的萌芽时期，相关的研究主要侧重于理念的探讨。

第二阶段：20世纪80年代末到90年代中期，这一时期关于客户关系管理的讨论大量涌现，主要集中于商业策略，比第一阶段更为深入，一些著名企业的CEO也参与了争辩，这一阶段主要的刊物《哈佛商业评论》收录了这一时期大多数探讨性、观点性的文章，涉及了客户满意、客户忠诚、客户保持、客户价值等方面的内容。

第三阶段：20世纪90年代中期到2002年，这一时期客户关系管理学术研究成果大为丰富，已经走向实用化阶段，咨询公司的介入使得更多的企业认识到了客户关系的重要性，并开始在企业中创造性地运用客户关系管理。此外，为了抓住商机，许多软件公司及时推出了客户关系管理软件。这一阶段的CRM研究更加丰富，更为务实，研究的侧重点为客户关系管理的企业实施策略以及CRM软件的系统架构，即"商业概念型"和"技术概念型"的相关研究各有侧重。前者的代表性理论有著名营销专家格鲁诺斯提出的"客户关系生命周期理论"，主要强调根据客户关系的不同时期采取针对性的商业策略；Robert B. Woodruff和Sarah Fisher Gardial的"客户价值理论"，提出了客户价值的确定流程和企业价值交付战略；James L. Hesketts、Thomas O. Jone和Gary W. Loveman关于客户满意与客户忠诚的关系研究；R. Kalakota和A. Whinston教授的客户关系价值链研究，强调企业、供货商、分销商和客户的价值网构建。而"技术概念型"的代表则是在管理咨询和软件商用方面，Gartner Group、Hurwitz Group等国际咨询公司积极推广它们的"客户关系管理理论"，IBM、Oracle、SAP等软件巨头纷纷推出自己的客户关系管理解决方案系统。

第四阶段：2002年至今，客户关系管理的学术研究进入平稳发展期，各项研究继续深入发展，我们看到了"商业型概念"与"技术型概念"相结合的一些研究。如在客户价值（关系价值）领域，人工智能技术被引入到客户价值的评价应用中（H. W. Shin 和 S. Y. Sohn，2003）；在顾客价值领域，推荐系统（recommendation system），特别是个性化推荐系统的研究是近几年的持续热点（S. T. Yuan 和 C. Cheng，2004；S. S. Weng 和 M. J. Liu，2004；Y. S. Kim、B. J. Yum、J. Song 和 S. M. Kim，2005；S. H. Min 和 I. Han，2005）；客户消费行为预测，尤其是客户流失预警，也是关注的重点（I. Roos、B. Edvardsson 和 A. Gustaffson，2004；B. Lariviere 和 D. V. Poel，2004；P. S. Fader、B. G. S. Hardie 和 K. L. Lee，2005）。从目前国际上客户关系管理理论发展的总体情况看，CRM 定义正逐渐呈现出两大类别相互整合的趋势。

综合以上四个阶段对客户关系管理的研究，我们可以从理念、技术、实施三个层面理解 CRM 的内涵。其中，理念是 CRM 成功的关键，它是 CRM 实施应用的基础和土壤；信息系统、IT 技术是 CRM 成功实施的手段和方法；实施则指 CRM 的营销策略，是指结合软件与组织状况，在调研分析的基础上做出的解决方案，是决定 CRM 成功与否、效果如何的直接因素。三者构成了 CRM 稳固的"铁三角"，如图 1-2 所示。

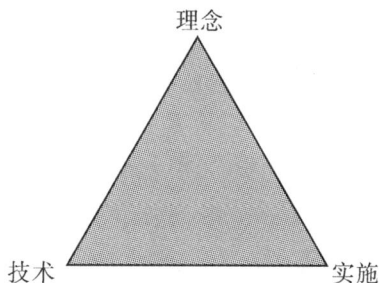

图 1-2　CRM "铁三角"

客户关系管理作为一种管理理念，起源于西方的市场营销理论，产生和发展于美国；作为解决方案，它集成了当今最新的信息技术，包括 Internet、多媒体技术、数据仓库和数据挖掘、专家系统和人工智能、呼叫中心以及相应的硬件环境，同时还包括与 CRM 相关的专业咨询等；作为一个应用软件系统，将科学的管理理念通过信息技术的手段集成在软件上面，得以在全球大规模地普及和应用，市场营销、销售管理、客户关怀、服务和支持等构成了 CRM 软件模块的基石。

客户关系管理首先是一种管理理念，其核心思想概括为"为提供产品或服务的组织，找到、留住并提升价值客户，从而提高组织的盈利能力并加强竞争优势"。其次，客户关系管理应是一种旨在改善企业与客户之间关系的新型管理机制和营销策略，它实施于企业的市场营销、销售、服务与技术支持等与客户相关的领域。最后，客户关系管理营销策略的实施必须借助于信息共享等技术以优化整个商业运营流程，以帮助企业的销售、市场和客户服务的专业人员进行全面、个性化的客户资料收集，强化其跟踪服务、信息分析的能力，以帮助企业有效地降低与客户打交道的成本。总之，在企业客户关系管理中，理念、技术、实施，一个都不能少。只有借助先进的理念，利用发达的技术，进行完美的实施，才能优化资源配置，在激烈的市场竞争中获胜。

三、客户关系管理的核心思想

CRM 的核心思想是将企业的客户（包括最终客户、分销商和合作伙伴）视为最重要的企业资产（即"以客户为中心"），企业利用 CRM 系统，通过深入的客户分析（客户价值识别、客户细分）和完善的客户服务（客户关系保持策略、资源投入策略）来满足客户的个性化需求，提高客户的满意度和忠诚度，进而保证客户终身价值的最大化和企业利润的增长。

（1）客户关系管理的核心是客户价值。在对客户的识别、保留和发展的整个过程中，对客户价值的评判是企业进行客户关系管理首先关注和解决的问题。这种价值评判包括两个方面：一是企业对为客户提供的价值（customer perceived value，国内学者也称之为"顾客价值"）的评判。二是企业对客户为其创造的价值（enterprise perceived value，国内学者称之为"关系价值"）的评判。客户关系管理的实施是一个使客户关系增值的管理过程。企业只有为客户提供比竞争对手更优质的产品和服务，才能获得该客户的货币投票；客户只有能够为企业带来利润，企业才会为其提供与之相称的产品和服务。

（2）对客户满意度和忠诚度的关注是客户关系管理的重要特点。当企业对客户价值进行识别之后，就会形成一个客户价值的细分矩阵，这一矩阵会清晰地给企业一个指导：哪些客户是值得企业投入时间、金钱等资源而加以保持和维护的。而企业在针对特定客户群进行客户关系保持策略时，它的目的就在于提高客户的满意度和忠诚度，以避免这部分客户的流失。客户满意度与忠诚度理论正好为企业如何提高客户满意度和忠诚度的商业实践提供了良好的理论依据。

（3）客户关系管理强调客户的生命周期管理。客户关系管理所倡导的关系型营销是以产品为中心的交易型营销，其重要特点就在于其更加关注客户的长期价值，而不仅仅是短期利益。客户生命周期管理（也称客户关系生命周期管理）的目的就是实现其终身价值最优，客户生命周期管理的核心就是生命周期客户价值管理。

鉴于此，本书提出客户关系管理的定义为：客户关系管理是企业在"以客户为中心"的战略理念指导下，通过运用 CRM 系统，开展系统化的客户研究，进行客户价值识别，基于客户价值的客户细分、针对不同的细分客户群实施有效的客户关系保持策略和资源投入策略，以提高客户的满意度和忠诚度，最终实现客户全生命周期利润最大化的营销管理策略。

第二节　客户关系管理的基本理论

客户关系管理的基本理论是整个 CRM 的基石。CRM 的基础理论回答的是"CRM 的任务有哪些"和"完成这些任务需要什么样的具体理论支持"两个问题，客户价值识别理论、客户满意度与忠诚度理论、客户关系生命周期理论对以上问题作了回答，它们是 CRM 的三大基本理论。

一般而言，CRM 有广义和狭义之分。广义的 CRM 的任务有两部分：新客户获取，即将有价值的潜在客户转化为现实客户；老客户保持，即保持有价值的客户。而狭义的 CRM 只涉及如何保持已有客户。图 1-3 具体展示了广义 CRM 和狭义 CRM 的具体任务目标。

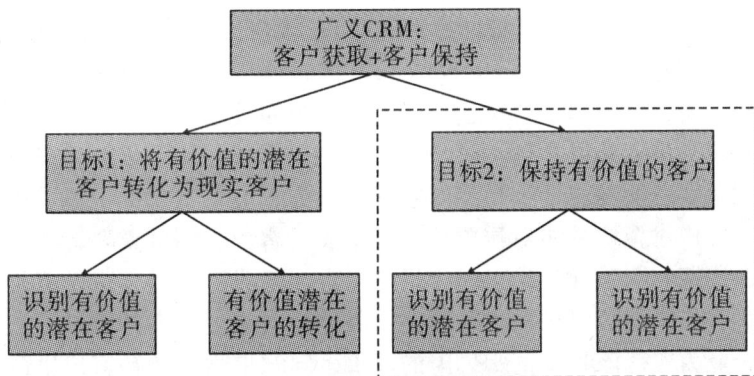

图 1-3　CRM 任务树（綦方中，2011）

客户价值识别理论、客户满意度与忠诚度理论、客户关系生命周期理论是狭义 CRM 的基本理论，也是本章主要讨论的内容。客户价值识别理论用于支持完成 CRM 的第一项基本任务，即"识别有价值客户"；客户满意度与忠诚度理论用于支持完成 CRM 的第二项基本任务，即"培育有价值客户的满意度与忠诚度"；而客户关系生命周期理论是研究客户关系动态特征的有效工具，是前两大理论的共同基础，如图 1 - 4 所示。

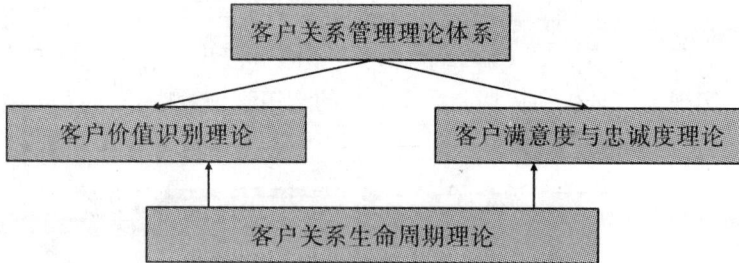

图 1 - 4　客户关系管理理论体系

一、客户价值识别理论

一般而言，客户价值包括两个方面的价值。一方面，企业为客户所提供的价值，也叫顾客价值。这是从客户角度出发，客户为价值感受主体，企业为价值感受客体。从经济学的角度讲，企业为客户提供的价值就是对于企业提供的产品和服务，客户基于自身的价值评价标准而识别出的价值，这是传统意义上的客户价值，也是客户价值研究目前成果最为丰富和深入的领域。这一价值在营销学中比较典型的提法有客户让渡价值（customer delivered value）和客户识别价值（customer perceived value），主要衡量指标有客户满意度等。另一方面，客户为企业所创造的价值，也叫关系价值。这是从企业角度出发，企业为价值感受主体，客户为价值感受客体。这一价值是根据客户消费行为和消费特征等变量所测出的客户能够为企业创造出的价值，该客户价值衡量了客户对企业的相对重要性，是企业对客户决策的重要标准。其中客户全生命周期利润是近几年兴起的研究内容，已成为这类客户价值研究领域的焦点。客户全生命周期利润既反映了收益流对企业利润的贡献，又明确地扣除了企业为取得该收益流所付出的代价，同时更重要的是客户生命周期价值充分预计了客户将来对企业的长期增值潜力，因此能客观、全面地度量客户将来对企业的总体价值。目前，用客户全生命周期利润作为企业相应的决策依据，无论在学术界还是企业界都逐渐得到认可。

在这一节中，客户价值是指客户对企业的价值，即从企业的角度来探讨客户的价值。

二、客户满意度与忠诚度理论

企业开展客户满意度研究的动机是为了改善客户关系，但满意度只是客户的一种感觉状态，即使企业知道和了解了客户对企业所提供的产品和服务的满意度，也不能保证这种满意度一定会转化为最终的购买行为。因为满意度只能说明这种产品或服务可能具有的市场潜力，而只有当企业掌握了客户对企业产品的忠诚度，对挖掘潜在客户需求和增加未来市场销售来说才具有更为直接的指导意义。因此，培育忠诚客户已经成为企业获得成功最关键的目标之一。

1. 客户满意

不同学者从不同角度定义客户满意，但是大多数学者提出的客户满意定义是过程定义。在客户满意的早期研究中，许多学者认为，客户满意是客户对产品期望与产品实际之间的差异进行评估后的产物。目前学术界普遍公认的客户满意定义是由美国著名学者理查德·奥立弗（Richard L. Oliver，1997）提出的。奥立弗认为，客户满意是客户需要得到满足后的一种心理反应，是客户对产品或服务满足自己需要程度的一种判断。也就是说，满意是客户对于自己愿望兑现程度的一种心理反应，是一种判断方式。这种判断方式的对象是一种产品和服务的特性以及这种产品和服务本身，判断的标准是看这种产品和服务满足客户需求的程度，包括低于或高于客户的预期。客户预期某种产品或服务能够满足自己的需要，能够为自己提供乐趣、减少痛苦，才会购买这种产品或服务。而客户满意度是客户满意的度量。由此可见，客户满意度是由客户对产品或服务的期望值与客户对购买产品或服务所感知的实际体验两个因素决定的。图 1-5 是奥立弗于 1980 年提出的一个用于解释客户满意感形成过程的"期望—实绩"模型。

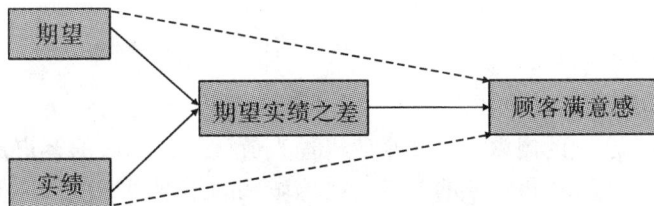

图 1-5 "期望—实绩"模型（Richard L. Oliver，1980）

注：图中虚线所示关系是邱吉尔和塞朴纳的观点

该模型认为，在消费过程中或消费之后，客户会根据自己的期望，评估产品和服务的实绩。如果实绩低于期望，客户就会产生不满；如果实绩符合或超过期望，客户就会满意。美国学者邱吉尔（Gilbert A. Churchill）和塞朴纳（Carol Surprenant）的实证研究结果表明，在许多情况下，期望和实绩都会影响客户对期望与实绩比较结果的主观感受，也会直接影响客户满意感。

不少专家学者和企业管理人员依据"期望—绩效"模型，简单地认为产品和服务的实绩符合或超过客户的期望，客户就会满意。而事实上，当产品和服务的实绩刚刚符合客户的期望或超过期望的程度很小时，客户既谈不上满意也谈不上不满意，客户心理处于平常状态，也有学者把这种情况称为消费者评估的"无差异区间"，也就是说客户可能并没有注意到服务经历过程中的某些属性，对这些属性既谈不上满意也谈不上不满意；只有当客户感知到的产品和服务的实绩超过客户的期望时，客户才会高度满意，如图1-6所示。

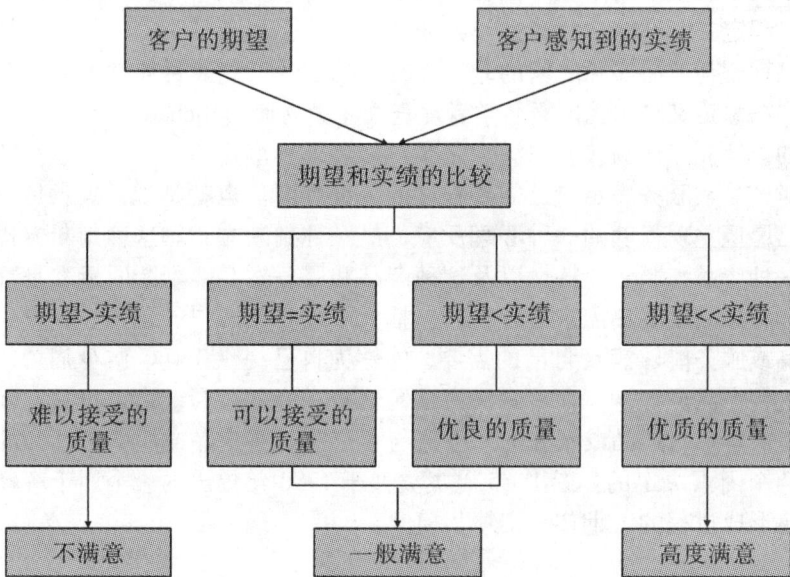

图1-6 客户满意的类型

2. 客户忠诚

（1）客户忠诚的内涵。许多企业管理人员认为，忠诚的客户是指那些长期重复购买企业产品和服务的客户。在忠诚感的早期研究中，许多学者基于行为的视角，以客户重复购买次数、忠诚行为的持续时间以及购买比例等来定义客户忠诚。例如，Tucker（1993）将连续3次的购买定义为客户忠诚；

美国学者纽曼（Joseph W. Newman）和沃贝尔（Richard A. Werbel）认为，忠诚的客户是指那些反复购买某个品牌的产品、只考虑该品牌的产品、不会寻找其他品牌信息的客户。然而，这类客户忠诚的定义只强调客户的实际购买行为，并没有考虑客户忠诚的心理含义。后来，不少学者从客户态度的视角，以口碑宣传、推荐意向和购买本身等来定义客户忠诚。Germler 和 Brown（1996）把服务业客户忠诚定义为"客户向特定服务供应商的重复购买意愿和对其所抱有的积极态度，以及在对该类服务的需求增加时，继续选择服务供应商唯一供应的倾向"。

综上所述，根据客户对企业的态度和行为，可将客户分为态度忠诚的客户和行为忠诚的客户。所谓态度忠诚是指客户内心对企业及产品和服务的积极的情感，是客户对产品和服务的相当程度的依恋；而客户的行为忠诚是指客户对企业的产品和服务的不断购买。由此可见，企业应综合考虑客户忠诚的行为特征（如重复购买行为）和态度特征（如客户忠诚源自客户对产品的偏爱和依赖，是积极的、持续的）。

忠诚的顾客具有如下五个方面的特征。一是有规律地重复购买；二是愿意购买供应商多种产品和服务（交叉购买）；三是经常向其他人推荐；四是对竞争对手的拉拢和诱惑具有免疫力；五是能够忍受供应商的偶尔失误，而不会发生流失或叛逃。

（2）客户忠诚的分类。客户忠诚的划分标准多种多样，其中一种广为认同的分类方法，是美国学者 Dick 和 Basu（1994）根据客户对企业的态度和客户的购买行为提出的客户忠诚分析框架，如图 1 - 7 所示。

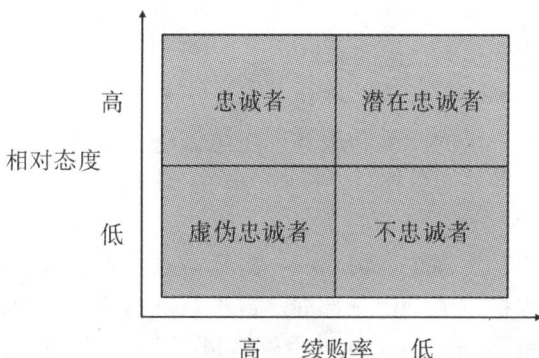

图 1 - 7　**客户忠诚分析框架**（Dick 和 Basu，1994）

忠诚者。真正的忠诚，既包括态度上的认同感，又包括行为上的持久性。

只有那些续购率高，且与其他企业相比更喜欢本企业的客户才是本企业真正的忠诚者。这是一种典型的感情或品牌忠诚，这种忠诚对很多企业来说是最有经济价值的。客户对其产品和服务不仅情有独钟，重复购买，而且乐此不疲地宣传它们的好处，热心地向他人推荐其产品和服务。这种客户是任何企业都喜欢的一类客户。

潜在忠诚者。他们往往表现出低重复购买的特点，但在情感上对企业的产品和服务有较高的依恋，非常愿意购买企业的产品和服务，但由于一些其他因素的影响导致低的续购率，如产品本身是耐用品，需要购买的次数不多等。他们会代为宣传，极力推荐给亲戚、朋友和家人。这类顾客会成为公司的业余营销员，因而他们对公司而言也很有价值。

虚伪忠诚者，也称惯性忠诚者。这类客户具有较低的相对态度和较高的续购率，他们不喜欢企业的产品和服务，只是出于外部因素（如价格、地点等），由于懒惰或在没有其他选择的情况下而购买企业的产品和服务。一旦外部因素发生变化时（即市场上出现新的竞争者能够为其提供更大的消费价值），这类客户很可能"跳槽"，改购其他企业的产品和服务。垄断忠诚、惰性忠诚、激励忠诚、方便忠诚都属于虚伪忠诚。垄断忠诚是指客户别无选择。惰性忠诚是指客户由于惰性而不愿意去寻找其他的供应商，但他们对企业并不满意，若其他企业能够让他们得到更多的实惠，这些客户就会被挖走。激励忠诚是指当企业有奖励活动的时候，客户都会来此购买，一旦活动结束，客户就会转去其他有奖励的或是有更多奖励的企业。方便忠诚是指客户由于企业提供的产品和服务有空间、时间等方面的方便性而重复购买，这样的客户也很容易被竞争对手挖走。但是企业也可以通过积极地与客户搞好关系，同时尽量显示出自身的产品和服务具有竞争对手没有的优点或长处，来争取将这种客户发展成为绝对忠诚的客户。

不忠诚者。这类客户追求多样化，喜欢从不同的企业购买自己需要的产品和服务，难以对一定的产品和服务产生忠诚感，这种客户不能发展成为企业的忠诚客户，企业要避免把目光投向这样的客户。

3. 客户满意与客户忠诚的关系

传统观念认为，发现正当需求——满足需求并保证客户满意——营造客户忠诚，如此过程构成了营销三部曲。这种观点认为，客户满意必然造就客户忠诚。然而，世界知名的美国贝恩管理顾问公司（Bain & Co）的研究表明，40%的客户对产品和服务完全满意也会因种种原因投向竞争对手的怀抱。根据清华大学中国企业研究中心对全国40多个不同行业的390多家企业的调查，许多客户满意度比较高的企业其客户忠诚度并不高。

那么客户满意和客户忠诚有什么区别呢？前者衡量的是客户的期望和感受，而后者反映客户未来的购买行动和购买承诺。客户满意度调查反映了客户对过去购买经历的意见和想法，只能反映过去的行为，不能作为对未来行为的可靠预测。忠诚度调查却可以预测客户最想买什么产品，什么时候买，这些购买可以产生多少销售收入。

客户的满意和他们的实际购买行为之间不一定有直接的联系，满意的客户不一定能保证他们始终会对企业忠实，产生重复购买的行为。在一本《客户满意一钱不值，客户忠诚至尊无价》（*Customer Satisfaction Is Worthless*，*Customer Loyalty Is Priceless*）的有关客户忠诚的畅销书中，作者辩论到："客户满意一钱不值，因为满意的客户仍然购买其他企业的产品。对交易过程的每个环节都十分满意的客户也会因为一个更好的价格更换供应商，而有时尽管客户对你的产品和服务不是绝对的满意，你却能一直锁定这个客户。"

不可否认，客户满意是导致重复购买最重要的因素，但客户满意绝对不是客户忠诚的充分条件。长期以来，人们普遍认为，客户满意与客户忠诚之间的关系是简单的、近似线性的正相关关系。后来研究发现，客户满意与客户忠诚两者的关系受到其他因素的影响，如美国学者琼斯（Thomas Jones）和赛塞认为，客户满意和客户忠诚之间的关系受行业竞争状况的影响，如图1-8中曲线1所示，在高度竞争的行业中，非常满意的客户远比满意的客户忠诚，只要客户满意程度稍稍下降一点，客户忠诚的可能性就会急剧下降；而曲线2则说明，在低度竞争的行业中，客户满意对客户忠诚的正向影响并不明显，不满的客户很难"跳槽"，这是因为客户别无选择，也就是前面提到的虚伪忠诚中垄断忠诚的表现。

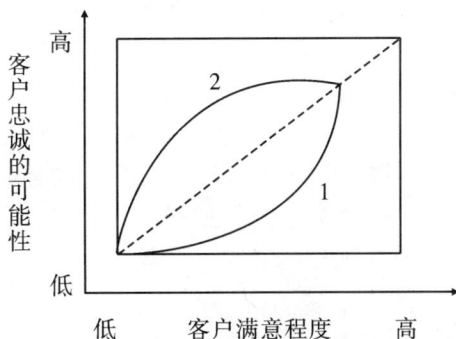

图1-8　客户满意与客户忠诚的关系（赵冰，2010）

此外，客户满意与客户忠诚的关系除了受到行业竞争程度的影响外，还会受到转换代价、有效的常客奖励计划、客户对产品和服务质量的敏感状况等因素的影响。如患者在治疗过程中转院或企业在广告协议未完成时更换广告公司，都要付出很大的转换代价；再如，航空公司推出常客旅行计划，给予常客奖励，刺激他们更多地购买其机票。客户对产品和服务质量的敏感状况这一因素是指，在客户感知"非常满意"与"满意"之间存在所谓的"质量不敏感区域"。在这一区域，尽管客户满意水平较高，但客户不一定再次购买企业的产品和服务，也没有向家人、朋友或他人推荐企业的产品和服务的意向。只有当客户满意水平非常高时，客户忠诚现象才会出现，良好的口碑效应才得以产生。美国贝恩公司的调查显示，在声称对公司产品满意甚至十分满意的顾客中，有65%～85%的客户会转向其他企业的产品和服务。其中汽车业85%～90%满意的客户中，再次购买的比例只有30%～40%，而餐饮业中，品牌转换者的比例高达60%～65%。

综上所述，尽管客户满意与客户忠诚的关系受各种因素影响，但二者的相互关系是毋庸置疑的，且一般情况下，二者是正相关关系。客户忠诚是企业获利的充分条件，而客户满意是客户忠诚的必要条件，不满意的客户是不会成为企业真正的忠诚者的。尽管满意的客户不一定是忠诚的客户，但绝对忠诚的客户一定是满意的客户。因此，企业依然有必要在提高客户满意度方面下一番工夫。

三、客户生命周期理论

"客户关系具有明显的周期特征"这一观点早已被一些学者提出，并且随着对客户关系动态特征重要性认识的不断加强，客户生命周期的应用研究也引发了越来越多学者的关注。客户生命周期理论（也称客户关系生命周期理论）是指从企业与客户建立业务关系到完全终止关系的全过程，是客户关系水平随时间变化的发展轨迹。客户关系生命周期理论要完成四大任务：对客户关系各阶段进行划分（客户关系阶段划分理论）、动态地描述客户关系在不同阶段的总体特征（客户生命周期描述理论）、对客户关系生命周期的模式进行分类（客户生命周期分类理论）、判断哪种模式是客户关系生命周期的最优模式（客户生命周期优化理论）。

1. 客户关系阶段划分理论

客户关系生命周期，是指客户关系水平随时间变化的发展轨迹，它直观地揭示了客户关系发展从一种状态向另一种状态运动的阶段性特征。许多学者为整个发展轨迹划分出不同的阶段，如 1987 年，Dwyer 等人提出了客户关系（当时称"买卖关系"）发展的五阶段模型（简称 Dwyer 模型）。该模型认为，买卖关系的发展一般要经历认知（awareness）、考察（exploration）、扩展（expansion）、承诺（commitment）和解体（dissolution）五个阶段。认知阶段通过接触与广告得到加强；考察阶段以买方搜索卖方和尝试性购买为特征；扩展阶段买卖双方间的依赖性日益增强；承诺阶段双方高度满意，并相互保证持续现有关系；解体阶段至少有一方退出。

Jap 和 Ganesan 参考 Dwyer 模型，将供应商和零售商之间关系的发展划分为考察（exploration）、形成（build - up）、成熟（maturity）、退化（decline）、恶化（deterioration）五个阶段。该模型前面三阶段与 Dwyer 模型的"考察"、"扩展"和"承诺"相似，"恶化"阶段也类似于 Dwyer 模型的"解体"阶段。两个模型的区别只在于后者省略了 Dwyer 模型的"认知"阶段，增加了"退化"阶段，但两种模型的本质没有区别。

陈明亮（2001）以上述两个模型为基础，将客户关系的发展划分为考察期、形成期、稳定期、退化期四个阶段，简称四阶段模型。本节后续内容将基于这一四阶段模型展开论述。

各阶段特征的简要描述如下：

（1）考察期。关系的探索和试验阶段。信息的不对称性、信息的匮乏以及信息的不确定性是这个时期的主要特征。企业要主动地寻求客户信息并且为客户提供企业的信息，保证信息渠道的畅通。这个阶段双方要考察目标的相容性，评价对方的诚意和绩效，考虑如果建立长期关系，双方潜在的职责、权利和义务。企业在这个阶段的营销目标是发掘可能建立关系的潜在客户。客户会在这个阶段下一些尝试性订单。

（2）形成期。关系快速发展阶段。客户与企业的交易次数或者交易额快速上升，客户关系得到迅速提升，企业和客户彼此满意，双方相互信赖感增强。但同时存在关系的不稳定性。这个阶段企业的营销目标是：甄别客户关系类别（短期或长期关系），发掘有价值客户，采取客户关系提升策略。

（3）稳定期。客户关系水平的最高阶段。在这一阶段，双方或含蓄或明确地对持续长期关系作了保证。这一阶段有如下明显特征：①双方对对方提供的价值高度满意；②为能长期维持稳定的关系，双方都做了大量有形和无形的投入，使退出成本增大；③双方之间高水平的资源交换，包括信息资源的共享。因此在这一时期双方的交互依赖水平达到整个关系发展过程中的最高点，双方关系处于一种相对稳定的状态。企业这一阶段的营销目标是：客户关系的维系和保持，使客户关系的边际收益长期大于零，企业能够保持长期稳定的利润来源。

（4）退化期。关系发展过程中关系水平逆转的阶段。客户关系的边际收益呈下降趋势，企业维系客户关系的成本显著增大。企业与客户之间的满意度降低，需求弱化，交易量降低。企业这一阶段的营销目标是：发现退化现象，判断客户关系是否值得保持，采取终止策略或恢复策略。值得注意的是，关系的退化并不总是发生在稳定期后，实际上，在任何一个阶段关系都可能退化，有些关系可能永远越不过考察期，有些关系可能在形成期退化，有些关系则越过考察期、形成期而进入稳定期，并在稳定期维持较长时间后才退化。

2. 客户生命周期描述理论

客户生命周期描述是指客户关系发展水平随时间变化的图形化展示，以直观地提示客户关系发展的阶段性。描述客户生命周期模式的曲线称为客户生命曲线，它以时间为横轴，以能够表征客户价值水平的特征变量（如利润、交易额、购买力、钱包份额、心理份额等）为纵轴的二维曲线模型。不同的生命曲线代表了不同的生命周期模型，这将会在下一部分的客户生命周期分类理论进行阐述。

对于曲线模型的建立，横坐标以时间为变量是没有异议的，关键在于确定纵坐标用什么评价指标来表示客户关系水平。站在企业的角度来研究客户生命周期模式，可以沿用陈明亮（2001）的研究成果，以客户与企业的交易额 $TV(t)$ 和客户为企业带来的利润 $P(t)$ 两个指标为基础绘制客户生命曲线，如图 1–9 所示。

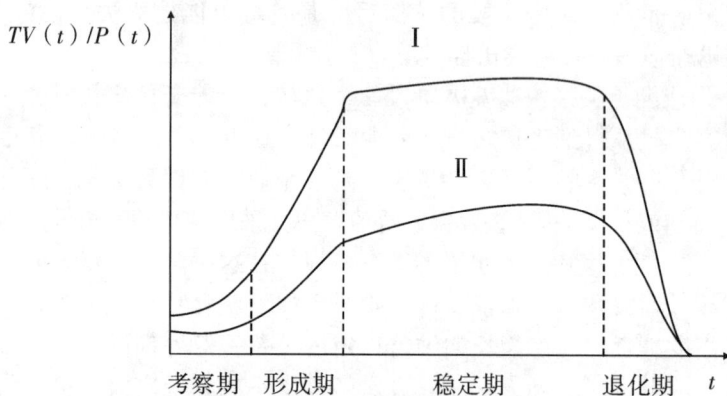

图 1–9　典型的客户生命曲线（綦方中，2011）

Ⅰ曲线为 $TV(t)$ 曲线。客户关系水平越高，交易额 $TV(t)$ 就越大。具体地说，在考察期总体很小且上升缓慢，形成期快速增长并在形成期后期接近最大值，稳定期总体很大但上升十分缓慢，在某一时点达到最大，之后在最大值附近保持，退化期快速下降。

Ⅱ曲线为 $P(t)$ 曲线。客户关系水平越高，客户为企业创造的利润 $P(t)$ 就越大。具体地说，在考察期总体很小（甚至为负）且上升缓慢，形成期以较快速度增长，稳定期继续增长但较之于形成期速度相对较慢，在稳定期后期达到最大，退化期快速下降。

$TV(t)$ 曲线与 $P(t)$ 曲线有两点不同：首先，交易额在形成期后期就已接近最大值，稳定期则保持在最大值附近，但利润在稳定期继续攀升，直到稳定期后期才达到最大值。这是由于交易额达到最大值以后，客户愿意为产品和服务支付的价格仍然在提高，且服务成本、交易成本还有下降的空间，它们对利润的正效应一直延续到稳定期后期。其次，退化期利润回落的速度低于交易额回落的速度。原因在于有惯性作用，价格、成本的变化有一定的滞后效应。

3. 客户生命周期分类理论

上一部分的客户生命周期描述理论，我们介绍了一个理想的、典型的客户生命周期模式中各阶段的客户关系水平特征。这种典型的客户关系发展轨迹能为企业带来丰厚的利润。然而，并非所有客户关系都能按照企业期望的这种理想轨迹发展，除了典型的客户生命周期模式外，客户关系的生命周期还可能呈现出其他模式。如上所述，客户关系的退化可能发生在考察期、形成期和稳定期的任何一个时点。根据客户关系的退化现象出现的时期不同，陈明亮（2001）提出了四种客户生命周期模式类型：早期流产型、中途夭折型、提前退出型和长久保持型，如图 1-10 所示。

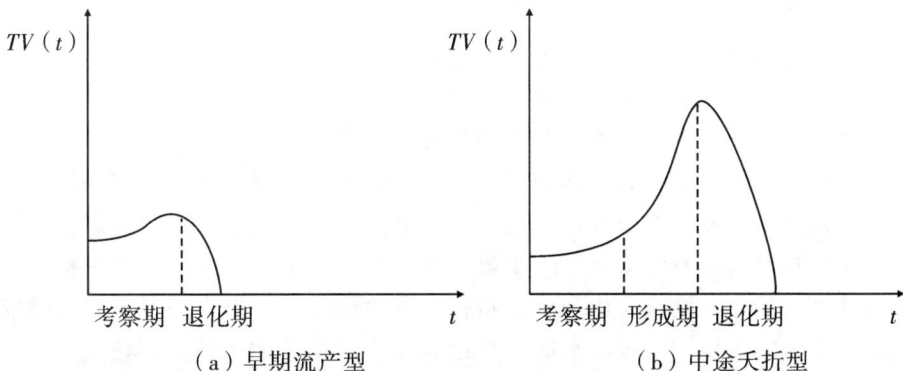

（a）早期流产型　　　　　　　　（b）中途夭折型

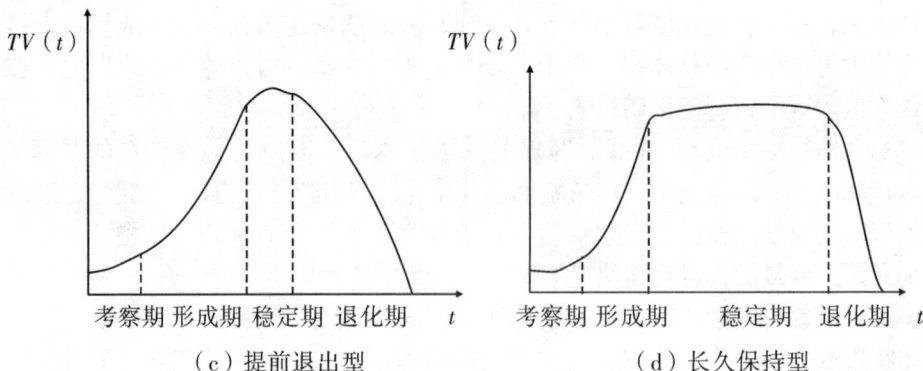

图 1 - 10　客户生命周期模式类型（綦方中，2011）

（1）早期流产型。客户关系没能越过考察期就流产了。造成客户关系早期退化的原因有二：一是客户认为企业没有提供客户预期的、让客户满意的价值，由于双方基本信任感还未建立，不存在转换成本，客户关系非常脆弱，客户一旦不满意就可直接退出；二是企业认为客户没有多大价值，不愿与其建立长期关系。这一模式的客户生命周期非常普遍，因为在巨大的供应商和客户多元关系网络中，经过双向价值评估和选择，能够进入二元关系的毕竟是少数。

（2）中途夭折型。客户关系越过了考察期，但没能进入标志着关系成熟的稳定期即在形成期夭折了。客户关系中途夭折，说明双方对此前关系的价值是满意的，相互也建立了一定的信任感，企业能够提供比较好的公共价值（如较好的产品质量、适中的价格、较及时的交货、较好的售后服务和技术支持等），但由于自身核心竞争能力的限制，无法满足客户不断提升的价值预期，无法给客户提供个性化增值。因此，企业无法成为客户心目中最好的供应商，客户会积极寻找更合适的供应商。

（3）提前退出型。客户关系进入了稳定期但没能持久保持而在稳定期前期退出。造成这种高水平客户关系没能持久保持的原因有两个：一是企业持续增值的创新能力不够，客户关系要长久保持在高水平的稳定期，企业必须始终提供比竞争对手更高的客户价值。个性化增值是提高客户价值的有效途径，它建立在与客户充分沟通、对客户需求深刻理解和客户自身高度参与的基础上，具有高度不可模仿性。增值创新能力实际上就是企业为客户提供个性化增值的能力。供应商由于受自身核心竞争能力的限制，或者不能及时捕捉客户需求的变化，或者没有能力持续满足不断变化的个性化客户需求，从而引起客户的不满，失去客户信任，进而导致客户关系退化并最终退出。二是客户认为双方从关系中获得的收益不对等。当客户关系发展到很高水平时，客户对价值的评价就不再局限于自身从关系中获得的价值，同时也会对供应商从关系中获得的价值作出评价。如果发现自身从中获得的价值明显低于供应商从中获得的价值，客户将认为双方的关系是不公平的。双赢是关系可持续发展的一个基础，因此一旦客户认识到关系的不公平性，客户关系就会动摇，久而久之，关系就可能破裂。

（4）长久保持型。客户关系进入稳定期并在稳定期长久保持。这就是前一部分提到的典型的客户生命周期模式。客户关系能长久保持在高水平的原因跟上述提到的因素相同，如能够始终提供比竞争对手更高的客户价值，能够提供个性化增值，双方关系是双赢的、公平的。此外，客户不愿意退出可能与其有很高的经济和心理转移成本有关。转移成本是一种累积成本，客户关系发展到高水平的稳定期时，客户面临着种种很高的转移成本，如专有投资、风险成本、学习和被学习成本等，因此即使企业提供的价值一时达不到客户的预期，客户也不会轻易退出。当客户关系出现问题时，转移成本这种作用为供应商提供了良好的修复客户关系的机会。

4. 客户生命周期优化理论

根据客户生命周期优化理论的观点，客户关系的发展轨迹，即客户生命周期模式是可以通过采取相应措施（如客户关系保持策略、资源投入策略、忠诚管理策略等）进行控制的。那么，对于最有价值的一类客户，企业希望与其关系能按照什么样的模式发展下去呢？也就是说，什么样的客户关系生命周期模式是最优的呢？

显然，最优的准则是客户在整个生命周期为企业创造了最大的利润。所以，最优客户生命周期模式（optimum model of customer relationship life cycle, OMCRLC）是指使客户全生命周期利润最大的客户的生命周期模式。在前面介绍客户价值识别理论时，已经对客户全生命周期利润的概念作了详细介绍。在这一部分，我们结合客户生命周期理论，从另一角度对客户全生命周期利润下定义：客户全生命周期利润等于图 1-9 中客户生命曲线 Ⅱ 与横坐标包围的面积乘以总折现率。其计算公式如下：

$$CLP = \sum_{t=1}^{n} P(t)\left(\frac{1}{1+d}\right)^{t} \qquad (1-1)$$

式中：CLP 为客户全生命周期利润（为简便起见折现到第 1 个时间单元）；$P(t)$ 为某客户在第 t 个时间单元为企业创造的利润；d 为利率，可认为是常数；t 为第 t 个时间单元；n 为客户生命周期长度。

从式（1-1）可知，决定 *CLP* 的因素主要有两个：客户生命周期长度 n 和单位时间利润 $P(t)$（利率变化不大，也非企业可以控制，故不予考虑）。要使 *CLP* 最大，必须同时满足两个条件：①尽量延长客户生命周期长度 n；②尽量提高每个时间单元的利润 $P(t)$。

由客户生命周期描述理论可知，$P(t)$ 在客户生命周期的不同阶段是不同的，稳定期最大，形成期次之，考察期最小；客户关系的发展必须经历一个过程，前一阶段是后一阶段的必要基础；每个阶段的长度是可以控制的。由此可以得出最优客户生命周期模式的判别准则：考察期和形成期尽可能短，稳定期尽可能长。

最优客户生命周期模式对客户保持实践具有重要的指导意义：客户保持的目标不只是延长客户关系的持续时间，更重要的是要提高关系的水平，在高水平上持续客户关系对企业才更有价值。需要说明的是，上述最优客户生命周期模式并不是从严格的数学意义上导出的，但得出的结论完全可以满足客户保持实践的需要。此外，最优模式并不适用于所有客户，企业不应试图实现每个客户生命周期的最优化。实现最优模式是需要企业付出较高代价的，只有那些最有价值的客户才值得企业这样做。

第三节　CRM 系统的基本知识

一、CRM 系统的一般模型

CRM 软件系统的一般模型反映了 CRM 最重要的一些特性，如图 1-11 所示。

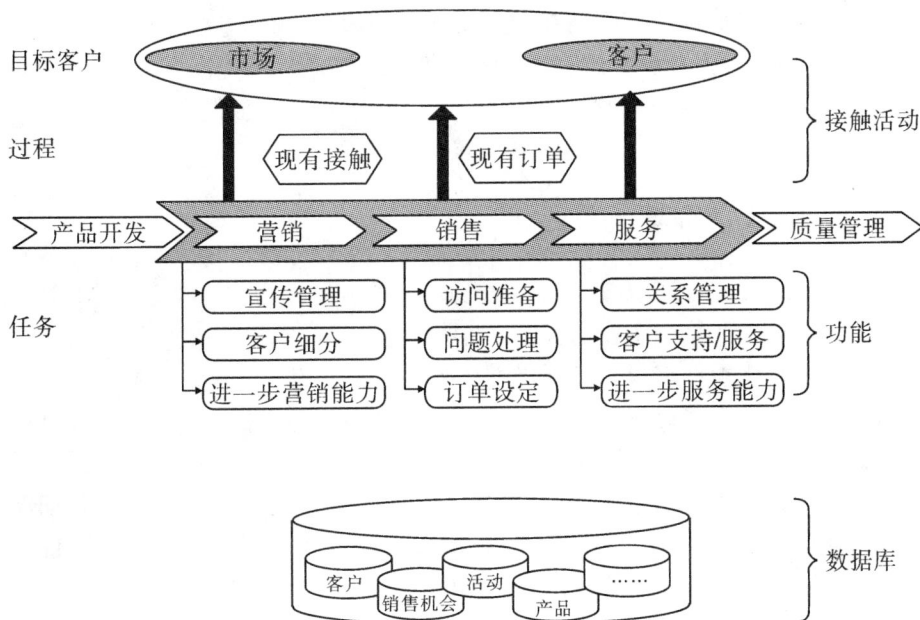

图 1 - 11   CRM 软件系统的一般模型（邵兵家，2010）

　　这一模型阐明了目标客户、主要过程以及功能之间的相互关系。CRM 的主要过程由营销、销售和服务构成。首先，在市场营销过程中，通过对客户和市场的细分，确定目标客户群，制定营销战略和营销计划。销售的任务是执行营销计划，包括发现潜在客户、信息沟通、推销产品和服务、收集信息等，目标是建立销售订单，实现销售额。在客户购买了企业提供的产品和服务后，还需对客户提供进一步的服务与支持，这主要是客户服务部门的工作。产品开发和质量管理过程分别处于 CRM 过程的两端，以提供必要的支持。

　　在 CRM 软件系统中，各种渠道的集成是非常重要的。CRM 的管理思想要求企业真正以客户为导向，满足客户多样化和个性化的需求。而要充分了解客户不断变化的需求，必然要求企业与客户之间的双向沟通，因此拥有丰富多样的营销渠道是实现良好沟通的必要条件。

　　CRM 改变了企业前台业务运作方式，各部门间信息共享，密切合作。位于模型中央的共享数据库作为所有 CRM 过程的转换接口，可以全方位地提供客户和市场信息。过去企业前台各部门从自身角度去掌握企业数据，业务割裂。而对于 CRM 模型来说，建立一个相互之间联系紧密的数据库是最基本的条件。这个共享的数据库也称为所有重要信息的"闭环"（close - loop）。由于 CRM 系统不仅要使相关流程实现优化和自动化，而且必须在各流程中建立统一的规则，以保证所有活动在完全相同的理解下进行。这一全方位的视角和"闭环"形成了一个关于客户以及企业组织本身的一体化蓝图，其透明性更有利于与客户之间的有效沟通。这一模型直接指出了面向客户的目标，可作为构建 CRM 系统核心功能的指导。

二、CRM 的分类

CRM 是一种以客户为中心的业务模式，是由多种技术手段支持的、通过以客户为中心达到增强企业竞争力的商业策略，这一点已取得了人们的共识。这种认识对许多企业来说，或许仍觉得有些抽象。简单地说，CRM 要达到的目标，就是在适当的时间通过适当的渠道给适当的客户提供适当的产品和服务，这不是凭一种技术手段就能够实现的。

从这个角度出发，美国调研机构 Meta Group 把 CRM 分为运营型 CRM（operational CRM）、分析型 CRM（analytical CRM）和协作型 CRM（collaborative CRM）三类。这一分类得到了业界的认可。

1. 运营型 CRM

运营型 CRM，也叫操作型 CRM，即所谓的前台应用，包括销售自动化（sales force automation，SFA）、营销自动化（marketing automation，MA）、客户服务与支持（customer service and support，CSS）、现场服务与分派（field service and dispatch，FS/D）、移动销售（mobile sales，MS）等应用，以及前端办公室和后端办公室的无缝集成。应用此模块的目的是为了让这些部门的业务人员在日常的工作中能够共享客户资源、减少信息滞留，从而力争把一个企业变成单一的"虚拟个人"呈现在客户印象中，它是 CRM 软件中最基本的应用模块。它通过基于角色的关系管理工作平台实现员工的授权和个性化，使前台交互系统和后台的订单执行可以无缝集成链接，并同步所有客户的交互活动，以此使相关部门的业务人员在日常的工作中能够共享客户资源，减少信息流动的滞留点，从而使企业作为一个统一的信息平台面对客户，大大减少与客户接触时产生的种种不协调。

这种系统的使用人员主要有以下几类：

（1）销售人员。使用销售自动化，包括订单处理、发票处理及销售机会管理。

（2）营销人员。使用营销自动化，如促销活动管理工具，用于计划、设计并执行各种营销活动，寻找潜在客户，并将他们自动集中到数据库中，通过自动分配工具派给销售人员。

（3）现场服务人员。使用客户服务与支持，包括自动派给工具、设备管理、服务合同及保持期管理。

2. 分析型 CRM

分析型 CRM 用于完成客户关系的深度分析，与数据仓库技术密切相关。它运用数据挖掘联机分析处理（online analytical processing，OLAP）、交互查询和报表等手段，了解客户的终身价值、信用风险和购买趋向等。CRM 数据库仓库是实现商务智能（BI）的基础之一。分析型 CRM 以数据仓库和数据挖掘为基础，支持、发掘和理解顾客行为。主要原理是将交易操作所积累的大量数据进行过滤，然后存贮到数据仓库中去，再利用数据挖掘技术建立各种千米预测模型，最后利用图表、曲线等对企业各种关键运行指标以及市场分割情况向运营型模块发布，达到成功决策的目的。应用此模块的人员不是与不同客户直接打交道，而是从运营型系统所产生的大量数据中提取有价值的各种信息，是一种企业决策支持工具。

3. 协作型 CRM

协作型 CRM 为客户交互服务和收集客户信息提供了多种渠道及联系手段，提高了企业与客户的沟通能力。协作型 CRM 还利用网上聊天、语音处理以及其他基于 Internet 的技术，发掘各种与用户交流的新途径。

协作型 CRM 一般有呼叫中心、客户多渠道联络中心、帮助台以及自助服务帮助导航，具有多媒体多渠道整合能力的客户联络中心是其主要发展趋势。它将市场、销售和服务三个部门紧密地结合在一起，支持他们之间的协作，使企业各个部门之间协作畅通，数据一致，从而使 CRM 为企业发挥更大的作用。它能够让企业客户服务人员同客户一起完成某项活动，比如支持中心人员通过电话指导客户修理设备，因为这个修理活动要有员工和客户共同参与，因此是协同的。

上述三类 CRM 功能各有侧重，但在今天企业级 CRM 应用中，它们又是密不可分的。这三大功能统一于 CRM 总体系统结构图中，如图 1-12 所示。

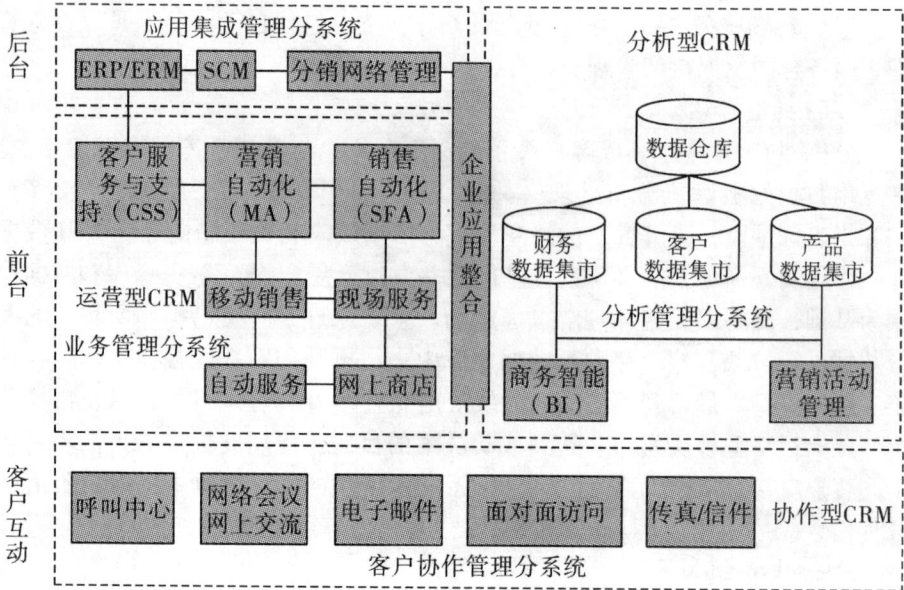

图 1 – 12   三类 CRM 应用的功能定位

三、CRM 系统的基本构成

根据 CRM 系统的一般模型，可以将 CRM 软件系统划分为接触活动、业务功能及数据库三个组成部分。下面主要介绍各个部分的功能。

1. 接触活动

CRM 软件应当能使客户以各种方式与企业接触，典型的方式有呼叫中心、面对面访问、传真、移动销售（mobile sales）、电子邮件、Internet 以及其他营销渠道，如金融中介或经纪人等，CRM 软件应当能够或多或少地支持各种各样的接触活动。企业必须协调这些沟通渠道，保证客户能够采取其方便或偏好的形式随时与企业交流，并且保证来自不同渠道的信息完整、准确和一致。如今，Internet 已经成为企业与外界沟通的重要工具，特别是电子商务的迅速发展，促使 CRM 软件与 Internet 进一步紧密结合，发展成为基于 Internet 的应用模式。

在与客户接触阶段，CRM 软件系统主要包含以下内容：

（1）营销分析。包含市场调查、营销计划、领导分析以及活动计划和最优化，并提供市场洞察力和客户特征，使营销过程更具有计划性，达到最佳化。

（2）活动管理。保证完整营销活动的传送，包括计划、内容发展、客户界定、市场分工和联络。

（3）电话营销。通过该渠道推动潜在客户的产生，包含名单目录管理，最好一个企业有多个联系人。

（4）电子营销。保证互联网上大量的个性化营销活动的实施。开始于确切、有吸引力的目标组，通过为客户定制的内容和产品进行进一步交流。

（5）潜在客户管理。通过潜在客户资格以及从销售机会到机会管理的跟踪和传递准许对潜在客户的发展。

2. 业务功能

企业中每个部门必须能够通过上述接触方式与客户进行沟通，其中市场营销、销售和服务部门与客户的接触和交流最为频繁，因此，CRM 软件主要应对这些部门予以支持。

然而，并不是所有的 CRM 软件产品都能覆盖所有的功能范围。一般地，一个软件最多能够支持两至三种功能，如市场营销和销售。因此，在软件评价中，功能范围可以作为决定性的评判依据。

CRM 软件系统的业务功能通常包括市场管理（营销自动化）、销售管理（销售自动化）、客户服务和支持三个组成部分。市场管理的主要任务是：通过对市场和客户信息的统计和分析，发现市场机会，确定目标客户群和营销组合，科学地制定出市场和产品策略；为市场人员提供制定预算、计划、执行和控制的工具，不断完善市场计划；同时，还可管理各类市场活动（如广告、会议、展览、促销等），对市场活动进行跟踪、分析和总结以便改进工作。

销售管理部分则是销售人员通过各种销售工具，如电话销售、移动销售、远程销售、电子商务等，方便及时地获得有关生产、库存、定价和订单处理的信息。所有与销售有关的信息都存储到共享数据库中，销售人员可随时补充或及时获取，企业也不会由于某位销售人员的离去而使销售活动受阻。另外，借助信息技术，销售部门还能自动跟踪多个复杂的销售线路，提高工作效率。

客户服务和支持部分具有两大功能，即服务和支持。一方面，通过计算机电话集成技术（CTI）支持的呼叫中心，为客户提供每周 7×12 小时不间断服务，并将客户的各种信息存入共享数据库以及时满足客户需求。另一方面，技术人员对客户的使用情况进行跟踪，为客户提供个性化服务，并且对服务合同进行管理。其实，上述三组业务功能之间是相互合作的关系，如图 1-13 所示。

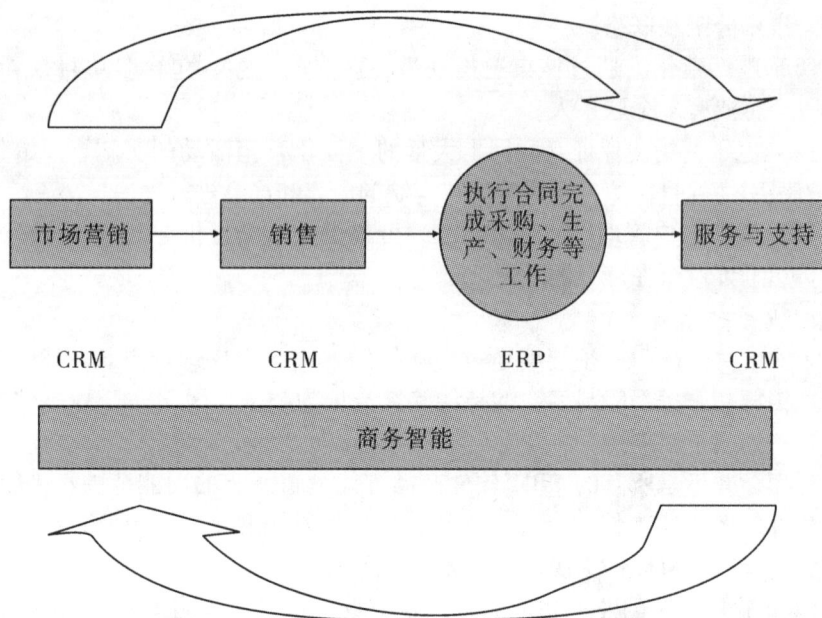

图 1 – 13　CRM 软件系统的业务功能

3. 数据库

一个富有逻辑的客户信息数据库管理系统是 CRM 系统的重要组成部分，是企业前台各部门进行各种业务活动的基础。从某种角度上讲，它甚至比各种业务功能更为重要。其重要作用体现在帮助企业根据客户生命周期价值来区分各类现有客户；帮助企业准确地找到目标客户群；帮助企业在最合适的时机以最合适的产品满足客户需求，降低成本，提高效率；帮助企业结合最新信息制定出新策略，建立客户忠诚度。运用数据库这一强大的工具，可以与客户进行高效的、可衡量的、双向的沟通，真正体现了以客户为导向的管理思想；可以与客户维持长久的，甚至是终身的关系来保持和提升企业短期和长期利润。可以说，数据库是 CRM 管理思想和信息技术的有机结合。

一个高质量的数据库包含的数据应当能全面、准确、详尽和及时地反映客户、市场及销售信息。数据可以按照市场、销售和服务部门的不同用途分成客户信息和分类信息等，它不但包括客户的基本信息、联系人信息、相关业务信息和分类信息等，还包括潜在客户、合伙伙伴和代理商的信息等。销售数据主要包括销售过程中相关业务的跟踪情况，如与所有联系活动、客户询价和相应报价、每笔业务的竞争对手以及销售订单有关的信息等。服务数据可放在同一个数据库中实现信息共享，以提高企业前台业务的运作效率和工作质量。目前，飞速发展的数据仓库技术（如 OLAP、数据挖掘等）能按照企业管理的需要对数据元进行再加工，为企业提供了强大的分析数据的工具和手段。

【章末案例】

上海通用汽车公司是最先在我国引入 CRM 的企业之一，已在其 Siebel CRM 项目上投资数百万美元，并取得了很好的效果。

上海通用在 CRM 的实施过程中注重理念与技术的结合。通过对其已有的呼叫中心系统运行情况的总结，制订其全新的 CRM 解决方案。上海通用还推出其电子商务网站，客户可以通过网站直接下订单购车。上海通用 CRM 方案将以客户为中心的理念贯穿于其始终，以保证客户在与企业人员沟通的过程中享受到全程无差异服务。例如，客户在购买汽车和享受服务这两个环节中所面对的工作人员是不同的：销售人员、客服人员和维修人员等，而上海通用的 CRM 系统保证客户从这些工作人员得到的答复和享受的服务是无差异的。同时，客户还可以通过网上自助的方式，或者通过电子邮件的方式与上海通用的网站沟通。

上海通用实施 CRM 的步骤包括：第一步，集中管理客户信息；第二步，提高机构内部协同工作的效率；第三步，开拓新的客户接触渠道；第四步，对客户进行细分。上海通用的 CRM 系统的重点在于：潜在客户的开发和潜在客户的管理。

讨论题：

结合上述案例，试描述上海通用实施 CRM 的过程。

【本章小结】

本章首先介绍了客户关系管理（CRM）产生的背景和演变历程，并指出 CRM 的核心思想是将企业的客户（包括最终客户、分销商和合作伙伴）视为最重要的企业资产（即"以客户为中心"），利用 CRM 系统，通过深入的客户分析（客户价值识别、客户细分）和完善的客户服务（客户关系保持策略、资源投入策略）来满足客户的个性化需求。接着阐述了客户关系管理的三大基本理论，客户价值识别理论、客户满意度与忠诚度理论以及客户生命周期理论。最后，介绍了 CRM 系统的一般模型和基本构成，以及 CRM 的分类。依据 CRM 模型，CRM 系统可划分为接触活动、业务功能及数据库三个组成部分。并根据美国调研机构 Meta Group 的划分，CRM 可分为运营型 CRM、分析

型 CRM 和协作型 CRM 三种类型。

【思考题】

1. 客户关系管理产生的原因是什么？简述客户关系管理的核心思想。
2. 简述客户满意及客户忠诚两者的关系。
3. 简述客户全生命周期利润的定义。如何计算客户全生命周期利润？
4. 客户的生命周期应该如何划分？

【自测题】

一、不定项选择题

1. 当客户为企业作出较大的贡献，企业与客户交易量处于较高的盈利时期，这是客户关系生命周期的（　　　）。

A. 稳定期 　　　　B. 退化期 　　　　C. 考察期 　　　　D. 形成期

2. 对企业而言具有较大的当前价值，能给企业带来巨大的当前利润，是维持企业现金流的关键客户。这类客户称为（　　　）。

A. 铁质客户 　　B. 铅质客户 　　C. 黄金客户 　　D. 白金客户

3. 根据客户终身价值矩阵，拥有较高未来利益的客户有（　　　）。

A. 铁质客户 　　B. 铅质客户 　　C. 黄金客户 　　D. 白金客户

4. 在客户生命周期的退化期，比较合适的策略有（　　　）。

A. 企业投入是对所有客户进行调研，以便确定出可开发的目标客户

B. 加大对客户的投入，重新恢复与客户的关系，进行客户关系的二次开发

C. 主要是发展投入，目的是进一步融洽与客户的关系，提高客户的满意度、忠诚度，进一步扩大交易量

D. 不再做过多的投入，渐渐放弃这些客户

5. 经济学著名的二八原理是指（　　　）。

A. 企业 80% 的销售额来自于 20% 的老顾客

B. 企业有 80% 的新客户和 20% 的老客户

C. 企业 80% 的员工为 20% 的老客户服务

D. 企业的 80% 的利润来自于 20% 的老顾客

6. 在客户关系管理中，客户的满意度是由以下哪两个因素决定的？（　　　）。

A. 客户的期望和感知 　　　　B. 客户的抱怨和忠诚

C. 产品的质量和价格 　　　　D. 产品的性能和价格

7. 在客户关系管理里，以下哪种情况不是客户的忠诚的表现？（　　　）。

A. 对企业的品牌产生情感和依赖

B. 重复购买

C. 即便对企业产品不满意，也不会向企业投诉

D. 有向身边的朋友推荐企业的产品的意愿

8. 客户对供电公司所提供的电力服务的使用是基于以下哪种类型的忠诚？（　　　）。

A. 垄断忠诚　　　B. 亲友忠诚　　　C. 惰性忠诚　　　D. 信赖忠诚

9. 在客户关系管理理念里，客户的价值的预测通常是采用哪种方式进行？（　　　）。

A. 客户的长期价值或者是终身价值

B. 客户消费量最高的时期所产生的价值

C. 客户从新客户到流失客户期间所产生的价值

D. 客户从潜在客户到真正的企业客户期间所产生的价值

二、名词解释

1. 客户忠诚

2. 客户全生命周期利润

三、简答题

1. 什么是客户价值？它具体包括哪些内容？

2. 什么是客户满意？什么是客户满意度？

第二章 服务外包管理基础

【学习目标】
1. 掌握服务外包的产生与发展
2. 了解外包的基本理论和外包管理的基本知识

【开篇案例】

　　2003 年 9 月，宝洁与 IBM 签订了为期 10 年、价值约 5 亿美元的人力资源外包合同。从 2004 年 1 月起，宝洁全球各地的 800 名人力资源部门员工转入 IBM，协同 IBM 原有员工一起为全球的宝洁员工提供包括工资管理、津贴管理、补偿计划、移居国外和相关的安置、差旅和相关费用的管理以及人力资源数据管理在内的服务。IBM 还将利用宝洁公司现有的全球 SAP 系统和员工门户网站，为宝洁的人力资源系统提供应用开发和管理服务。

　　通过外包，宝洁成功实现了业务转型，集中精力专注于产品的配送和公司资源的重组上。把更充足的资源放在开发核心业务上。IBM 专业的外包服务使宝洁公司通过流程改造、技术集成和最佳实践来改进服务和减少人力资源成本，为高层管理人员提供统一、精确和标准化的实时员工报告，进一步改善决策质量，此外，还能够以更加实时、灵活和随需应变的方式提供各种员工服务。

第一节 服务外包的演变历程

　　每当世界银行总部所在地——美国华盛顿夜幕降临时，正是中国宁波这个著名的国际港口城市太阳升起的时候。世界银行总部保安部门的夜班工作人员不再像过去一样，通过电脑显示屏通宵达旦地监视银行办公大楼的一举一动，而是将这一工作委托给宁波高新区的"全球监视"网络公司的雇员来做。"全球监视"同时也接受很多来自日本和一些欧洲国家的公司的保安监视服务的委托。这是一个典型的"弗里德曼"式的服务外包情景。

一、服务外包的起源及发展

从外包发展的历史来看，大体上经历了以下几个阶段：

（1）外包概念的形成阶段——20 世纪 80 年代初到 90 年代初。20 世纪 70 年代末到 80 年代初，英国涌起一股私有化浪潮。而在美国则开始了对大量公用事业行业进行放松规制（deregulation）的运动。纵向非一体化（disintegration）的迅速普及极大地改变了公用事业领域极端纵向一体化的传统结构。从 20 世纪 80 年代中期开始，世界各国企业掀起了一股业务流程重构的浪潮，使企业的组织形式开始发生巨大的变化。过去仅以规模来评价一个企业成功与否的观点被以企业的盈利性和增长性为评判标准的观点取而代之。这一变革使企业的外包活动空前活跃。

在理论上，这一时期在经济学界人们开始注重研究长期合作与一体化的比较问题。同时，在管理学领域，供应链管理思想开始萌芽。事实上，作为供应链管理思想的主要驱动因素——精益生产方式的核心内容之一零部件供应商与企业之间日益紧密的合作关系赋予了外包一词新的生命力，使西方以汽车业为代表的各大制造商开始对传统大量生产方式中的极端一体化和厂商与供应商之间纯粹的竞争性合作关系进行扬弃。

（2）外包的发展阶段——20 世纪 90 年代初到 90 年代中期。从 20 世纪 90 年代初开始，外包越来越普及。作为 20 世纪 80 年代中后期企业重构运动的延续，从 1992 年到 1995 年，企业界再次掀起了一次瘦身运动和结构调整的高潮。20 世纪 80 年代的管理实践使 90 年代初的管理理论界空前活跃。比如 90 年代初在生产运作领域的精益生产理论、敏捷制造观点以及以"核心竞争力"为代表的战略管理思想等开始流行，企业界和学术界对一体化的认识逐步深化，外包作为准一体化或反向一体化的一种管理或组织方式越来越受到人们的重视。

（3）外包的普及和流行阶段——20 世纪 90 年代中期以后。外包真正进入黄金发展阶段是在 20 世纪 90 年代中期以后，这得益于 IT 行业的迅速发展并进入成熟化和细分化，它使外包作为企业一种管理方式的可操作性大大增强。Klepper 和 Jones 对 IT 领域的外包进行了非常详细的程序化论述，并给出了具体的操作文本，使外包纳入如同 ERP 实施一样的项目管理范畴。随着全球竞争加剧，组织结构向着小型化、扁平化甚至虚拟企业的方向发展，以 IT、通信、网络及信息技术为代表的技术进步，新兴行业的兴起和企业对其核心能力的重视，外包开始涉及企业的几乎所有职能，如人力资源、物流、售后

服务等。

在理论研究方面，供应链管理思想的成熟及流行使人们对外包的认识又多了一件武器。与此同时，由于外包已渗入社会经济领域的各个方面，人们已不仅仅单纯从经济管理方面去研究外包了，而是从社会经济发展的各个角度对外包进行全方位的阐释。

二、服务外包的发展趋势

（1）企业服务外包的价值链由低端向高端渐进式发展。从行业来看，新一轮的外包已经不再是玩具、内衣、机电加工产品等劳动密集型产业，而是以软件、生物制药、信息技术为主的高端服务业；从生产环节来看，企业外包从简单的制造加工环节，发展到外包设计研发、供应链代理、金融服务等核心业务环节。外包亦要集中在产业价值链的高端环节，因此，新一轮的服务业离岸外包呈现出知识密集、附加值高的特点。目前，美国服务业离岸外包中有50%以上是技术密集型行业，到2015年这个比例将达到70%。

近年来，跨国公司高端服务业转移大量发生。从中国市场来看，高科技、消费电子、电信、金融占据服务业离岸外包的92.5%，其中软件离岸外包占56.7%，消费电子占25%，飞利浦公司向中国转移了手机生产环节后，又将手机研发、设计全部外包给中国。2005年12月，美国摩根大通银行、英特尔、微软相继在研发和处理复杂衍生品交易等高附加值领域向印度等国家转移了7 500个工作岗位。2006年，通用汽车计划在未来5年内外包150亿美元的信息技术业务，包括汽车设计、制造支持系统以及全球供应链代理等，而印度塔塔技术中心组建2 000多名设计人员的团队承接汽车设计外包业务。以上案例是服务外包从价值链的低端向高端转移的真实写照。

（2）企业服务外包动因由成本驱动向构建核心能力转变。企业服务外包的动因不仅仅是为降低成本，更多的是为增强核心竞争力，这是新一轮服务业离岸外包的重要特点。这一驱动使得企业不断地外包自己不擅长的业务，专注于自己擅长的业务，形成自主知识产权，具有技术优势，进而获得竞争优势。服务外包对服务型企业核心能力的强化主要体现在构建核心技术、突出核心业务、专业化效应、改善体制弊端、规模经济等方面。

（3）金融服务外包和IT兼收并蓄，交融共生。随着全球服务结构进一步朝着技术和知识密集型的方向发展，与高新技术相关和以高新技术为手段的服务外包发展迅速，其中以IT和金融服务外包为主导。IT外包服务是指企业战略性地选择外部专业技术和服务资源，以替代内部部门和人员承担企业IT

系统或系统之上的业务流程的运营、维护和支持的 IT 服务。IT 外包服务包括 IT 系统外包服务和业务流程外包服务两大类。

由于金融业日趋复杂的内部整合与外部衔接，以及专业化分工和规模经济的影响，金融业的许多部门都在进行国际外包，银行数据中心、保险核保理赔、股票交易和金融分析等业务都可以在一些具备相应条件的低成本中心进行。比如金融业 3/4 的研究费用被用于工资支出，将后台工作外包则可以大大降低运营成本，提高竞争优势。通过外包给专业服务商，金融机构可以更专注于自身的核心业务，提升竞争优势。

（4）服务外包的空间与交易方式拓展升华。近年来，大量的服务业外包由在岸（on shoring）向离岸（off shoring）发展。Sand Hill 集团 2005 年对约 50 家软件厂商进行调查，发现离岸软件开发的比例已经提高到 84%，离岸外包的不再仅仅是维护和测试，还包括核心软件。调查还发现，Sand Hill 离岸外包使得其成本降低 40%，基于服务业高附加值的特点，这种由国内到国际的空间拓展，使跨国公司大量配置国际服务业资源，提高了产业利润。

（5）国际服务外包更趋重视垂直市场的培育。以往的外包服务项目和产业类别关联性较小，尤其是在 IT 领域。例如数据输入或维修服务器，往往不注重培育垂直市场。但随着服务外包市场的竞争日趋激烈，外包服务企业很难在与同业的竞争中体现特色，赢得有利的位置；另外，客户也迫切希望服务外包企业能提供更符合自身需求的外包服务。因此，通过掌握垂直市场所需的专业技术，从而切入垂直市场，获得为客户提供更专业服务的能力是一种很有效的策略。例如了解某种特定商业流程的诀窍或相应行业规定，有助于外包服务商争取更多的合同。

第二节　服务外包的核心思想与基本理论

服务外包是指企业将其非核心的业务外包出去，利用外部最优秀的专业化团队来承接其业务，从而使其专注于核心业务上，达到降低成本、提高效率、增强企业核心竞争力和对环境应变能力的一种管理模式。服务外包的核心思想围绕劳动分工、交易费用以及企业核心竞争力展开。

服务外包可以看作是劳动分工的延伸，通过专业化分工，一方面通过供应方的规模经济降低交易成本，另一方面集中注意力在自己的核心业务上，优化资源配置，实现交易费用最优，从而使得企业能够利用核心竞争力增加竞争优势，创造更多价值，进而提升绩效。

一、劳动分工是服务外包产生的基本动因

分工理论也可以用于解释外包,因为外包最初就是从生产制造领域开始的。业务外包可以看作是劳动分工的延伸,是整个社会范围内合作与分工的产物。公司把企业的部分业务外包给外部的外包服务供应商,使进行业务外包的公司和该业务的外包服务供应商都集中于占有绝对优势的业务,双方因而都享受到了绝对利益,并且简化了管理的复杂性,还有助于提高各自的专业化生产率。也就是说,如果自己生产效率不高,就外包给业务熟练程度高的人专门生产,在对双方劳动生产率都有所提高的前提下,实现了全社会劳动生产率的提高。

企业还可以通过供应方的规模经济获得成本节省。一是在服务外包中,多个客户共享生产设备,不仅节约安装和建设费用,而且提高各种设备、原材料、能源的利用率和活劳动生产率。规模越大,成本越低。二是通过供应方实现范围经济获得成本节省。在服务外包中,供应方为不同客户提供多个不同的外包服务项目,实现范围经济,获得成本节省。三是通过供应方的学习效应获得成本节省。在服务外包过程中,供应方的学习效应通过服务生产不同侧面发生作用。例如,员工在重复性的工作中对任务熟悉程度的提高,完成相同工序的速度加快,浪费越来越少;管理者在从原材料配送到组织协调方面逐步学会如何将生产管理安排得更有绩效,生产系统的运行更加合理等。

二、交易费用最优是服务外包的重要原因

科斯认为市场机制的运行是有成本的,企业要想通过市场获取企业所需要的资源就必须付出这部分成本——市场交易费用。另外,企业内部运行同样存在一定的管理成本。当企业的内部管理成本小于市场交易费用时,企业选择内部生产,当企业内部管理成本随着企业规模的不断扩大越来越高,直至超过市场交易费用时,企业则选择通过市场交易获取资源,这就是企业边界的形成。随着企业规模的扩大,内部交易费用增加,此时,外包成为企业一种新的制度安排的选择。一方面通过外包使企业精简,减少内部交易费用,另一方面外包又减少了搜寻交易对象信息的费用。

根据交易费用理论,交易费用的大小决定了企业选择自己生产还是市场购买的经营方式,即企业从交易费用、成本的角度出发考虑自身的战略层面的问题。当企业内增加一项交易的组织成本大于在公开市场上进行这项交易

的成本，或大于由另一个企业主组织这项交易的成本时；当企业资源浪费造成的损失大于公开市场上的交易成本，或大于当交易被另一个企业主组织时的成本时，企业就应该采取外包购买该交易的策略。从图 2－1 中可以看出：

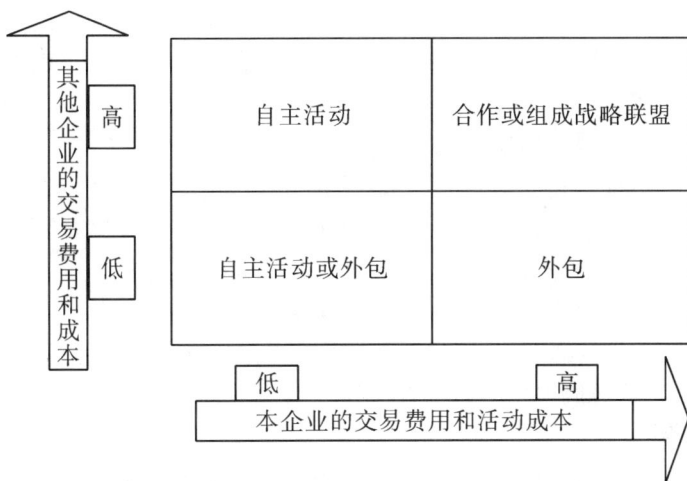

图 2－1　外包战略选择矩阵（尹涛，2006）

　　如果企业或是外方都能够合理地将某项活动的成本或交易费用控制在低水平，则企业就不能仅从交易费用的角度考虑外包战略了，而应该从活动的重要程度等其他方面进行战略决策。然而，业务外包不是购买产品，外包业务及其产品具有一定的专用性，并对企业核心能力、核心产品和核心技术有一定的促进和提升作用，并能通过稳定的合作关系有效地控制市场风险和不确定性。如果仅从交易费用最优的角度解释业务外包是欠缺的，它忽视了外部与内部资源的质量差异（即专用性）、市场不确定性及其所引起的费用和风险，交易费用最优只是业务外包的一个原因和动机。

三、核心竞争力是企业进行服务外包的目的

　　20 世纪 80 年代后期，企业开始把有限的资源集中于价值链中自己擅长的环节上，也就是培育并保持自己的核心竞争力。对于不擅长的环节，则充分利用外部资源，将之外包给那些在这些环节上更具有优势的企业去做，这就是我们所说的业务外包策略。如世界上最大的飞机制造公司——波音公司，集中精力于自身最具竞争力的大型客机的设计，自己只生产座舱和翼尖，其余部分则在全球范围内采购；全球最大的运动鞋制造商——耐克，自己却从

未生产过一双鞋。这些公司之所以能长期保持在国际市场上的竞争优势，应该主要归功于它们所采取的业务外包战略。企业运用外包的主要原因是，极少有企业拥有所有主要和辅助业务中实现竞争能力所要求的资源和能力，比如说技术。研究表明，很少的企业能够在内部开发那些能在将来为企业带来竞争优势的技术，通过培育核心竞争能力，企业建立竞争优势的可能性就增加了。此外，通过外包那些企业自身缺少能力的部分，企业可以专注于能创造价值的核心竞争力，可以寻求企业的最大价值。也就是企业只会把业务外包给那些在执行主要和辅助业务方面具有核心竞争力的企业。

服务外包通过关注核心竞争力来提高企业绩效。大多数企业在服务外包过程中，为了充分利用资源，提高企业绩效，都会经过下列步骤：①培育或找出一些精心挑选的核心竞争力，并确定自己从事这些核心活动是世界上最好的；②把人财物等资源和管理注意力集中到这些核心竞争力上；③外包其他非核心活动。这样，企业一方面集中资源和能力从事自己最擅长的活动来实现内部资源回报最大化；另一方面充分利用外部供应方的投资、革新和专门的职业技能，这些技能对企业内部来说是过于昂贵和根本不可能复制或从事的。通过发展良好的核心竞争力产生强有力的障碍，阻止现有或潜在的竞争者进入企业的利益领域，从而保护市场份额，增强战略优势。

当然，当企业评价自身资源和能力时，必须注意不要把那些自身能够创造和获取价值的部分外包出去，也不应该把那些用于缓解环境威胁或用于完成企业任务的主要和辅助业务外包出去。在进行外包决策时，必须明确什么是企业的核心竞争力，什么是对企业核心竞争力的培育起着重要作用的辅助业务，外包业务对企业核心竞争力的影响和作用有多大，哪些又是外包业务的核心功能，是否实行外包，如果实行，是采取全部外包还是部分外包，哪些业务的自营会对本企业的发展有战略影响，哪些则没有。

第三节　外包管理的基本知识

一、服务外包的分类

毕博管理技术咨询公司对服务外包做了如下描述：服务外包就是指企业为了将有限资源专注于其核心竞争力，以信息技术为依托，利用外部专业服务商的知识劳动力来完成原来由企业内部完成的工作，从而达到降低成本、提高效率、提升企业对市场环境迅速应变能力并优化企业核心竞争力的一种服务模式。根据朱晓明等学者的定义，外包就是指通过购买第二方提供的服务或产品来完成由企业内部完成的工作。因此，服务外包就是指通过服务提供商向服务需求方提供包括系统架构、应用管理以及业务流程优化在内的产品支持与服务，以满足后者的业务目标。

1. 按照业务内容分类

按照业务内容不同，现代服务外包最基本的分类是信息技术外包（ITO）、业务流程外包（BPO）和知识流程外包（KPO）。ITO 包括软件研发及外包、信息技术研发服务外包和信息系统运营维护外包等；BPO 包括企业业务流程设计服务、企业内部管理服务、企业运营服务和企业供应链服务等；KPO 包括知识产权研究、工业设计、分析和数据挖掘、工程设计等。

（1）信息技术外包（ITO）。信息技术外包（information technology outsourcing, ITO）是指信息产业的发包企业，在保持产出水平不变的前提下，将其信息系统生产链条中的部分业务分割出来，以合同方式委托给外包企业的运作方式。ITO 常见业务有系统运营、网络设计、开发和管理、应用系统设计、开发和维护、数据中心托管、安全服务、IT 培训、系统集成、信息技术顾问、业务管理过程、用户支持等。

（2）业务流程外包（BPO）。业务流程外包（business process outsourcing, BPO），也叫商务流程外包，按照 Gartner 的定义，BPO 是指"基于事先定义并且可以度量的绩效指标，把一个或多个 IT 密集的商务流程指派给外部提供者完成，服务提供商相应拥有、调配和管理这些流程"。这些流程包括物流、采购、HR、财务会计、CRM 或者其他行政及面对顾客的商务功能。商务流程外包的发包企业涉及面较广，是除信息技术服务业以外的所有企业或机构。既包括制造业也包括农业，既包括生产企业也包括服务企业。发包商通过投入要素中部分服务要素投入的外包，重新构建商务流程结构。由于现代商务流程外包需要现代 IT 技术支持，所以很多内容称为 IT 技术支持服务的商务流程外包。

（3）知识流程外包（KPO）。知识流程外包（knowledge process outsourcing, KPO）是围绕对业务诀窍的需求而建立起来的业务，指把通过广泛利用全球数据库以及监管机构等的信息资源获取的信息，经过即时、综合的分析研究，最终将报告呈现给客户，作为决策的借鉴。KPO 的流程可以简单归纳为：获取数据——进行研究、加工——销售给咨询公司、研究公司或终端客户。知识流程外包过程涉及要求领域专业技能的知识密集型业务流程。KPO的出现一方面是发包企业对于提高服务品质、将高端知识工作也进行离岸外包的追求，另一方面是外包业务本身也在不断提高。随着海外外包经验的日趋成熟，企业的外包操作实际上已经将外包管理提升到一个新的操作层面：外包的买方希望以此来提高运营效率和服务品质，希望将高端知识工作也进行离岸外包。他们期望这样做既能节约成本和提升效率，同时也能在低工资国家获得人才。

2. 按照发包方与接包方地理分布情况分类

服务外包分为三种类型：离岸外包（off - shore outsourcing）、近岸外包（near - shore outsourcing）和在岸外包（on - shore outsourcing）。离岸服务外包是指发包方与为其提供服务的接包方完全来自不同国家，外包工作跨境完成；近岸服务外包是指发包方和接包方分别隶属于邻近国家，近岸国家很可能会讲同样的语言、在文化方面比较类似，并通常提供了某种程度的成本优势；在岸服务外包指发包方与为其提供服务的接包方来自同一个国家，外包工作在一国境内完成，它更强调核心业务战略、技术和专门知识，注重价值增值，在岸外包对于国内市场广阔的国家具有重要意义。近年来，在国际分工程度日益加深的背景下，全球性的服务业转移主要以离岸外包的形式展开，离岸外包已逐渐成为服务外包的主要发展趋势。

3. 根据服务外包业务类型的不同分类

（1）IT 服务外包。IT 服务外包指发包商将一部分信息系统作业以合同方式委托给外包商，由其管理并提供用户需要的信息技术服务。由于计算机技术特别是网络技术的飞速发展，IT 技术越来越渗入到公司的核心业务中，影响到公司的战略制定和组织发展。公司对 IT 支持系统的可靠性、可用性和快速适应性提出越来越高的要求，依靠自身提供这些服务需要大量的投资和人员配置，并且面临技术进步带来的风险和不确定性，所以企业越来越倾向于通过外包来获取这类服务。

（2）财务外包。发包商将财务管理过程中的某些事项或流程外包给外部专业机构代为操作和执行的一种财务战略管理模式。根据其外包形式可以分为传统财务外包和现代网络财务外包。目前财务服务已成为印度最大的垂直服务业，包括会计、开票支付服务、交易处理、股票研究支持等。

（3）人力资源外包。人力资源外包就是发包商根据需要将某项或几项人力资源管理工作或职能外包出去，交由其他发包商或组织进行管理，以降低人力成本，实现效率最大化。人力资源管理外包已经渗透到发包商内部的所有人事业务，包括人力资源规划、制度设计与创新、流程整合、员工满意度调查、薪资调查及方案设计、培训工作、劳动仲裁、员工关系、企业文化设计等方方面面。

（4）金融外包。金融外包是指金融企业或银行持续地利用外包服务商来完成以前由自身承担的业务活动。一个银行不可能在其业务流程的每一个环节都占据优势，那些不创造附加值或低附加值的业务程序就没有继续留在银行的必要了，将它们承包给接包商去做成为银行的必然选择。通常，留下来的业务最能体现银行的竞争优势，具有高附加值。这样银行就可以利用外包集中资源，建立自己的核心竞争力，进而构筑行业的进入壁垒，并引导银行朝着有利于自身的方向发展；可以精简银行组织，从而在一定程度上解决由于规模膨胀而造成的组织反应迟钝的问题；还可以与合作伙伴分担风险，降低经营风险。

（5）文件管理外包。文件管理外包可以帮助企业处理日常的重要业务文件，同时，更能够大幅度提高文件质量和文件管理效率，节约大量时间及人力。通过对文件处理流程的优化，缩短了连接企业各项业务文件的处理周期，进而带动了企业运转效率的提升。

（6）客户关系管理（CRM）外包。CRM外包，是指把发包商的客户关系管理等业务交给专业的、具有实际操作经验的公司进行管理。外包服务提供商将承担整个CRM基础设施的运转，包括存储器、数据仓库系统、分析和挖掘软件、应用服务器和软件。同时，由于拥有多个客户，CRM外包服务提供商在单个公司不能获得的设备、服务和专家方面取得规模经济效应，这样，可以大大降低发包商的成本。

（7）营销外包。营销外包是指发包商将营销活动尤其是渠道的开发与管理全权交给一个拥有专门技能和网络的外部机构。发包商只是在战略上进行全程监控和规定收益回报的下限，其他的营销风险全部由外包机构承担。发包商可以将核心能力集中于"产品研发＋品牌经营"的关键性领域，以获得巨额"净值"回报。

（8）物流外包。物流外包是指生产或销售等企业为集中精力增强核心竞争能力，将其物流业务以合同的方式委托给专业的物流公司运作。通过物流服务的外包发包商可以获得更加专业的物流服务，减少库存，降低成本；可以提供更多样的顾客服务，为企业和顾客创造更多的价值；可以分散风险，使企业变得更加灵活，更能适应变化的外部环境。

二、服务外包的世界发展

1. 服务外包的世界发展概况

服务外包是在经济全球化浪潮中，依托现代信息技术而发展起来的新兴产业组织模式。技术创新和信息革命的发展使得服务产品在生产与消费上的分离成为可能，从而使得服务具有了跨越地理空间的可交易性，服务产品的生产可根据地区的比较优势实现跨地域的资源配置，从而提升企业的整体竞争力。为了自身核心竞争力的提升，许多企业重新调整了企业组织结构，把一部分以前由企业内部完成的职能转移到外部。有些企业选择在外部建立附属企业以保证企业的完全所有权和控制力，而有些企业则选择把功能化的服务模块外包给外部的独立企业，后一类经济行为我们称之为服务外包。服务外包的兴起，推动了以产业转移为特点的经济全球化的新局面，既有利于发达国家的产业升级，同时也为后起国家的产业发展提供了新的机遇。

服务外包主要包括信息技术外包（ITO），业务流程外包（BPO）和知识流程外包（KPO）。信息技术革命成果的普及应用使 ITO 成为规模最大的外包对象，而人事管理、财务会计等传统上的"内置"职能，也通过 BPO 转移到企业外部。与 BPO 相比，KPO 的核心是通过提供业务专业知识而不是流程专业知识来为客户创造价值，从简单的"标准过程"执行演变成要求高级分析和技巧的技术以及准确的判断的过程。随着服务外包市场的日益成熟，业务领域不断拓展，业务附加值不断提升，技术、知识密集型项目在服务外包中所占的比例越来越高，外包商与承接商之间的关系也由过去简单的雇佣关系发展成为新型的战略协作伙伴关系。服务外包产业经过多年发展，已经形成数以千亿美元规模的市场，且突破国家界限呈现离岸化和国际化趋势。

近些年服务全球化加速和服务外包大量出现有以下几方面的原因：一是信息技术的发展，使各种与信息生产加工相关的服务不仅可以远距离提供，而且成本极低；二是服务中间需求即生产者服务增加，例如信息、金融、物流、商务服务等中间服务在世界服务贸易总额中的比重超过2/3；三是各国服务消费需求趋同，跨国公司可以采用标准化的技术给全球客户提供同样服务；四是服务业跨境配置资源成本下降，各国服务业开放加快，制度障碍减少，降低了服务全球化的交易成本。

2. 发达国家服务外包的现状

随着经济全球化的深入，国际服务外包市场近年来迅速扩张，已经由单个项目逐步发展成具有一定规模的巨大市场。美国、日本和西欧各国等重要市场的经济环境和新兴市场的稳定增长大大推动了服务外包市场的发展。从外包业务的区域发展来看，服务外包在欧美的发展已经进入了成熟阶段，在亚太地区还处在发展期，具有很大的增长空间。可以说，外包业务目前已经呈现出全球化的发展趋势。

（1）发达国家服务外包的共性。服务外包由来已久，但过去仅限于少数传统行业。随着计算机和网络信息技术的不断发展，基于 IT 的服务外包得到迅速的发展。时至今日，发达国家的服务外包已较为成熟，极大地促进了其经济的发展。归纳美、日、欧等主要发达国家和地区的服务外包发展历程，可以得出其服务外包的发展共性。

第一，发展历史较长。严格说来，服务外包并不是新事物，美国历史早期，有一种马车的盖子和帆船的帆就外包给熟练的苏格兰工人生产，原料从印度进口。在 19 世纪 30 年代英国的纺织工业发展起来之后，印度制造商失去竞争力，原料生产从印度转移到英国。可以说，这是国际制造业外包的雏形。现代外包最早发生在西欧的家具行业，后来很快蔓延到汽车行业和 IT 部门。最早的有记录的外包业务案例发生在 1954 年，Electric Corp 与 Arthur Andersen and Univac 签订了信息系统服务合同。服务外包的快速发展始于 20 世纪 80 年代 IT 产业的软件服务，进入 90 年代以来，贸易自由化趋势的飞速发展与互联网技术的迅速普及，使制造业领域已经普及的离岸外包模式迅速扩展到更为广泛的服务领域。

第二，主要是发包市场。外包服务的发包方主要是掌握核心技术和标准的国家所属的企业，他们是服务业国际分工的主导者和产业链体系的实际控制者。从目前国际发包市场来看，主要集中在北美、西欧和日本三大重点区域，其发包总量约占全球的 88%。以 2006 年为例，北美服务外包市场为 1 716.6 亿美元，占全球份额的 48.43%，2008 年则快速增长至 66.67% 左右；西欧服务外包市场为 984.8 亿美元，占全球市场份额的 27.78%；日本服务外包市场为 374.5 亿美元，占全球份额的 10.57%；其他地区服务外包市场为 468.58 亿美元，占全球市场份额的 13.22%。预计未来全球服务外包发包方市场还将主要集中在北美、西欧和日本这三大区域。

第三，居于国际分工产业链的高端。美国、西欧和日本等发达国家和地区的企业为什么会把一部分非核心业务外包给发展中国家和地区的企业呢？最直接的原因就是两类国家和地区之间工资成本的显著差异。以中国为例，BPO 业务新手的月薪为 300 美元左右，仅相当于美国人均工资的 1/10。通过数据分析，服务外包能够使美国公司节约成本 60%～70%。一般来说，具有离岸外包经验的公司通常可节省 20%～40% 的费用。由此可以看出，发达国家的跨国公司通过服务外包既可利用国外的人力资源优势，又可降低成本，提高效益，增加利润。对那些早期的外包实践者来说，这些成本的降低直接带来了更高的利润率。而从长期来看，随着此类实践的普及，外包将成为提高竞争力的必要手段。

（2）发达国家服务外包的变动趋势。作为具有成熟的服务外包市场的发达国家也在这一发展完善过程中呈现出一定的变动趋势：

第一，企业外包由价值链低端向高端发展。KPO业务兴起发达国家的企业为了充分发挥自身的比较优势，集中打造企业核心竞争力，将大量非核心业务外包给发展中国家的专业服务提供商。近年来，随着发展中国家和地区外包企业能力的不断增强，发达国家企业核心业务的比较优势也在不断丧失，业务外包领域已从低端逐步走向高端。换言之，企业外包的目的，都在于集中自己现有的资源和精力来发展核心业务和开拓新的经营空间。在外包发展演变过程中，外包出去的业务，从价值附加值或是知识科技含量来衡量，后者比前者要高，这表明服务外包从价值链和知识科技阶梯的低端走向高端。

第二，外包内容从非核心业务向核心业务转变。服务外包出现的最初原动力即是"成本—收益"的驱动，企业为了降低自己的成本，将许多非核心业务分包出去，这样才可以更好地专注于核心业务。但是由于全球经济的迅猛发展，使得社会分工越来越细化，如今企业即使在核心业务上也有可能力不从心。因为这需要强大的科研开发能力与人力资源储备。因此，企业从开始的只将非核心业务外包转变为将企业内的核心业务也分包出去。

企业外包的内容从以前的非核心业务过渡发展到一些核心业务，这也在一定程度上反映出企业实行服务外包的目的在演变。企业从最初外包单纯地以降低成本为唯一的、优先的目的，逐步演变为以降低成本为主要目的，兼顾其他的方面，如质量，甚至以取得最高质量和最佳效益为最高现实追求。

第三，公共部门成为重要的发包主体。近些年，发达国家由于政府预算减少、社会福利保障居高不下，使得政府出现了所谓的信任危机。而服务外包成为政府减少开支、缩小规模以及应对危机的重要手段。由此，公共部门正成为服务外包的重要需求主体，公共部门的服务外包活动逐渐增加。自20世纪90年代以来，美国、加拿大、澳大利亚、新西兰等国的各级政府纷纷开始把服务活动转移给私营企业完成，以提高服务质量、增加效率。在2007年全球服务外包金额最高的10项交易中，政府等公共部门占据了主要地位。

第四，发包主体联合和业务联合趋势。随着全球经济的迅速发展，企业之间的合作日益紧密，服务外包对接包商的选择面也越来越广，服务外包这种合作的方式越来越被企业频繁使用。相互竞争的企业，也有可能在某些业务上进行业务联合或者发包主体联合。这种演变的趋势实际上有其必然性：①竞争的程度日益激烈、范围越来越广使得企业不能只是单纯依靠自己就能存活下来。②联合外包往往能给外包发包方带来更多的额外利益。首先，联合外包是将几个企业的需求整合到一起，增强了在市场上的议价能力。其次联合外包可设立临时联合机构以代表多方利益，需求方也需要腾出时间来构建更专业的服务。再次，在联合过程中的交易成本会降低，虽然企业之间的联合往往需要一定的协调和交流，但是这种成本会远低于需求方能够作为个体所承担的费用。最后，对于实力一般的外包商来说，联合无疑是提高自我市场地位的一种方法，同时也避免了对方的机会主义与道德风险，因为对方的违规将会失去大量市场，甚至会受到本行业同行的排斥。因此，联合外包对于信用风险是一个很有力的约束。

3. 发展中国家服务外包的发展

服务外包是现代高端服务业的重要组成部分，具有信息技术承载度高、附加值大、资源消耗低等特点。服务外包的发展不仅给现代服务业带来了从管理技术、管理理念到商业模式的创新，而且提高了其管理水平、技术水平和科技创新水平，从而促进现代服务业的发展。服务外包带来的机会是全球性的，目前，服务外包的承接地已经向亚洲、拉丁美洲和东欧发生了转移，越来越多的国家和地区开始采取积极有效的措施推动服务外包产业的发展，积极参与和把握这一历史机遇，努力提高自身在国际服务外包产业链中的位置。

（1）发展中国家服务外包的共性。在发展服务外包业的过程中，发展中国家也表现出一些共性。第一，发展历史较短，20 世纪 80 年代以来，信息技术的不断发展突破了离岸服务外包企业所受的距离限制，增强了服务活动及其过程的可贸易性。90 年代以来，全球产业转移中离岸外包已在全球范围内延伸，尤为显著的是从发达国家向新兴经济体的转移。服务外包大致经历了三个发展阶段：在第一阶段，美国较为领先，英国紧随其后进行离岸服务外包。最初的目的是为了降低成本，服务外包的管理与发展受限于交通工具与网络技术。在第二阶段，服务外包发展波及西欧，促使呼叫中心兴起和发展。在第三阶段，服务外包在欧洲市场上得到广泛的延伸，涉及波兰、捷克、匈牙利等国家。欧洲的统一税制开始施行于爱尔兰、斯洛文尼亚等国，后波及保加利亚和罗马尼亚，直接促进了印度、中国及其他离岸服务外包国家政策环境的完善，尤其是通信及 IT 基础设施等软硬件环境的改善使得离岸服务外包的发展领域变得更为广阔了。

第二，主要是接包市场，发展中国家以其诸多优势促进发达国家服务业

离岸外包的发展，在服务跨国外包中，作为主要承接方的发展中国家同样分享到了国际产业分工的收益。在目前的服务外包接包格局上，印度、爱尔兰、以色列、菲律宾等国占有较大的份额，特别是印度的份额最大。进入21世纪以来，爱尔兰计算机软件产业异军突起，形成了令人瞩目的国际竞争力，带动了爱尔兰经济10多年的高速增长。作为世界软件外包中心三国（以色列、爱尔兰、印度）之一的以色列，其服务外包领域也取得了令人瞩目的成就。2005年菲律宾服务外包及软件业总产值为24亿美元，到2010年，行业总产值超过120亿美元，从业人员达到108万人。2006年中国承接的离岸服务外包业务为13.8亿美元，比2005年增长了48.4%，接下来的五年的复合平均增长率达到37.9%。2011年的规模比2006年增长近5倍。

第三，居国际分工产业链低端，利润较少。发达国家把一些服务外包给发展中国家，很大程度上看重的是广大发展中国家所具有的劳动力资源优势。由于劳动力成本的差异，发包商通常来自劳动力成本较高的发达国家和地区，如美国、西欧国家和日本，服务提供商则来自劳动力成本较低的国家，如印度、菲律宾和中国等。发包商正是通过离岸外包，利用劳动力成本差异达到为公司压缩成本的目的。以印度为例，具有高质量的人力资源和低廉的雇佣成本，美国计算机程序员的年薪区间为6万~8万，而在印度这一区间仅为5 880~11 000美元。根据IBEF测算，若以在欧洲和北美的生产成本为基准，外包到印度可节约50%~55%的市场成本，抵消相应增加的5%~10%的管理成本和通信成本之后，欧美企业在印度离岸外包的综合成本为其在本土生产的60%~70%。

（2）发展中国家服务外包的变动趋势。第一，服务外包种类呈现高级化趋势。从服务外包的行业结构来看，外包最先应用于制造业。在国际产业转移浪潮中，制造业生产体系实现了全球范围内的重组，低附加值的生产业务环节不断以OEM和ODM的方式转移到低成本的发展中国家。随着信息成本的降低和全球化进程的加快，服务贸易自由化程度不断提高，全球服务贸易迅猛发展。目前外包涉及的领域越来越宽，覆盖了加工制造、产品研发、信息技术、人力资源、金融保险、软件开发、工程咨询、建筑、资产管理、物流、公共管理和创意策划等更多的行业，甚至法律服务这类专业性很强的领域也开始大量采用外包方式。

第二，参与服务外包的地区和群体增多。随着经济全球化的深入和信息技术的发展，不仅发达国家和一些大公司参与服务外包业务，而且许多新兴市场国家和一些中小企业甚至个人，也将部分业务外包出去。外包的客户范围不断延伸，与此同时，外包的承接国家也越来越多，包括一些新兴市场国家纷纷参与到承接国际服务外包的行列中来。它们广泛利用自己的相对优势积极发展服务外包行业，作为服务供应地也就是外包目的地的国家（地区）遍及亚洲、欧洲、拉丁美洲、大洋洲。亚洲最早开始的有印度，接着有菲律宾、新加坡、中国、韩国、马来西亚、泰国、柬埔寨。目前，越南也开始投入。西亚中东地区已经接包的有以色列。拉丁美洲的墨西哥、巴西以其接近美国的地理优势，显得日益活跃，此外还有相当数量的国家也开始尝试接包。

第三，服务外包的质量迅速提高，绿色 IT 服务出现。Michelletal 认为："服务外包供应商首先必须拥有合格的质量，健康的企业文化和一流的人才也是至关重要的。选择供应商时不仅要考虑'硬件'问题，如历史记录、财务稳定性、质量、上门服务和能力等，还要了解'软件'问题，如文化背景和人力资源管理等。"

随着服务外包业在全球范围内的深入发展，绿色 IT 服务显现。迄今为止，尽管绿色 IT 服务的市场宣传相对较少，但这一趋势将最终确立并得到发展。Brown Wilson Group 称有超过 21% 的外包公司已经在同他们卖方签订的 2007 年合同中增加了"绿色方针和执行条款"，并且有 94% 的公司计划在谈判中增加这样的条款。这将会促使外包供应商建立绿色数据中心，减少使用碳复写，投资建立符合环境要求的建筑物和园区，促进和谐环保的发展。

第四，外包供应商的并购出现新局面。当前的服务外包行业出现了一些新的动向，其中一个就是外包供应商在企业层面进行结构整合，合并和收购活动都进入高潮。金融危机之下，对于有能力和实力的外包企业而言，恰恰是在这个行业调整期进行低成本扩张发展的黄金时期。具有代表性的合并活动要数印度供应商，其为进入美国市场而收购本土供应商。以孟买为基础的 Tata 咨询服务公司宣布了一项与 Nielsen 公司的 12 亿美元的资讯科技服务项目。有实力的供应商将成为业界的领先者，他们现金充沛，有较高的市场估值，也迫切需要顾客，可以预期他们将在市场上吞并掉较小的竞争对手。外包顾问 Equa Terra 称，印度的 IT 服务提供商们将继续在美国、欧洲及拉丁美洲建立提供地方化服务的中心。

第五，反向外包渐成趋势。一般来说，跨国公司倾向于在接包国和地区建立离岸中心或子公司，以寻找合格的服务外包提供商。所谓的反向外包就是服务外包提供商在发包企业所在的国家或地区建立子公司或离岸中心，以寻找发包客户，开拓市场。就印度居领先地位的业务流程外包（BPO）业而言，印度服务企业正逐渐在美国开设分支机构或采取并购方式，为当地创造就业机会，并形成了一种反向外包趋势。反向外包模式的出现与服务外包商实力的增强、当地成本的上升、满足开拓海外市场的需求有关。通过反向外包，服务提供商在本土以外建立离岸中心或外包基地，吸引当地的优秀员工并开辟新市场，进一步扩大其实力，以成长为具有全球竞争力的服务型跨国公司。

三、中国承接服务外包的现状

我国服务外包产业发展刚刚起步，总体水平比较落后，多数业务处于外包价值链的低端。

第一，离岸软件服务外包市场，我国 IT 服务外包市场由硬件产品支持服务发展起来，逐步扩展到软件开发、支持服务和 IT 运营服务，当前正处于高速发展期。其中，软件服务外包占 60% 以上。目前来自离岸软件外包的收入规模较小，2006 年为 13.8 亿美元，占 10% 左右。从离岸软件外包的具体业务类型看，主要包括应用系统开发服务、软件测试和全球化服务以及软件产品研发外包，2006 年上述三种外包各占外包总收入的 60%、25% 和 4%。软件产品研发外包具有较高技术含量和附加值，但目前所占份额较低。我国来自离岸软件外包的收入以日韩和欧美为主。

第二，业务流程外包（BPO）市场，我国从 20 世纪初期就开始了 BPO 业务，但目前仍处于初级阶段。主要为分散于不同行业领域的离散业务，总体规模不足 10 亿美元，与国际 BPO 单个项目动辄上百亿美元相比，微乎其微。最近一两年随着社会各界对 BPO 的重视程度不断增强，产业发展环境的不断改善，我国 BPO 产业进入较快发展期，美、英、法、印等知名 BPO 企业纷纷在我国建立合资机构或 BPO 基地。

第三，从细分市场看，我国 BPO 主要包括客户服务、金融财会、人力资源与培训、物流采购、后勤外包等领域。其中客户服务外包最早由 IT 硬件厂商带动，将客服中心和现场支持服务进行外包，目前包括客户分析、客户关怀、订单履行及管理和客户技术支持。发包方主要来自电信、离散制造及金融行业。人力资源培训为第二大外包领域，主要服务内容为工资管理、福利管理、招聘及人员外派、技术培训等。招聘及人员外派在人力资源外包中占有重要地位，基本由内需驱动，人才服务中心、猎头公司、专业培训机构及 IT 服务外包商为主要服务提供方。金融财会为第三大外包领域，主要服务内容为包括交易管理、财务管理、总账、风险管理及税务管理，此外，IT 外包服务商也可以通过财务软件或者 ERP 实施能力提供应收应付账款处理的外包服务。采购外包有 490 万美元的市场规模。目前，在承接离岸 BPO 方面，中国企业还很难接到订单。

第四，知识流程外包（KPO），目前，印度在 KPO 领域走在前列，我国的 KPO 外包总体规模较小，部分领域取得进展。我国在中低端方案设计方面，具有成本优势，已进入快速发展期。以发展较快的手机研发设计为例，为降低成本和缩短上市周期，手机品牌厂商将制造外包模式引入到产品研发环节中，直接委托第三方设计方案。早在 2004 年，仅中国就有手机外观设计公司 100 多家，总体方案设计公司 40 多家，提供了超过 400 款的设计方案，占到了国产新款手机的 70%。这种 KPO 经营模式还延伸到整机品牌商和上游芯片商，并扩散到笔记本电脑、高清晰电视、MP3 音乐播放器、数码相机等多种电子消费类产品。另外，中国的部分优秀企业，如华为、中兴等开始走出去，在海外设立研发中心，成为研发 KPO 的发包方。

【章末案例】

印度 Wipro 公司的发展历程

全球服务外包业务成就了印度几十年的经济繁荣，其中印度软件外包行业的发展引人注目，Wipro 公司是印度四大软件外包企业之一。

一、Wipro 的外部环境

（1）地域环境。印度班加罗尔国际科技园成立于1992年，总投资4亿美元，由以腾飞集团为主的新加坡财团、印度塔塔集团及卡纳塔克邦政府合资建设开发。目前在该园区注册运营的企业有 129 家，其中 65% 以上为跨国公司，英特尔、通用汽车、IBM、通用电子、朗讯科技、ABB、索尼公司、德尔福、美国在线等全球多家 500 强企业均在园区设有软件研发企业，所涉行业包括信息技术、电子电讯、汽车、生化技术、金融服务等，在班加罗尔地区发展成为印度软件之都、全球第五大信息科技中心和世界十大硅谷之一的进程中，该园区的发展起到了重要的助推作用。

（2）人力资本环境。印度政府十分重视软件行业的发展，通过在学校开设软件技术相关课程，或把学员送到国外去培养等措施为软件业的发展储备了大量优秀人才。

（3）信息基础建设。印度政府投巨资为软件企业和海外的研发机构、客户提供高速可靠的数据通信连接。现在印度的卫星通信设施和互联网使国内的各个软件科技园区的联系变得极其方便，也使他们的全球联系更为迅速。

（4）园区商务支持。为了促进软件出口，政府还成立了专门的中介服务机构，科技园区内还设立了自己的国际商务支持中心，以加强本国公司与美国企业界的联系与沟通。这些机构都为印度软件业的发展作出了突出贡献。

二、Wipro 的诞生与初步发展

Wipro 原来从事传统的日用品行业，然后抓住当时 IBM 退出的时机，开始进入计算机硬件生产行业，并得到快速的发展，积累了原始资本，然后在通往软件的道路上，Wipro 蹒跚地走过了近二十年。

三、Wipro 的全球战略

现在的 Wipro 不仅在本国国土上承包业务，也开始关注全球市场，其主要战略包括：

（1）启用欧洲人才，开拓欧洲市场。虽然面对美国市场 Wipro 发展顺利，而其欧洲市场却遇到瓶颈。当时 Wipro 想争取德国公司的晶片和软件设计外包业务，但面对缄默的德国人始终难以理解对方的真实意图。经过多年的努力，在聘请到一名德国工程师后，Wipro 茅塞顿开。这名工程师的谈吐及思维方式与 Wipro 的德国客户一致，同时这位德国工程师丰富的资历与背景为 Wipro 发现和赢得大量客户发挥了重要作用。目前 Wipro 在瑞典、英国、荷兰及芬兰等欧洲国家均设有类似于德国的开发中心，每个开发中心都非常强调启用当地人才。就这样，Wipro 以一种独特的方式——大量聘用与目标客户有相同文化背景的当地员工——敲开了欧洲市场的大门。

（2）收购东道国的企业。经过十几年的发展，Wipro 通过一种最简单的方式进入他国的市场——收购。2003 年 7 月以 2 400 万美元收购波士顿一家技术咨询公司美国管理系统公司；2004 年 5 月以 1 900 万美元收购金融服务咨询公司 Nervewine；2005 年 12 月分别以 5 600 万美元收购奥地利的一家半导体设计服务公司和 2 800 万美元收购美国信息技术公司 mPower 等，现在 Wipro 的收购还在继续。其目标就是让 Wipro 进入全球 IT 服务公司的前十强。

这些收购案例说明，Wipro 在逐渐通过收购高端咨询业务扩大自己的现有软件产业链与规模。在虚心向美国及欧洲学习之后，现在的印度已经可以到其他地区包括美国与大型外包服务供应商争夺订单。现在 IBM 已经开始把 Wipro 放在自己的竞争对手列表里，而这张列表里主要包括微软、甲骨文、惠普等 IT 业世界级企业。这对 Wipro 来说既是一种殊荣，也是对他们能力的最好认可。

（3）以他国为跳板。在扎根服务于欧美外包市场的同时，Wipro 开始关注日韩软件市场，尤其是日本，现在日本已经是除美国之外的第二大软件发包国家。虽然在对日外包方面中国现在要强于印度，但印度人有自己的发展策略——以中国为跳板抢占日韩市场。2002 年 Satyam（萨蒂扬）就率先在中国设立了办事处，随后 Wipro 也落户上海浦东软件园，形成了当时投资中国的一波高潮。

任何一个企业的发展都离不开自身实力的长期积累，即使是 Wipro 也经受了彻底放弃原产业的痛楚，走过了十几年的缓慢发展。然而其本身抓住机遇发展的魄力值得中国企业学习，其多角度开拓国际市场的方式引人注意。市场瞬息万变，而机遇则会被准备充分的企业牢牢抓住。希望在不断成长的全球外包市场中，我国外包承接企业可以借鉴 Wipro 的经验，抓住机遇，踏实地走好自主发展的道路。

讨论题：

1. Wipro 公司发展的关键在于什么？

2. Wipro 公司的发展对中国外包承接企业有何借鉴？

【本章小结】

本章的主要内容包括服务外包的演变历程，外包经历了三个阶段：外包概念的形成阶段、外包的发展阶段、外包的普及和流行阶段；服务外包的核心思想与基本理论，服务外包的核心思想围绕劳动分工理论、交易费用理论以及企业核心竞争力理论展开；服务外包的分类，按照业务内容不同，现代服务外包最基本的分类是信息技术外包（ITO）、业务流程外包（BPO）和知识流程外包（KPO），按照发包方与接包方地理分布情况分类，服务外包分为离岸外包（off-shore outsourcing）、近岸外包（near-shore outsourcing）和在岸外包（on-shore outsourcing），根据服务外包业务类型的不同，服务外包可分为IT服务外包、财务外包、人力资源外包、金融外包、文件管理外包、客户关系管理外包、营销外包、物流外包。

【思考题】

1. 亚当·斯密分工理论的主要内容是什么？

2. 分工理论能够解释服务外包现象吗？

3. 简述核心竞争力理论。

4. 服务外包的发展趋势是什么？

【自测题】

一、不定项选择题

1. 从外包发展的历史来看，大体上经历了哪几个阶段？（   ）。

A. 外包概念的形成阶段　　　　　B. 外包的发展阶段

C. 外包的普及和流行阶段　　　　D. 外包的衰退阶段

2. 外包的基本理论有哪些？（   ）。

A. 分工理论　　　　　　　　　　B. 交易费用理论

C. 核心竞争力理论　　　　　　　　D. 委托代理理论

3. 按照业务内容不同，现代服务外包可以分为（　　）。

A. 信息技术外包　　　　　　　　　B. 业务流程外包

C. 知识流程外包　　　　　　　　　D. IT 服务外包

4. 按照发包方与接包方地理分布情况分类，服务外包可以分为（　　）。

A. 离岸外包　　　B. 近岸外包　　　C. 在岸外包　　　D. 物流外包

5. 发达国家服务外包的共性是（　　）。

A. 发展历史较长

B. 主要是发包市场

C. 居于国际分工产业链的高端

D. 企业外包由价值链低端向高端发展

6. 发展中国家服务外包的变动趋势是（　　）。

A. 服务外包种类呈现高级化趋势

B. 参与服务外包的地区和群体增多

C. 服务外包的质量迅速提高，绿色 IT 服务出现

D. 外包供应商的并购出现新局面

E. 反向外包渐成趋势

二、名词解释

1. 核心竞争力

2. 业务流程外包

3. 知识流程外包

三、简答题

1. 什么是服务外包？

2. 服务外包如何分类？

第二编　服务外包企业的客户关系管理

第三章　服务外包企业客户关系管理战略

【学习目标】

1. 了解服务外包企业的客户关系管理战略规划
2. 学习掌握服务外包企业的客户关系管理的基本策略
3. 学习掌握服务外包企业的客户关系的生命周期管理

【开篇案例】

CRM 在沃尔玛的应用

总部位于美国阿肯色州的世界著名零售连锁企业沃尔玛（Wall Mart）拥有世界上最大的数据仓库系统。为了能够准确了解顾客经常一起购买的商品有哪些，沃尔玛对其顾客的购物行为进行了购物篮分析。沃尔玛数据仓库里集中了其各门店的详细原始交易数据。在这些原始交易数据的基础上，沃尔玛利用 NCR 数据挖掘工具对这些数据进行分析。一个意外的发现是：跟尿布一起购买的最多的商品竟是啤酒！

这是数据挖掘技术对历史数据进行分析的结果，反映了数据内在的规律。那么这个结果符合现实情况吗？是否是一个有用的信息？是否有利用价值？

于是，沃尔玛派市场调查人员和分析师对这一数据挖掘结果进行调查分析。经过大量实际调查和分析，揭示了一个隐藏在"尿布与啤酒"背后的美国人的一种行为模式：在美国，一些年轻的父亲下班后经常要到超市去买婴儿尿布，而他们中有 30% ~ 40% 的人同时也为自己买一些啤酒。产生这一现象的原因是：美国的太太们常叮嘱她们的丈夫下班后为小孩买尿布，而丈夫们在买尿布后又随手带回了他们喜欢的啤酒。于是沃尔玛就在其一个个门店将尿布与啤酒并排放在一起，结果是尿布与啤酒的销售量双双增长。

按常规思维，尿布与啤酒风马牛不相及，若不是借助数据挖掘技术对大量交易数据进行分析，沃尔玛是不可能发现数据内在这一有价值的信息的。

第一节　服务外包企业的客户关系管理战略规划

现代企业正处于一个瞬息万变的环境中，要想使企业长盛不衰，决策者在发展问题上必须有长远目光，通过对外部环境和内部条件的全面估量和分析，为企业的全局发展设定较长时期的总体性发展目标。服务外包企业的客户关系管理，不能只考虑企业的眼前利益，应立足于企业的长远利益，作出对企业营销过程中的活动具有普遍的、全面的指导意义的管理决策，充分体现战略规划的前瞻性和全局性。

服务外包企业的客户关系管理的战略规划，应遵循如下步骤：

一、明确企业的战略目标

服务外包企业在自身发展中，要明确企业业务、使命和目标，这是关系到企业能否发展和怎样发展的关键所在，是企业可持续发展的根本保证。只有明确地规定了企业的业务范围、使命，才能树立明确而现实的企业目标。企业经营的业务范围和使命是确定优先顺序、战略、计划、工作安排的基础。服务外包企业的战略规划就是解决服务外包企业应该经营什么和应该是什么的问题，即企业应生产的产品、面对的市场、采用的技术、实现的目标是什么。许多企业正是由于有了明确的企业业务、使命，解决了企业是什么和应该是什么的问题，才实现了不断发展的战略营销目标。

二、外部环境分析

审时、度势、谋天下。外部环境分析在战略规划的制定和执行中具有重要意义。服务外包企业在全面实施客户关系管理策略之前，必须搜索、监测、预测和评估其所处环境当中的一些重要的外部因素，以合理地认识到环境的变化、趋势，识别出这些变幻的因素给企业带来的机会和威胁。

宏观层面的环境分析可借助 PEST 工具，作为分析企业外部环境的重要工具，PEST 着力于分析企业所处环境中的政治法律因素、经济因素、社会文化因素和技术环境因素。

微观层面的行业分析可借助波特教授的五力模型。该模型认为，一个行业的竞争程度和行业利润潜力由五个方面的竞争力量共同决定：新进入者的威胁、供应商议价能力、买方议价能力、替代品的威胁，以及当前竞争对手之间竞争的激烈程度。服务外包企业需要通过准确的判断在行业中找到适当的位置，使其能积极地影响这些力量，甚至能成功地战胜这些力量。

三、内部环境分析

服务外包企业客户关系管理营销策略的制定，一方面要充分地考虑外部环境对企业发展的影响，另一方面要研究企业内部资源如何利用的问题。企业的资源有广义和狭义之分，狭义的资源主要指企业的人力、物力、财力和管理；广义的企业资源除包括上述内容之外还包括技术、市场、组织、信息等方面的内容。一般来说，单项资源无法产生持续的竞争优势，只有当服务外包企业的各种资源根据其战略营销目标的要求有效地整合成为一个整体时，才能成为战略相关资源。服务外包企业只有通过一系列资源的组合和配置，才能有效支持客户关系管理策略的全面实施。常用的企业内部环境分析工具为 VRIO 框架。

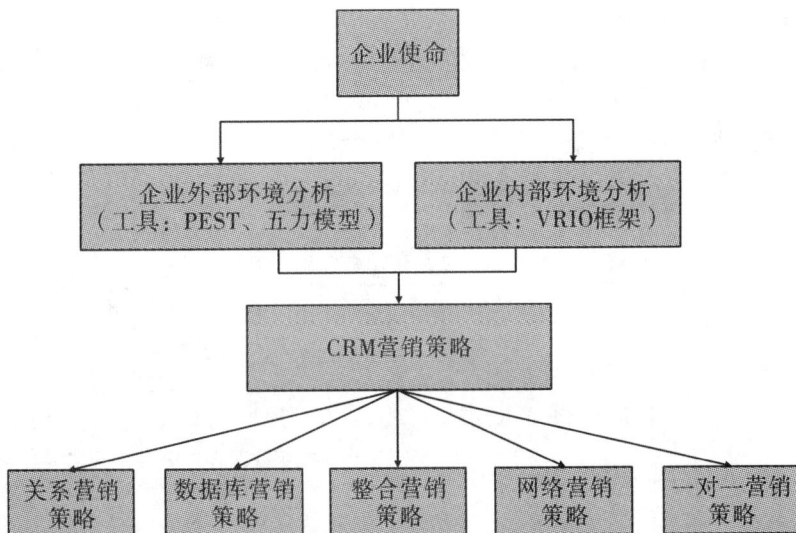

图 3-1　客户关系管理的战略规划

服务外包企业在明确自身的企业使命和战略目标，对宏观、微观环境以及内部资源能力作出评估之后，可根据具体情况采取适当的 CRM 营销策略（如图 3-1 所示），包括关系营销策略、数据库营销策略、整合营销策略、网络营销策略和一对一营销策略。下一节内容将对各种 CRM 营销策略进行详细介绍。

第二节 服务外包企业的客户关系管理的基本策略

一、关系营销策略

进入 20 世纪末，市场营销学理论发生了一些显著变化，其中影响最大的是营销学中的"关系"范式的出现。"关系营销"的概念由白瑞（Berry）于 1985 年最先提出，80 年代末至 90 年代迅速发展，在西方市场营销学理论界掀起一场革命，对市场营销持"关系"观点的学者对交易导向的营销理论进行了批判，被称为"营销学研究范式的转变"。

交易营销与关系营销是两种截然不同的研究范式：前者以产品为中心，采用 4Ps 营销组合为手段，着眼于单次交易活动收益的最大化；后者以长期关系为导向，采取关系方法（relationship approach），注重新价值的创造和双方关系中的交互作用，以构建企业持久的竞争优势。关系营销强调企业要与其交易伙伴以及其他重要的相关群体建立一种互惠互利、相互信赖、相互忠诚、共同成长、长期稳定的合作关系（Olive H. M. et al.，2000），是一种独特的营销理念，被认为是能为企业带来可持续竞争优势和卓越绩效的战略导向。

表 3-1 列出了传统的交易营销和关系营销之间的区别。

表 3-1 传统的交易营销与关系营销的区别

	传统的交易营销	关系营销
目标	争取客户、创造交易	维护和巩固已有的客户关系
焦点	重视产品特性	重视客户价值
客户	不注重与客户的长期联系	发展与客户的长期、稳定的关系
服务	强调产品的推销，很少关注客户服务	高度重视客户服务，并借客户服务提高客户满意度、培育客户忠诚度
营销责任	给予承诺	履行承诺
产品质量	是生产部门的事，与营销无关	所有部门都应关心质量问题

　　所谓关系营销，就是把营销活动看成企业与客户、供应商、销售商、竞争者、政府机构及其他相关者互动，并建立起长期、信任、互惠的关系的过程。企业的关系营销策略涉及企业所有利益相关者，而并非仅围绕客户市场展开。关系营销把一切内部与外部利益相关者纳入其营销活动研究范围，考察企业所有的营销活动及其相互关系。在此营销理论指导下，关系营销活动应处理好五种营销关系，它们分别是：企业与客户的关系、企业与内部员工的关系、企业与相关竞争者的关系、企业与相关供销商的关系、企业与相关影响者的关系。

　　在此着重介绍企业针对客户市场实施关系营销时所采用的策略。

1. 客户关系营销策略

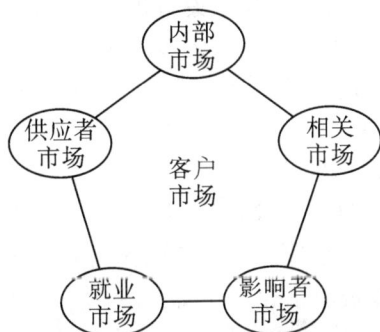

图 3 - 2　培恩的关系市场模型

　　图 3 - 2 是培恩（Payne，1995）的关系市场模型。在该模型中，客户市场处于中心地位，是传统营销理论中唯一认可的市场。传统的交易营销偏重于一次性买卖活动，注重产品特色和第一期效果，很少强调客户服务，属于有限的客户参与和接触，质量主要由生产部门考虑。与此相反，关系营销则偏重于保持客户活动，注重客户价值和长期效果，强调高质量的客户服务，鼓励客户参与和客户接触，属于全员质量观。培恩把客户市场中企业与客户的关系比喻为一个梯子，由下向上依次为潜在客户（prospect）、顾客（customer）、客户（client）、支持者（supporter）、宣传者（advocate）和合作伙伴（partner）。传统的交易营销偏重在底下两个阶梯运作，即发展新客户和与现有客户达成交易，关系营销则致力于把现有客户向上（第二阶梯）发展，直到使其成为合作者（最高一个阶梯）。

　　企业与客户的关系不仅仅是商品与货币的交换关系，还包括广泛的信息交流关系，感情沟通关系。客户关系营销的实质就是通过互动和交流，与客户建立一种超越买卖关系的非交易关系。其目的就是促使客户形成对企业及产品的良好印象和评价，提高企业及产品在市场上的知名度和美誉度，为企业争取客户、开拓和稳定市场关系，保证企业营销成功。因此，建立并维持与客户的良好关系是企业营销成功的基本保证，企业必须有效地实施客户关系营销策略。

服务外包企业的客户市场是组织市场，即其面对的客户是企业，而非由个体客户组成的消费者市场，因此服务外包企业对其组织类型客户进行的关系营销可看作"组织间营销"（business to business marketing）。通常，组织市场的客户具有如下特征，如客户数量较少、一个企业客户每次购买的数量大、这类型客户的地理位置相对集中等，因此维系与每个客户的关系更有可能，也更有必要。与消费者营销中的客户关系管理不同，组织间营销的客户关系管理是对客户企业内发生的变化、对客户需求的反复认证、与客户的互动关系等因素进行的更具体和微观的管理过程。服务外包企业必须加强与企业客户的联系，密切与企业客户的感情，实现企业和客户的双赢。

服务外包企业可采取的客户关系营销策略主要体现在：

（1）建立以客户为中心的市场营销观念。20 世纪 80 年代末，在发达国家兴起了一种新的营销管理战——客户满意（customer satisfaction，CS）战略。CS 战略的指导思想是，企业的全部经营活动都要从满足客户的需要出发，以提供满足客户需要的产品或服务为企业的责任和义务，以满足客户需要，使客户满意为企业的经营目的。这种营销战略在发达国家取得了明显的效果。服务外包企业要搞好与客户的关系必须采用这种战略，而实施这种战略的关键就是要树立以客户为中心的观念，不断满足客户的各种需求，企业的一切活动应以客户为中心，并提供比竞争者更有效的产品与服务。

（2）进行深入调查，了解客户的真正需要。提高客户满意度的前提是了解客户的需要。而客户的需要是多种多样的，服务外包企业要想了解客户复杂的需要，必须进行深入的客户调查和有敏感的反应。通过邮寄调查、上门拜访等各种形式的有机结合，采取自行组织调查与委托专业公司调查相结合的方式，对目标客户群进行定期或不定期的调查，了解他们的偏好、价值倾向、服务期望等信息，进而根据目标客户的需要调整企业的产品和营销策略，提高客户满意度。

（3）实施客户化营销，提高客户的忠诚度。客户化营销也称为定制营销，是根据每个客户的不同需求制造产品并开展相应的营销活动。其优越性是通过提供特色产品、优异质量和服务满足客户需求，在更高的层次上实现"产销见面"和"以销定产",提高客户忠诚度。据美国汽车工业调查,一个满意的客户会引发8笔潜在的生意,其中至少有一笔成交。一个不满意的客户会影响25个人的购买意愿。

(4) 提高服务质量,培育客户忠诚度。在日益激烈的市场竞争中,服务已成为全部经营活动的出发点和归宿。因而,培育客户忠诚度的重要途径就是通过提高服务质量来增加客户的满意度,从而增强客户对企业的认知度,建立起客户对企业的忠诚度。具体可以采取以下几种途径:一是用增值服务来提高客户的忠诚度。企业可以在提供高质量常规服务的基础上,通过增加服务内容,使客户享受到超值的服务,从而形成对该产品或企业的忠诚度。二是提供与竞争对手不同的差异化服务。差异化服务是指企业向目标市场提供与竞争对手不同的优质的服务。尤其是在难以突出有形产品的差别时,竞争成功的关键常常取决于服务的差异化。三是创新服务方式。创新服务不同于差异化服务,差异化服务重在独特性、个性化、实用性以及客户的满意程度,而创新服务重在方式上求新,利用与众不同的服务方式给客户带来惊喜,使其留下深刻的印象,永远记住该品牌。

(5) 建立客户俱乐部,提升企业的美誉度。建立客户俱乐部,也称为俱乐部营销,就是要吸收购买一定数量产品或付费的客户成为会员,并提供适合会员需要的服务,以培养企业的忠诚客户,提升企业的美誉度,进而形成企业获益的营销模式。

(6) 建立客户关系管理系统。在关系营销模式下,企业的目标不仅是要赢得客户,更重要的是维系客户,维系客户比吸引客户对扩大企业利益更见成效。这就要求建立客户关系管理系统,科学管理客户关系。建立客户数据库和呼叫中心是客户关系管理系统的关键。详尽完善的客户数据库系统,能为企业准确掌握客户的需求意向,为客户价值最大化创造条件,是实施客户关系管理的基础。呼叫中心是客户与企业沟通联系的主要接触点,在收集客户信息和信息反馈方面起着不可替代的作用,可以使企业有效掌握客户的消费需求并对服务失败作出及时补救。良好的客户关系管理系统有助于企业作出正确的经营决策,改善和发展企业与客户的协作关系,为企业带来长久的竞争优势。

(7) 数据库营销。数据库营销也可以看作是促进关系营销的一种重要手段。数据库营销通过进行修改同一化的交流和交易,具有极强的针对性。数据库中的数据应包括以下几个方面:现实客户和潜在客户的一般信息,如姓名、地址、电话、传真、电子邮件、修改特点和一般行为方式;交易信息,如订单、退货、投诉、服务咨询等;促销信息,即企业开展了哪些活动,做

了哪些事，回答了哪些问题，最终效果如何等；产品信息，如客户购买某产品的频率和购买量等。数据库维护是数据库营销的关键要素，企业必须经常检查数据的有效性并及时更新。企业一方面要设计获取这些信息的有效方式，另一方面还必须了解这些信息的价值以及处理加工这些信息的方法。

2. 员工关系营销策略

员工关系是指在企业内部管理过程中形成的人事关系。其具体对象包括全体职员、工人和管理干部。员工从内部关系角度看是企业的对象，从外部关系角度看又成了主体，这是一种与关系主体最密切的公众。他们是企业赖以生存的活细胞，是企业产品的生产者、服务的承担者，对外又是企业形象的代表者，与企业的利益和目标关系最密切，企业的一切方针、政策、计划、措施，首先必须得到他们的理解和支持，并身体力行付诸实施。员工的技术水平、创新精神、职业道德、精神风貌、服务态度等直接影响社会公众对企业的整体印象和评价。因此，任何企业都必须首先处理好内部员工关系，只有企业内部上下关系融洽协调，全体员工团结一致、齐心协力，才能成功地"外求发展"，通过员工的协作以实现资源转换过程中价值的最大化。

3. 合作者关系营销策略

合作者关系营销策略是企业实施关系营销策略的根本保证。在科学技术日新月异、信息技术高速发展、经济全球化的环境下，我国企业要想生存发展，取得竞争优势，必须运用合作营销。合作营销又称联合营销，是企业与企业或企业与其他机构通过合作的方式，共同研究市场、开拓市场、进入市场、占有市场，共同开发产品、修建分销渠道、传播信息、促进销售，为实现各自的营销目标，通过各种协议、契约而结成的介于独立的企业和市场交易关系之间的一种松散型组织。其本质是在做市场的过程中与他人建立伙伴关系。

传统的市场营销策略过于强调竞争，企业和相关企业之间只是交易和竞争的关系。企业采取的竞争策略是"输赢"策略，即与竞争者完全对立起来，采取一切可能的手段，以对手的失败和消失为目的。随着经济全球化，资本、技术等生产要素跨国界流动，国际化劳动分工协作扩大，国外跨国公司通过联盟合作方式同我国企业在规模、技术、产品等方面上拉大了差距，增强了我国产品输出的难度，特别是加入 WTO 以后，我国企业的竞争对手遍及全球，面临着十分严峻的考验。面对多元化、白热化、国际化、规模化市场竞争日益加剧的挑战，仅靠企业自身的力量来长久地维持竞争优势已非易事。在构筑客户价值让渡系统中，新的竞争也不再是单个竞争者之间的竞争，而是这些竞争者所组成的价值让渡系统相对效率的竞争。顺应时代的发展，企业的竞争方式和竞争规则应转向更深层次的合作营销策略，即为竞争而合作，靠合作来竞争。

4.影响者关系营销策略

当今，企业从"以生产为中心"转到"以市场为中心"，使得社会的关系结构发生了根本的变化，长期形成的以行业为主的竞争方式开始向全方位转向。也就是说，现在一个企业要生存和发展，不仅要生产出好的产品，还要迎合市场的需要，同时还能被政府及社会各个阶层所欣赏，取得公众的信任，在社会上塑造一个令人满意、尊敬的形象。任何一个企业都不可能独立地提供营运过程中所有必要的资源，它必须通过从银行获得资金、从社会招聘人员、与科研机构进行交易或合作、通过经销商分销产品、与广告公司联合进行促销和与媒体沟通等来获取。不仅如此，企业还必须被更广义的相关成员所接受，包括同行企业、社区公众、媒体、政府、消费者组织、环境保护团体等，企业无法以一己之力应付所有的环境压力。因此，企业作为一个开放的系统从事活动，不仅要关注企业内部的员工关系、企业与客户的关系、企业与合作者的关系，还必须拓展视野，注意企业与股东、政府、媒介、社区、国际公众、名流、金融机构、学校、慈善团体、宗教团体等的关系。这些关系都是企业经营管理的影响者，企业与这些环境因素息息相关，它们构成了保障企业生存与发展的事业共同体。企业与共同体中的伙伴建立起适当的关系，形成一张巨型的网络。对于大多数企业来说，要想成功必须充分利用这种网络资源。

企业经营管理的影响者市场由独立的实体、组织和个人构成，他们能够积极或消极地影响企业参与竞争的市场的营销环境。成功的企业一般都与对市场有重要影响的重要渠道有良好的关系。

影响因素呈现多种形式，可能影响的因素是无穷无尽的。每项业务都可能因为这些渠道施加的影响而受益或受损。作为关系营销战略的一个组成部分，对影响因素的管理具有举足轻重的作用。面向影响者的企业市场的营销策略是通过举办各种专题活动，有效地提高企业的知名度、美誉度、和谐度，最大限度地使企业获得无形资源，树立企业的良好形象。

总之，关系营销是一项系统工程，它有机地整合了企业所面对的众多因素，其中客户是企业生存和发展的基础。企业要想实现与客户建立长期稳固关系的最终目标，离不开其与关联企业及员工良好关系的支持。要与关联企业建立长期的合作关系，必须从互惠互利出发，并与关联企业在所追求的目标认识上取得一致。

二、数据库营销策略

数据库营销（database marketing service，DMS），是在企业通过收集和积累消费者大量的信息后，经过处理后预测消费者有多大可能去购买某种产品，以及利用这些信息给产品以精确定位，有针对性地制作营销信息达到说服消费者去购买产品的目的。

数据库营销的产生有以下两个方面的原因。一方面，规模化大生产与客户个性化需求的差异对营销活动提出了新的要求。在过去 20 年里，世界经济发展速度与结构发生了巨大变迁，企业为了满足消费者的需求，普遍进行大规模的生产活动，而营销理论与实践更加注重客户的修改化需求，供需之间的结构性差异矛盾亟须新的营销理论与方法来解决。另一方面，IT、Internet 与 Database 技术的发展使得客户需求的信息收集、分析与整合过程变得更加准确。基于此，与之相适应的各种新的营销方式不断涌现并迅速普及，数据库营销就是在这样的背景下产生的。

数据库营销在西方发达国家的企业里已相当普及，在美国，1994 年 Donnelley Marketing 公司的调查显示，56% 的零售商和制造商有营销数据库，10% 的零售商和制造商正在计划建设营销数据库，85% 的零售商和制造商认为在 21 世纪末，他们将需要一个强大的营销数据库来支持他们的竞争实力。从全球来看，数据库营销作为市场营销的一种形式，正越来越受到企业管理者的青睐，在维系顾客、提高销售额中起着越来越重要的作用。

1. 数据库营销的作用

数据库营销与传统的营销方式相比，其战略意义主要表现如下：

（1）帮助企业准确找到目标客户群。市场是一个综合体，是多层次、多元化的消费需求集合体，利用合理的投入最大限度地满足客户需求，是企业成败的关键。服务外包企业应该根据不同需求、购买力等因素对客户市场进行细分。数据库营销策略可以帮助服务外包企业根据自身战略和产品情况选择符合公司目标的细分市场作为目标市场。

（2）帮助企业降低营销成本，提高营销效率。数据库营销策略整合了多种营销渠道，渠道间相互补充，增强了营销效果，与传统营销方式相比降低了成本、提高了效率。

（3）通过个性化的客户交流，维系客户忠诚。企业将不同产品定位在不同的目标客户上，并通过多渠道营销活动向该目标客户传达这一特定信息。由于客户个性化需求得到了较好的满足，他们对企业的品牌、产品、服务形成良好的印象，建立起对公司产品的忠诚意识；另外，由于这种满足是针对差异性很强的个性化需求，就使得其他企业的进入壁垒变得很高。这样，企业和客户之间的关系就变得非常紧密，有助于形成"一对一"的营销关系。

（4）为营销、新产品开发和市场预测提供信息。发现客户需要并满足之，是企业的追求，"以客户为中心"不应仅仅是一句口号。数据库营销策略可以迅速帮助企业建立与客户沟通的信息互动平台，真正了解客户的实际需求，为企业制定以人为本、以客户为导向的营销新策略，而在技术上，保证了每一次的客户互动信息的结果都可能对公司的营销策略产生影响。所以，企业就确保了营销战略的制定过程是建立在对于营销数据的科学分析的基础上，最大限度地为新产品的开发提供重要依据。

2. 数据库营销的规划

企业在实施数据库营销之前，必须首先进行总体的规划，而营销分析和技术分析是数据库营销规划的第一步。

（1）营销分析。营销分析的目的在于了解企业内外部的营销环境、企业的业务状况及竞争的强势与弱势，进而确定公司现有业务中哪些适合实施数据库营销。通常应考虑以下要点：现有业务是否存在与客户有关联的频繁或高额的购买行为；市场是否多样化，能否从足够的细分市场中获益；客户是否存在进行更大量购买的潜力；产品的类型、生命周期及竞争地位等。

（2）技术分析。实施数据库营销的技术基础是设计和建立数据库营销信息系统。该系统应包括以下组成部分：一台计算机化的数据装置；数据库系统软件；大型数据库（数据仓库）；营销信息数据统计、分析等处理软件包；专业信息处理员等。数据库技术作为专业性技术依赖于公司的技术力量和技术投资，因此，必须对公司能够在多大程度上支持技术投资，以及技术发展和应用状况进行分析和评价。在营销分析和技术分析的基础上，企业应针对选定的目标业务设定三至五年中长期的数据目标，并相应地拟订具体营销计划，包括目标实施的先后顺序、营销策略组合、营销预算等，同时设立专人来负责数据库营销的组织与技术支持。

3. 数据库的建立与维护

建立一套良好的数据库是实施数据库营销的先决条件。数据库通常应包括客户数据库、产品数据库和竞争对手数据库。

（1）客户数据库。客户数据库应包括客户属性、公司与客户间的交易情况、客户需求及需求特点、客户的偏好及行为特点等。客户属性应包括人口统计学上的属性，如姓名、年龄、性别、职业、通信方式、收入等，另外还应包括社会心理学上的属性，如性格、生活方式等心理测试统计信息。交易

情况则应依照客户类型，将其消费的商品品种、购买频率、消费金额，最后一次购买日期以及客户与竞争对手的交易信息等输入数据库。很重要的一点是在客户数据库中还应包括客户对公司采取的营销或促销活动等所作的反应方面的信息。

（2）产品数据库。产品数据库中应包括产品基本情况、供销情况、需求状况、产品服务情况、客户对产品的意见、供货商情况及联系方式、支付方式等。

（3）竞争对手数据库。竞争对手数据库主要包括竞争对手的基本情况，经营规模，经营商品的品种、数量、价格，费用水平和盈利能力，市场份额、销售和供货渠道状况，促销方式，服务项目以及消费者的反应情况等。

通常企业可以通过下面的渠道来获取数据库中的信息：①当不同层次的客户在销售现场发生购买行为时，由销售人员忠实记录下他们的详细个人资料。②通过接听企业设立的对外咨询电话、服务热线等登记客户的反馈信息及客户疑问等。企业还可利用现代技术，通过以计算机语音集成技术（CTI）建立起来的呼叫中心，从客户那里获取各种信息和数据。③企业通过举办有奖销售、免费试用、举办研讨会或产品讲座等各种形式的促销活动有针对性地收集客户的相关信息。④通过发行会员卡、VIP老客户卡，或成立消费者俱乐部等方式得到有关消费者的详细资料。⑤通过问卷调查等市场调研方法获得竞争对手和消费者的信息。⑥在信息的数字化和网络化飞速发展的今天，互联网是更方便、更有效率获取信息的渠道。通过互联网建立数据库具有处理数据量大、能实现动态数据更新、便于远程维护、成本费用低、客户乐于主动加入等多种优点。企业通常通过在其网站上设计一些能够引起客户注意和兴趣的表格，要求客户在注册为会员时填写并提交，还可以通过网站交易平台获得来自客户对产品的评价与建议。⑦通过企业资源计划（ERP）等管理系统掌握每个交易客户的记录。数据库建立后，更重要同时也是更困难的是对数据进行及时的更新维护。营销人员应定期通过各种渠道收集信息，并及时掌握客户需求的变化，尽快对数据库中的各种数据进行更新和扩充。

4. **数据库营销的执行**

通过数据挖掘所获得的信息，为营销决策提供了科学的支持。企业应根据这些分析结果，及时调整营销策略。

（1）进行准确的市场定位。在客户分析的基础上，准确地找到本企业产品的目标客户群，并根据目标客户的特征为产品进行准确的定位，或对以前偏离目标客户需求的产品定位进行调整，即重新定位。对于最底层的20%的客户，应根据具体情况采取放弃策略，以免继续浪费企业的营销费用。

（2）实行差别化策略。在数据挖掘基础上，细分数据库里的客户和潜在消费者，进一步明确与他们进行沟通的最佳渠道、方式、时间和环境，有针对性地采取措施。通过市场细分，辨别营销策略才能支持消费者保持原状或改变购买行为。①固有消费者。对于已购买过本企业产品的客户，要保持持续的沟通，通过开通消费者咨询热线、赠送小礼品、定期举办消费者俱乐部活动、对老客户给予特殊优惠等，稳定其对品牌的忠诚度。同时根据已有客户的消费特征，有针对性地进行交叉销售（向老客户提供新产品、新服务）和增量销售（使老客户更多地使用同一种产品或服务）。②潜在消费者。对于没有购买过本企业产品，但在以后有可能购买的消费者，可通过举办专家讲座、产品推广、口碑宣传等对其进行引导、灌输，加深消费者对产品的印象及了解，使产品成为消费者以后有需求时的首要选择。③可挖掘消费者。对于持不信任或观望态度的消费者，可通过对本企业品牌文化的宣传、诚挚的服务表现以及发放产品资料、组织公关活动等方式增强消费者的信心，促进其购买。

数据库营销不仅有效地消除了传统营销模式的各种弊端，同时也为企业发展注入了新的活力。尽管到目前为止，传统的营销模式仍然在我国占据着十分重要的地位，但从经济发展的长远规划来看，数据库营销必将取代传统的营销模式，成为企业获取市场竞争优势的利器之一。

三、整合营销策略

整合营销又称整合营销传播（IMC），是由美国西北大学教授唐·舒尔茨于20世纪80年代中期首次提出的。IMC的核心思想是：以整合企业内外部所有资源为手段，再造企业的生产行为与市场行为，充分调动一切积极因素以实现企业统一的传播目标。狭义上可理解为通过整合各种传播活动为企业形象及其品牌实现"一种形象和一个声音"的目标。

ICM从广告心理学入手，强调与客户进行多方面的接触，并通过接触点向消费者传播一致的、清晰的企业形象。这种接触点小至产品的包装色彩，大至公司的新闻发布会，每一次与消费者的接触都会影响到消费者对公司的认知程度，如果所有的接触点都能传播相同的正向的信息，就能最大化地提升公司的传播影响力。

1. 整合营销传播的内涵

美国广告公司协会（American Association of Advertising Agencies，4As）对整合营销传播的内涵进行如下定义："整合营销传播是一个营销传播计划概

念，要求充分认识用来制订综合计划时所使用的各种带来附加值的传播手段——如一般的广告、直接反应、促销和公共关系——并将之结合，提供具有良好清晰度、连贯性的信息，使传播影响力最大化。"

舒尔茨认为，20 世纪 90 年代，在同质化的市场中只有传播能创造出差异化的品牌竞争优势。这种传播以消费者的需求为"轴心"，从产品概念的开发到产品包装设计以及公共关系、广告、促销等营销推广工具的综合运用，始终围绕着这个"轴心"转。它不再仅仅是企业销售部门、广告公司的事，而且是涉及产品研发人员、企业其他所有员工甚至销售商、零售商的事。

汤姆·邓肯和桑德拉·莫里亚蒂（Tom Duncan and Sandra Moriarty）则认为整合营销传播是一种"新时代"的营销方式，它被公司用来着力于与消费者和其他利益相关者建立、维持和发展良好的关系。他们建立了一种以沟通为基础的营销模式，该模式强调控制所有可能影响品牌价值的沟通信息。这些信息来源于三个层面：企业、市场营销和营销传播。因为企业所有的市场行为、营销组合活动（Marketing Mix）、营销传播行为都具备传播功能并且扮演着吸引和维系客户的角色。

在企业层面，企业运营和理念的各个方面，如公司的使命、雇用情况、慈善活动、企业文化、对信息的反馈等构成了与消费者和利益相关者沟通的方方面面。在市场营销层面，企业通过包括促销在内的所有营销组合向消费者传递信息，消费者以设计、外观、性能、价格、服务和销售渠道等因素判断产品。在营销传播层面，要求整合营销传播的信息和各种机构，目标是让所有营销机构以统一的声音、形象传播企业或品牌的连续形象。

2. 客户关系管理整合

整合营销的理念体现在客户关系管理上就形成了客户关系管理整合的营销战略。"客户关系管理整合"的市场营销战略是 HERO 咨询公司在多年积累的市场营销战略咨询经验的基础上提出的。客户关系管理整合为有效的客户关系管理提供了标准的实践过程。这一过程被称为 IMIM 过程，就是确定客户关系、测量客户关系、改进客户关系和监测客户关系。

（1）确定客户关系。在结构化的整合客户关系管理的实践中，最关键的过程就是在市场竞争中确定客户关系。客户关系管理整合就是根据一个客户如何衡量企业所提供的价值来确定客户关系，并根据客户的基本需求来构造客户关系。人们通常把价值定义为质量与价格的比例，但很难根据这一定义来管理整合客户关系，因为不同的客户将根据其不同的需求来构造其感受的价值。客户关系管理整合根据客户的基本需求并以其感受价值的方法来构造价值。通过这样的价值构造，能容易地测量客户关系并找到改进客户关系的方向。

（2）测量客户关系。客户关系管理整合通过创新的客户关系战略沙盘来描述所测量的竞争客户关系。它通过对竞争客户关系的精确计算，把各个客户细分市场竞争企业的客户关系描绘在一个二维的平面上，让即使是对竞争客户关系一无所知的企业高级主管也一目了然。战略沙盘的简单规则是：①企业和客户细分市场之间的相对距离（或位置）代表了客户关系的相对强弱；②如要了解一个企业（或各竞争企业）与某个客户细分市场之间的客户关系，必须集中观察该企业（或各竞争企业）在这个战略沙盘中与这个客户细分市场之间的相对距离（或位置），距离越短，客户关系就越强。

为了进一步了解客户细分市场上的竞争客户关系，把该细分市场上的客户进一步根据他们对企业的熟悉程度分成不同的客户群，以观察该细分市场上不同的客户群与企业间的竞争客户关系，一旦企业确定了重点突破的细分市场，下一步要做的就是改进该细分市场上的客户关系，制定有效的市场战略。

（3）改进客户关系。在客户关系管理整合实践中，有两个改进竞争客户关系的重要步骤：其一是确认市场上最有价值的客户细分市场，客户关系管理整合帮助企业发现其市场上最有价值的客户，进而改善与改进客户的关系；其二是确定决定客户关系的关键因素。同时这两方面必须贯穿于整合客户关系管理的全过程，它可以保证客户关系管理实践始终在投资效益最大化的正确轨道上。

（4）监测客户关系。客户关系管理整合不是一次性的活动。它需要持久的市场营销实践来帮助企业在长时间内取得成功。这是因为企业不可能在短时间内建立其最佳的客户关系，它需要不断地监测其客户关系管理过程以检查其进展过程即发现新的问题；同时随着市场竞争及客户需求的改变，客户关系也需要不断改进。因此，监测竞争的客户关系应该是企业客户关系管理过程中的一个重要组成部分。

四、网络营销策略

互联网所具有的全球性、虚拟性、跨时空性和高增长性的特点，使网络虚拟市场成为一个潜力巨大的数字化新兴市场。网络营销（E-marketing）是相对于传统营销而提出的一个新概念，是网络时代产生的新的市场营销模式。

在英文文献中描述网络营销的词很多，如 Cyber Marketing, Internet Marketing, Network Marketing, Online Marketing, WWW Marketing 和 E-marketing。

目前，国内学者较常用的是 E-marketing，E 表示电子化、信息化、网络化，含义简洁明了，而且与电子商务（E-business）相对应。国内有些文献将 E-marketing 译为互联网营销，主要是为了反映 21 世纪市场营销以互联网为基础这一重要的新特征，但 21 世纪市场营销的基础不完全局限于互联网，还有企业进行的内部信息化管理所依赖的企业内联网等。因此，国内学者大都将 E-marketing 译为网络营销。

1. 网络营销的功能

（1）在线沟通。服务外包企业在 B2B 市场中运营面临的一个困境是信息沟通问题。对于一些组织市场而言，通过信息与客户联系是其主要优势。在线沟通创造了高度专业化的快速沟通渠道，实现了大量信息内容的低成本传递。在线沟通不仅适用于购买的初始和过程阶段，它另一个有价值的贡献是应用于购买后的产品评价和反馈阶段。网络在降低成本的同时为企业提供了改善客户服务质量的机会。可以通过实时答复在线客户的请求提高服务质量。

（2）在线交易：电子商务。在线交易包括服务外包企业与其客户间利用信息技术进行的产品和服务的交易。根据克鲁姆（Croom，2001）的观点，网络技术的使用会使采购系统变得更"瘦"。买方可以通过更多的途径了解网页上的产品信息。买方组织也会发生一些变化，比如采购职能将更加简化，供应链再造也成为可能。美国 BuyerZone.com 是在线市场的领导者。它将原有的采购系统与基于网络的"报价"服务综合在一起。这一搜索工具通过提供及时的相关信息，满足了中小企业所有者的需要。而且，BuyerZone.com 的采购体验指导帮助客户轻松地评价和快速地选择满足自己业务需要的产品。网络营销人员面临的一个巨大挑战是在购买决策阶段是否要给买方决策权，因为在线信息可能会使买方转而购买竞争对手的产品。因此，企业需要努力提供更好的信息，超越竞争对手，留住客户。

2. 各种网络营销策略

（1）价格策略。价格是营销策略中最活跃、最灵活、最具竞争力的因素。据 CNNIC 的一次调查表明，约 43% 的消费者网上购物的主要动机是节约费用和购物时间。网络营销中价格的透明性和可比性，使得网络营销的价格在传统营销的价格基础上有了新特点：①相对统一性；②可比性。

网络营销面对的是全球开放的市场，网络的传播使价格信息打破了地区的封闭性，使得网络营销中的价格有趋同的走向。但由于各国各地区的经济发展水平和购买能力存在差异，加之关税、运输等因素，使全球很难实现统一定价。因此，网络营销产品的价格只能是在全球存在差异的基础上的相对统一。

价格的可比性指客户可以通过搜索引擎等方式，查询到世界各地同类产品比较准确的价格信息，通过比较，然后作出购买决策。客户不仅可以查询到其他厂商生产的同类产品或替代品的价格，还可以了解到同一厂商在不同时期、不同地区的价格信息。这些可比的价格都可以作为客户购买决策的参考。

（2）渠道策略。与传统营销一样，网络营销也面临着如何实现将产品或服务由生产者向客户转移的问题。网络直接销售渠道，指服务外包企业利用自己的电子商务网站直接实现产品或服务向最终客户销售。在网上直销的情形下，服务外包企业和最终客户直接沟通商品信息，也可在网上完成贷款的支付，而无须通过不同区域、不同环节的物流企业来完成商品实体的输送。

（3）促销策略。网络促销是指通过网络向虚拟的网络市场发布有关产品和服务的信息，以激发客户的需求欲望，刺激客户购买产品和服务，扩大产品销售而进行的一系列活动。网络促销主要有网络广告、站点推广、销售促进和关系营销等手段。企业的产品大多数通过网络进行宣传推广，一般采取站点推广的方式来进行。站点推广的主要方式有：①利用搜索引擎；②友情链接；③广告联盟。

搜索引擎的使用率非常高，而目前将企业自己的站点注册到搜索引擎中是免费的。友情链接是指和其他站点合作，在站点的网页上相互放置对方主页的链接，以达到共同宣传的效果。广告联盟是从友情链接发展而来的一种推广方法，是由网络广告商发起的许多站点之间的互相链接。一个网站加入了某个网络广告联盟，这个网站的宣传链接就会以一定的比例出现在其他所有参加了这个广告联盟的网站。

（4）差异化策略。网站的差异化和自身特色是服务外包企业发展壮大的关键因素，一是要把自己的优势和特色做好，尤其要体现自己与同类行业、同类产品的不同之处，特别是把产品的优势告诉客户，以便在激起客户购买欲望的同时，增加企业的销售量。

（5）内容策略。一个品牌是由内容和形式组成的。品牌由几个文字、几个符号、几个标志组成，这只是形式方面。品牌的内容是提供的实在的服务、对客户的承诺以及对客户的忠诚反映。

（6）人性化策略。网络营销成功还有人性化策略这一重要因素，试想如果我们能把握好人际交流这一关，对营销成功的机会就会大大增加，这就要求服务外包企业从人性化的角度来做好销售，比如，做好销售前与客户的沟通工作，包括培养网络销售人员，让他们在线与客户进行有效的交流。

五、一对一营销策略

"一对一营销"这种倡导满足个性化需求的营销理念在20世纪70年代开始萌芽，80年代发展，90年代趋于成熟。但"一对一营销"（one-to-one marketing）这一概念则是唐·佩拍斯（Don Peppers）和玛莎·罗杰斯（Martha Rogers）博士于1993年合著的《一对一的未来》（*The One-to-One Future*）一书中首次明确提出的。

1. 一对一营销的核心理念

所谓一对一营销，就是将每一位客户都视为一个单独的细分市场，根据个人的特定需求来进行市场营销组合，以满足每位客户的特定需求。即使部分消费者总体上倾向于和大众保持同质化的产品和服务消费，但是也期望在送货、付款、功能和售后服务等方面，商家能够满足其特别的需求。正因为每个客户都有着不同的需要，因而，通过市场细分将一群客户划分为有着共同需求的细分市场的传统做法，已不能满足每个客户的特殊需要。一对一营销的核心就是以"客户份额"为中心，通过与每个客户的个性化交流，与客户逐一建立持久的、长远的学习型关系，为客户提供定制化的产品。

（1）顾客份额。日常我们经常听到国内的企业家们"不惜一切代价，也要占领市场"的言论，而实际上单纯强调市场份额的观念早已过时，一对一营销策略简单地说就是企业需要转换观念，从以往的以市场为导向转变为以顾客为导向，使企业的经营战略重心侧重于顾客份额而非仅仅是市场份额。顾客份额形象地说就是"钱包份额"，即客户在一个企业上的消费占其同类消费总额的比重。顾客份额越大，客户对企业就越忠诚，企业竞争优势就越强。从这个意义上讲，企业规划一对一营销的过程也就是在一对一的基础上提高每一位客户的顾客份额的过程。

（2）互动型学习关系。一对一营销的一大特点就是企业与顾客之间不是单向的交流，而是双向的互动沟通。为争取更大的顾客份额，企业需要对客户进行细致深入的了解，这是通过双向的交流与沟通来实现的。随着企业与客户一对一关系的深入，双方不断互动、学习和适应。企业不断深入了解顾客的偏好，由此促使双方关系不断巩固发展。

（3）定制化作业。定制化是一对一营销的本质特征。定制意味着企业要努力满足每一位顾客提出的不同要求，这根本有别于传统企业的作业模式。因此，一对一营销要求企业在销售和服务的模式上，在库存管理，在生产和采购环节，在财务结算等各方面，都作出相应的调整和改革，以适应新的要求。

作为一种客户关系管理战略，一对一营销为企业和个人间的互动沟通提供具有针对性的个性化方案。一对一营销的目标是提高短期商业推广活动及终身客户关系的投资回报率（ROI）。就本质而言，一对一营销实则是"忠诚度营销"的一种别称，旨在通过影响获利行为、树立客户忠诚度，实现客户终身价值的最大化。

2. 区别于传统营销的价值

实行传统营销的企业，是从产品的角度经营，满足一种基本的消费需求，然后再不断挖掘和扩大市场，尽可能多地找到有这种需求的所有顾客。这时，衡量企业成功与否的重要尺度是市场占有率。一对一营销正好相反，它不是一人关注一种需求，而是以客户为中心，一次关注一位顾客，尽力为其提供更多的产品和服务，尽可能多地满足这位客户的所有需求。一对一营销成功与否的衡量尺度是客户占有率。

传统营销依靠区分产品来进行竞争，而一对一营销依靠区分客户来竞争。传统营销通过推出新产品以及对产品进行延伸，尽量对产品进行实际意义上的区分，或者利用品牌和广告制造出一种观念上的区分；而一对一营销的企业一次照料一位客户，它所依赖的是将每一位客户与其他人区分开来。传统营销经营者认为与单个客户进行互动是不必要的，而来自某位客户的反馈也只有当客户能代表整个市场时，才可能有用处。用同样的方式为特定市场的每个人生产并交付同样的产品，满足同一种需求。但一对一企业必须与客户互动交流，根据从互动中获得的客户反馈来提供量身定制的产品或服务。一对一营销不只是关注市场占有率，还要尽量增加每一位客户的购买额，也就是在一对一的基础上提升对每一位客户的占有程度，即顾客份额。

因此，相对而言，一对一营销首先更容易满足客户个性化需要，从而增加了企业交叉销售和向上销售的机会，扩大了企业的销售范围。其次，被满足的个性化需求必然会提高顾客的忠诚度，从而为企业带来零成本的高效宣传方式——口碑宣传。再次，传统的营销模式中，企业通过大量生产追求规模经济，容易造成产品的滞销和积压，一对一营销则很好地避免了这一点，这是因为企业是根据客户的实际订单来生产的，真正实现了以销定产。最后，在一对一营销模式中，老客户的重复购买过程会使企业形成相对固定的工作方式，客户需要重复的信息也越来越少，这会提高交易效率，缩短服务周期，降低交易成本。

3. 一对一营销的实施

一对一营销的执行和控制是一个相当复杂的机制，它不仅意味着每个面对客户的营销人员要时刻保持态度热情的、灵敏的反应，更主要也是最根本的是，它要求能识别、追踪、记录个体消费者的个性化需求并与其保持长期的互动关系，最终提供个体化的产品或服务。所以，一对一营销的核心是企业与客户建立起一种新型的服务关系，即通过与客户的一次次接触而不断增加对客户的了解。企业可以根据客户提出的要求以及对客户的了解，生产和提供完全符合单个客户特定需要的产品或服务。即使竞争者也进行一对一的关系营销，你的客户也不会轻易离开，因为客户还要再花很多的时间和精力才能使你的竞争者对他有同样程度的了解。

消费者对生产商的要求日益提高，这主要体现在两个方面：一是希望厂商能提供为自己专门设计的定制商品或服务；二是希望定制的商品或服务能尽快送到自己的手中。企业只有不断提高自己一对一的营销能力，才能赢得客户，增加利润。

企业可以通过下列四步来实现对自己产品或服务的一对一营销：

（1）识别客户。"销售未动，调查先行"。占有每一位客户的详细资料对企业来说相当关键。可以这样认为，没有理想的客户个人资料就不可能实现一对一营销。这就意味着，营销者对客户资料要有深入细致的调查和了解。对于准备实行一对一营销的企业来讲，关键的第一步就是能直接挖掘出一定数量的企业客户，而且大部分是具有较高服务价值的企业客户，建立自己的客户库，并与客户库中的每一位客户建立起良好关系，以最大限度地提高每位客户的服务价值。

（2）客户差别化。一对一营销较之传统目标市场营销而言，已由注重产品差别化转向注重客户差别化。从广义上理解客户差别化主要体现在两个方面：一是不同的客户代表不同的价值水平；二是不同的客户有不同的需求。因此，一对一营销可以理解为，在充分掌握了企业客户的信息资料并考虑了客户价值的前提下，合理区分企业客户之间的差别是重要的工作。

客户差别化对开展一对一营销的企业来说，首先，可以使企业的一对一工作有的放矢，集中企业有限的资源从最有价值的客户那里获得最大的收益，毕竟企业不可能用同样的精力与不同的客户建立服务关系，也不可能从不同的客户那里获取相同的利润；其次，企业也可以根据现有的客户信息，重新设计生产行为，从而对客户的价值需求作出及时的反应；最后，企业对现有的客户库进行一定程度的差别化，将有助于企业在特定的经营环境下制定适当的经营战略。

（3）"企业—客户"双向沟通。当企业在对个体客户的规格或需求作进一步了解时，会发生两方面的活动：公司在学习，客户在教授。而要赢得真正的客户忠诚，关键在于这两方面活动的互动。一对一营销的成功之处就在于它能够和客户建立一种互动的学习型关系，并把这种学习型关系保持下去，以发挥最大的客户价值。一对一企业善于创造机会让客户告诉企业他需要什么，并且记住这些需求，将其反馈给客户，由此永远保住该客户的业务。

（4）业务流程重构。一对一营销的最后一步是重新架构企业的业务流程。要实现这一步，企业可以从以下几个方面展开对生产过程的重构，将生产过程划分出相对独立的子过程，进行重新组合，设计各种微型组件或微型程序，以较低的成本组装各种各样的产品以满足客户的需求；采用各种设计工具，根据客户的具体要求，确定如何利用自己的生产能力，满足客户的需要。一对一营销最终实现的目标是为单个客户定制一件产品，或围绕这件产品提供某些方面的定制服务，比如开具发票的方式、产品的包装式样等等。一对一营销的实施是建立在定制的利润高于定制的成本的基础上的，这就要求企业的营销部门、研发部门、制造部门、采购部门和财务部门之间通力合作。营销部门要确定满足客户所要求的定制规格；研发部门要对产品进行高效率的重新设计；制造与采购部门必须保证原材料的有效供应和生产的顺利进行；财务部门要及时提供生产成本状况与财务分析。

第三节　服务外包企业客户关系管理的生命周期管理

Gummesson（1987）指出工业品营销的任务是开展关系管理，在工业品市场和组织市场上营销战略制定者最关心的是长期客户关系的管理。战略优势的获得，源自互动关系方法的采用，即对客户关系生命周期的管理，而不是对产品生命周期的管理。

客户生命周期管理是从客户关系管理的一个方面出发，通过对客户所处生命周期阶段的科学分类，有重点地对客户进行分析和研究，利用企业的资源，满足不同生命周期阶段客户的需求，提高客户的满意度和忠诚度。通过有效管理，使企业在客户管理的竞争中处于领先地位。同时动态地观察客户的变化，及时应变，提高企业的适应能力和快速反应能力，使企业处于主动地位，更好地为客户服务，形成与客户的紧密联系，最终使企业的发展获得客户的支持和配合。

在本书第一章，我们已经对客户关系的生命周期理论进行了详细介绍。本节将侧重介绍在各个客户关系生命周期阶段，服务外包企业适合采取的客户关系管理策略。

一、考察期及其客户关系管理策略

考察期是客户关系的孕育阶段。在这一阶段，服务外包企业与其企业类客户互相考察和评估对方的实力、合作的诚意和未来发展的潜力，考虑如果建立长期合作关系双方需要承担的职责、权利和义务。该阶段的中心目标是增进相互间的了解，降低不确定性。此时客户开始借助一定的渠道来了解服务外包企业的业务，收集与服务外包企业有关的信息和资料，对服务外包企业所做的营销努力作出反应，服务外包企业与客户开始沟通并建立联系。

此阶段服务外包企业主要的 CRM 策略是细分潜在客户，识别目标客户，明确客户需求，设计相应产品并有效传递给客户。服务外包企业需要通过形象广告、业务宣传单页、人员面对面推介等多种形式，加深客户对服务外包企业的印象，为客户关系进入形成期做好事前准备，为正式建立客户关系奠定基础。

在这一阶段，真正意义上的客户关系还未建立，潜在客户还没有为服务外包企业作出收入贡献，服务外包企业要想进行市场细分、确定目标市场，必须通过大量的市场调研工作，此外还要增加投入广告宣传、人员推广成本，此时，运营商利润可能为负值。

二、形成期及其客户关系管理策略

形成期是客户关系的形成阶段。双方关系能进入这一阶段，表明双方通过考察期的相互了解，彼此相对满意，建立了一定程度的信任感，双方的风险承受意愿增加，逐渐认识到对方有能力提供令自己满意的价值并愿意履行其合作关系中肩负的职责，萌生开展业务合作的愿望。通过服务外包企业营销人员的不懈努力，潜在客户作出了首次使用决策，会进行一些尝试性的合作，由此，双方开始建立业务关系，逐渐增加业务合作的机会。客户通过使用服务外包企业提供的产品或服务对其有了一定的感知，双方了解进一步加深，并开始从合作关系中获得回报。

此阶段服务外包企业的 CRM 策略主要是进行品牌宣传、引导客户需求，最大限度地满足客户的需要。这一时期服务外包企业应加大营销力度，提供丰富的产品、服务和有吸引力的解决方案，突出服务外包企业所提供的产品、服务相对于其他服务外包企业的优势。同时也要善于运用口碑效应，利用成功合作的客户案例对目标客户进行推广，提高推销质量和效率。

在这一阶段，服务外包企业与潜在客户初步建立了客户关系，逐渐增加人员推销、广告宣传、网络建设、网络维护等成本的投入，客户对服务外包企业作出的收入贡献在逐步增长，渐渐弥补了投入成本，开始实现盈利。

三、稳定期及其客户关系管理策略

稳定期是客户关系发展的收获阶段，服务外包企业与客户进入了蜜月期，相互之间的信任度、依赖度达到了最高；双方已经为彼此的合作投入了大量的资源，出现了高层次的业务渗透。在这一阶段，双方或含蓄或明确地对长期合作关系作出保证，双方关系处于一种相对稳定的状态。随着客户业务量的提升，根据规模效应的原理，服务外包企业运营成本逐渐降低，客户为服务外包企业作出的收入贡献达到最高，运营商获得了最大限度的市场份额。

稳定期内，客户通信业务量增长幅度放缓，甚至渐趋下降，运营商营销策略的重点就是保持客户的忠诚度：①丰富与客户之间的沟通渠道，提高与客户交流的频率；②建立有效的信息反馈机制，掌握客户不同层次的需求，为客户提供全方位的解决方案；③提供个性化服务，根据客户需求为其量身定做产品或服务，通过提供差异化的服务，突出服务外包企业服务特色，提高客户满意度、忠诚度，增强行业竞争能力；④提高服务水平，全面梳理内部的业务流程、操作规范，建立程序化的服务流程、标准化的业务规范，树立优质服务的品牌形象；⑤客户关系网络化，制订客户关系维系计划，加强与客户单位各层级人员的感情联络，全面强化客户关系网络；⑥建立科学分析模型：掌握行业动态、市场变化，建立市场分析、行业分析和客户分析模型，作为客户关系管理决策工具；⑦建立战略联盟关系，深化客户关系维系计划，深度挖掘客户需求，与客户单位建立战略联盟关系，牢固客户关系的根基；⑧建立客户关系预警机制，关注客户单位经营发展，跟踪客户业务量波动，及时掌握市场竞争信息，防止竞争对手的进入。

在这一阶段，运营商投入的广告宣传成本非常少，投入的人员营销、网络建设、网络维护、客户维系等成本也较前期减少，但客户对运营商作出的收入贡献最高并且相当稳定，运营商盈利空间达到最大。

四、衰退期及其客户关系管理策略

衰退期是客户关系发生逆转的阶段。衰退期的主要特征有：客户业务量快速下降，服务外包企业利润快速下降，客户正在考虑结束合作关系甚至物色其他服务外包企业，开始传达结束合作关系的意图。

但是，客户关系的退化并不总是发生在成熟期以后，实际上，在任一阶

段客户关系都可能发生转化，如合作中出现一些不满意、客户需求发生了变化、客户经营状况恶化等，都会引起客户关系衰退。

客户进入衰退期时，服务外包企业必须认真研究市场情况，然后决定是继续经营，还是放弃离场，企业可采取的策略有如下四种：①急救营销策略：在竞争对手尚未与客户正式建立业务关系之前，进行客户关系的二次开发，重新恢复与客户的关系，尽最大努力挽留客户；②持续经营策略：由于竞争者的加入，客户有转换供应商意向，前期合作情况较好的服务外包企业可以考虑暂不完全退出，保持一定的市场份额，与竞争者共同为客户提供外包服务；③收缩营销策略：由于竞争对手的加入，客户已经决定全部业务转投另一供应商，服务外包企业应减少对该客户的资源投入，逐渐退出该客户的市场，只安排少量人员跟踪客户发展情况，缩减成本支出；④放弃营销策略：濒临破产的客户无法再给服务外包企业带来利润，服务外包企业就应停止对该客户的资源投入，关注客户经营状况，采取风险控制措施，慎重做好善后工作。

客户关系的生命周期在不断变化，服务外包企业要时刻关注客户的交易频率和交易量，判断客户所处的生命周期阶段，尽快使客户从考察期进入形成期、稳定期，使客户尽可能长时间地维持在稳定期。

【章末案例】

商业银行的客户关系整合

中国已经加入 WTO，金融市场也面临着逐步开放。外资银行拥有强烈的客户关系管理（CRM）理念，将给我国银行业带来巨大冲击。我国银行业应用 CRM 已有几年的经验，但如何把客户资源结合到自身的竞争力之中，使其立于不败之地，却是银行业亟待解决的难题。整合并发挥银行自身对满足本土客户金融需求的优势，改变客户关系和资源在金融市场中的格局，从挖掘客户资源入手，加强客户关系管理奋起，来打造我国商业银行的竞争力。

1. 从管理高层和战略上重视，制定长期实施规划

银行整合客户关系管理（ICRM）项目的行政管理者应当有足够的决策和管理权力，从总体上把握建设进度，设定明确的目标，向改造团队提供为达到目标所需的时间、财力、人力和其他资源，并推动这个目标从上到下实施。

2. 从业务流程分析入手，研究和规划实施的步骤

商业银行实施 ICRM 更要专注于对流程的研究、优化和重构，要从长期战略的角度推选分步骤实施的方法。首先必须研究现有的金融营销、服务策略和模式，审视流程，发现不足并找出改进方法，以便在未来对 ICRM 的效果作

出真实的评价。其次，要根据业务中存在的问题来选择合适的技术。

3. 以专业化、开放式的运作思路开展和部署系统，实现与现有银行信息和业务系统的集成

银行可以与已有较成熟产品和成功案例的专业解决方案提供商深入合作，或者是聘请专业咨询公司，减少自己从头开始做的难题和困扰，然后从整体上提出 ICRM 全面解决方案并协助实施，成功的可能性及速度会大大增加，从而实现与现有银行信息和业务系统的集成。

4. 建立学习型组织，加强推广和培训工作，确保 ICRM 的实施和成功运行

如果银行管理层对于项目的看法不统一，各业务职能部门对 ICRM 实施的意义和方法不了解，有较强的抵触或消极心理，那么银行投入巨大资源的 ICRM 解决方案可能会产生不理想的结果。因此，商业银行实施 ICRM 必须注重加强员工培训，推广 ICRM 观念，同时要建立 ICRM 团队及学习型组织，使 ICRM 能够得以高效地实施。

讨论题：

通过本章所讲述的内容，结合案例的实际，论述实施客户关系管理战略的步骤？

【本章小结】

在服务外包行业迅速发展的今天，越来越多的服务外包企业重视客户关系管理，特别是客户关系管理的战略规划，本章针对服务外包企业如何进行客户关系管理的战略规划来进行阐述。本章分为三节。第一节主要阐述服务外包企业客户关系管理战略规划。在服务外包企业做规划之前，首先应该明确企业的战略目标，要明确企业业务、使命和目标是什么，这是关系到企业能否发展和怎样发展的关键所在，是企业可持续发展的根本保证。其次就是利用相关工具对企业所面临的内外部环境进行分析。第二节主要介绍服务外包企业的客户关系管理的基本策略。包括以下五种策略：关系营销策略、数据库营销策略、整合营销策略、网络营销策略、一对一营销策略。第三节主要阐述服务外包企业客户关系管理的生命周期管理。侧重介绍在各个客户关系生命周期阶段，服务外包企业适合采取的客户关系管理策略，包括考察期及其客户关系管理策略、形成期及其客户关系管理策略、稳定期及其客户关系管理策略、衰退期及其客户关系管理策略。针对不同时期制定不同的策略，有利于我们更好地进行客户管理。

【思考题】

1. 关系营销与一对一营销的关系？
2. 数据库营销与网络营销的关系？

【自测题】

一、选择题

1. 企业和客户之间的了解和信任感不断加深，随着交易量的扩大，双方从关系中获得的回报日益增多，这属于客户生命周期的（　　　）阶段。

A. 考察期　　　　B. 成长期　　　　C. 稳定期　　　　D. 退化期

2. 企业和客户对彼此提供的价值高度满意，双方作出了持续长期关系的表示，这属于客户生命周期的（　　　）阶段。

A. 考察期　　　　B. 成长期　　　　C. 稳定期　　　　D. 退化期

3. 关系营销的概念最早由白瑞（Berry）于1985年提出，他认为关系营销的目的在于（　　　）。

A. 提高客户价值　　　　　　　　B. 提高企业效率
C. 保持消费者　　　　　　　　　D. 增加企业利润

4. 关系营销完全突破了传统的经营哲学，其核心是（　　　），所以关系营销思想是企业经营管理新的指导思想，也是一种新的经营哲学。

A. 与相关利益者建立良好的关系　　B. 与消费者建立良好的关系
C. 与竞争者建立良好的关系　　　　D. 与供应商建立良好的关系

5. 钱包份额在衡量客户忠诚度的指标中是指（　　　）。

A. 客户重复购买的次数
B. 客户购买量占其对该产品总需求的比例
C. 客户购买时的挑选时间
D. 客户对产品的认同度

二、名词解释

1. 数据库营销
2. 关系营销
3. 整合营销传播

三、简答题

1. 简述传统营销与关系营销的区别。
2. 简述数据库营销的战略意义。
3. 简述一对一营销的实施步骤。

第四章　服务外包企业客户的选择

【学习目标】

1. 掌握客户和客户识别的含义
2. 掌握客户识别的步骤
3. 了解客户信息的收集和处理技术
4. 了解客户细分的方法和客户的定位以及分级管理

【开篇案例】

根据美国营销学者赖克海德和萨瑟的理论，一个公司如果将其顾客流失率降低5%，利润就能增加25%～85%。也正如"二八法则"所说，20%的大客户为企业带来了80%的利润。既然是20%的大客户实现了80%的销售额，也就充分说明人客户的潜质与能力，他们其实是客户中的"意见领袖"，具有一定的号召力、影响力，因此，营销人员要资源聚焦、时间聚焦，把工作重点向这些大客户身上倾斜，通过重点发力，实现核聚效应，同时，也要促使客户之间的向上转化，比如，如果把客户分为核心客户、重点客户、一般客户，我们要努力让一般客户向重点客户转化，重点客户向核心客户转化。通过抓重点，发挥大客户的积极性，扩大再销售，并水到渠成地让他们实现转介绍。所以，从这点来看，大客户已经成为企业、特别是中小企业维持生存和发展的命脉。"得大客户者得天下"，已是不少老板的共识。

第一节　客户和客户识别

一、客户的基本概念与客户识别的内涵

1. 客户

服务外包企业生存和发展的基本条件就是必须要有客户，客户是服务外包企业最有价值的资产。企业和客户的交往至关重要，而且必须能够增加企

业的价值。企业拥有最好的产品或服务、最好的广告、最好的品牌或者最好的供应链不如拥有最好的客户，因此企业对客户概念的理解非常关键。

传统上，客户关系管理的"客户"是指企业产品或服务的最终用户，包括现实客户和需要企业去寻找和确立的潜在客户。但是目前很多社会角色都已经发生了变化，他们之间的界限也在不断地模糊，今天的竞争者极有可能成为明天的伙伴，正因为如此，有些研究人员干脆将"客户"定义为存在于社会中的个人、企业、事业和政府等营利的或非营利的个人或单位。本书认为所谓客户就是能影响企业活动和行为的个人和群体，只要是能影响企业活动和行为的个人和群体，就可以认为是企业的客户。

当今全球范围内的竞争，与其说是企业之间的竞争，不如说是一系列以核心企业为中心的供应链之间的竞争，对于核心企业来说，它处于供应商、分销商、零售商以及最终消费者的链条之上，并接受政府相关部门和相关的非政府组织的监督和管理。它的客户不仅仅是最终消费者，还应包括它的分销商、零售商、供应商、政府相关部门和相关的非政府组织。

2. 客户识别

客户识别就是通过一系列技术手段，根据大量客户的个性特征、购买记录等建立客户数据库，事先确定出对企业有意义的客户，作为企业客户关系管理的实施对象，从而为企业成功实施客户关系管理提供保障。客户识别是一个全新的概念，它与传统营销理论中的客户细分与客户选择有着本质区别。传统营销理论是以选择目标市场为着眼点，对整个客户群体按照不同因素进行细分，最后选择企业的目标客户。而客户识别是在已经确定好目标市场的情况下，从目标市场的客户群体中识别出对企业有意义客户，作为企业实施客户关系管理的对象。

通常情况下，客户识别有两方面的含义：一是它定义了客户范围，这里的客户不仅仅指产品的最终用户，还包括企业供应链上的任何一个环节，如供应商、分销商、经营商、批发商、代理商和内部客户等成员；二是它明确了客户的类别和属性，不同客户对企业利润贡献差异很大，满意度和流失性都很不同，那么，在企业资源有限的情况下，如何把有限的资源分配在对企业贡献较大以及潜力较大的客户群体上，放弃或部分放弃那些对企业利润没有贡献，甚至使企业亏损、浪费企业资源的客户，将成为企业管理者不得不考虑的问题。因此，客户识别成为客户关系管理的核心内容之一，它直接影响企业能否成功地实施 CRM。

二、客户识别的步骤

客户识别是贯穿整个客户关系管理运作流程的一条主线，也是企业判断是否进行以及如何进行客户获取、客户保持、关系终止策略的根本依据。这里笔者把客户识别分为客户定位、客户分类、客户调整和客户发展几个步骤（见图4-1）。

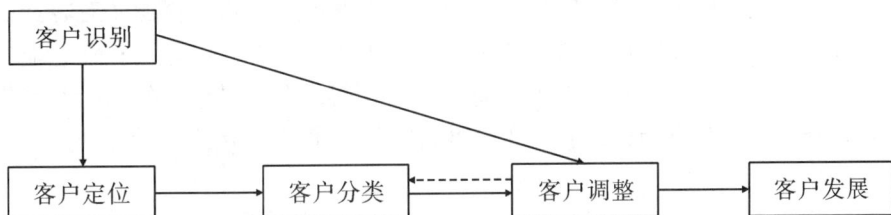

图4-1　客户识别的框架

1. 客户定位

要准确定位客户，必须知道企业和客户之间的关系是什么性质，还必须对客户进行差异性分析。不同客户的差异性主要表现为对企业贡献价值和产品需求两方面的不同。对客户进行差异性分析可以辨识客户的种类、详细需求和价值取向，使企业清楚地知道其利润形成所主要依赖的经营业务范围、客户对企业的依赖动力以及客户的分布情况。

2. 客户调整

市场环境是瞬息万变的，所以必须用动态的、发展的眼光看待客户。随着企业核心业务的变化，有可能过去的客户已经流失，而过去的竞争对手已变为今天的核心客户。所以，寻找客户是一个长期的工作，它会一直伴随着企业生产经营的全过程，应根据企业的发展不断更新补充企业的核心客户。

3. 客户分类

在进行客户识别与调整后，下一步就是客户分类的工作。因为不同的客户有不同的特征，由于在一定范围内所存在的共同点而形成差异较大的不同群体，企业可以据此来进行客户群的划分，这也正是企业选择客户获取、客户保持以及关系终止策略过程中的必要步骤。

4. 客户发展

对不同的客户进行分类之后，更好地了解当前客户的价值并采取相应的客户维系政策将变成工作的重心，企业需要采取合适成本的具有针对性的营销方案来发展客户，从而降低成本、增加企业活动的效用。如果企业对所有的用户采用相同的维系政策，既不利于激励客户更多地消费，还有可能导致高价值客户的不满。

第二节　客户信息的收集

随着时代的进步，客户信息成为现代化企业的又一重要资源。对客户的了解程度决定了企业能否在激烈的市场竞争中生存。客户信息资源在企业经营管理中的作用表现在：①有助于企业进行市场细分，进而开发新产品，提供新服务，拓展新市场；②有助于企业经营管理和决策支持；③有助于企业的风险防范。

目前企业在客户信息方面主要采用以下几方面的收集与处理技术：

一、数据仓库

1. 数据仓库的含义

数据仓库不是数据的简单堆积，而是从容量庞大的事务型数据库中抽取数据，并将其清理、转换为新的存储格式，即根据决策目标将存储于数据库中对决策分析所必需的、历史的、分散的、详细的数据，经处理转换成集中统一的、随时可用的信息。数据仓库中的数据存储结构为联机分析处理的实施提供了理想的环境，OLAP 作为一种多维查询和分析工具，可将仓库中的数据直接转换成策略性的信息。

2. 数据仓库的功能

第一，汇集整理各种源数据库。源数据是指企业来自于不同业务系统的、以不同形式存储的数据。由各种途径收集的源数据不是简单地直接载入数据仓库，而必须通过数据转换，采取析取、合并、删除、识别、扩展、校验、更新等方法转换成一致的格式，进入数据仓库。

第二，存储管理数据和数据挖掘库。可以根据不同主题需要将中央数据仓库划分为不同数据集市，利用数据复制和传播工具保证数据集市与中央数据仓库的数据同步，利用数据挖掘发现数据间的内在关系或预测其以后的发展方向和模式，形成企业级的一致和完整的数据仓库。

第三，获取所需信息。企业各级业务或管理人员可利用不同级别和主题的信息存取工具进行查询，也可结合图形化查询和报表工具、多维 OLAP 工具等使用。数据仓库是一种面向数据应用的数据管理技术，它提供了集成化的、历史化的数据管理功能，支持综合性的数据分析，特别是战略分析。对于企业来讲，数据仓库可使决策者们在繁杂的日常业务信息中找到一些有规律性的特征，以利于其正确决策。

二、商业智能

1. 商业智能的含义

商业智能是指利用数据挖掘、知识发现等技术分析和挖掘机构化的、面向特定领域的、存储于数据仓库内的信息，它可以帮助用户认清发展趋势、识别数据模式、获取智能决策支持、得出结论。商业智能的范围包括客户、产品、服务和竞争者等。

商业智能系统一般由数据仓库、数据分析、数据挖掘、在线分析、数据备份和恢复等部分组成。商业智能系统从不同的数据源收集的数据中提取有用的数据，对数据进行清理以保证数据的正确性，并将数据进行转换、重构后存入数据仓库（这时数据变为信息），然后寻找合适的查询和分析工具、数据挖掘工具、OLAP 工具对信息进行处理（这时信息变为辅助决策的知识），最后将知识呈现于用户面前，转变为决策。

2. 商业智能的功能

商业智能是对商业信息的搜集、管理和分析过程，目的是使企业的各级决策者获得知识或提高洞察力，促使他们作出对企业更有利的决策。具有综合数据的能力并对数据进行快速和准确的分析，从而作出更好的商业决策，可以为企业带来竞争优势。例如，何时何地进入何市场、如何选择和管理大客户，以及如何选择和有效地推出商品优惠策略等。同时，通过提供决策分析能力，使企业更有效地实现了财务分析、风险管理、欺诈监测、分销和后勤管理，以及销售状况分析等。

商业智能在企业经营管理中的作用主要表现为：制定正确和有效的市场营销策略，帮助企业完成客户划分、客户获得、交叉销售、客户保留等工作，使企业的职能部门和人员、业务流程和基础设施都集中到针对客户的需要来定制产品、服务以及与客户交互方面，实现企业核心竞争能力的提高；可以帮助企业分析利润的来源、各类产品对利润总额的贡献程度、广告费用是否与销售成正比等，从而提高企业的销售投入回报；可协助企业确定在对业务影响最小的领域减少成本等。

商业智能是一个收集、管理和分析数据，将这些数据转化为有用的信息，

然后分发到企业各处用于改善业务决策的过程，其核心技术是逐渐成熟的数据仓库和数据挖掘技术。数据仓库将大量用于事务处理的传统数据库数据进行清理、抽取和转换，并按决策主题的需要进行重新组织，这种高度集中的数据为各种不同决策需求提供了有用的分析基础。通过数据仓库，商业智能可获取并载入原始资料，并以 Web 平台为企业管理者提供分析与查询信息。数据仓库本身要能管理大量数据，并能高效处理复杂的查询。同时，为了使决策具有较好的正确性，需要跨越的决策分支也变得越来越大。因此需要有自动数据分析工具，以帮助减少精确分析大量数据所需的时间。数据分析与查询还可应用多维度分析、假设性问题分析等各种先进技术。

3. 商业智能的构成

IDC 将商业智能定义为下列软件工具的集合：

（1）终端用户查询和报告工具：专门用来支持初级用户的原始数据访问，不包括适用于专业人士的成品报告生成工具；

（2）联机分析处理（on-line analytical processing，OLAP）工具：提供多维数据管理环境，其典型的应用是对商业问题的建模与商业数据分析。OLAP 也被称为多维分析；

（3）数据挖掘（data mining）软件：使用诸如神经网络、规则归纳等技术，用来发现数据之间的关系，作出基于数据的推断；

（4）数据集市（data mart）和数据仓库（data warehouse）产品：包括数据转换、管理和存取等方面的预配置软件，通常还包括一些业务模型，如财务分析模型；

（5）主管信息系统（executive information system，EIS）：企业机构利用上述软件工具在统一的 BI 平台上建立所需的企业范围内的商业分析。从系统的观点来看，商业智能的过程是从不同的数据源收集的数据中提取有用的数据，对数据进行清理以保证数据的正确性，将数据经转换、重构后存入数据仓库或数据集市（这时数据变为信息），然后寻找合适的查询和分析工具、数据挖掘工具、在线分析工具（OLAP）对信息进行处理（这时信息变为辅助决策的知识），最后将知识呈现于用户面前，转变为决策。

三、知识管理

1. 知识管理的定义

知识管理是把信息转化为知识，用知识指导决策使之付诸行动，再将该行动转化为利润。它是对一个企业中集体知识与技能的捕获，然后将其分发到能够帮助企业实现最大产出的任何地方的过程。知识管理的目标就是力图将最恰当的知识在最恰当的时间传递给最恰当的人，以便他们能够作出最恰当的决策。知识按照性质，可分为隐性知识与显性知识两类。知识管理所要实现的正是上述两种知识的转化与运用——促使人们的内隐知识外显化，促进知识交流与共享，从而在组织中充分发挥知识的效能。

2. 知识管理的作用

第一，有利于企业核心竞争能力的提高。企业的核心竞争能力是指企业独具的、支撑企业可持续性竞争的核心能力。而对客户知识进行知识管理是培养企业核心能力的一个很好的途径。这是因为市场是企业的生存方向，而用户组成了市场。所以对客户关系进行有效的知识管理是提高企业经济效益的重要途径。并且，有效的客户知识管理还能为商品的评价和分析、新产品的开发、商品的消费需求等提供最新的相关知识，为企业创造长期性的竞争主动权打下良好的基础。

第二，有利于知识的扩散和创新。知识管理过程是指知识的外化、内化和创新的过程，对于知识最终起到的作用是使知识扩散和创新，这些作用对于客户关系管理来说是同样有效的。企业的相互竞争可以说是知识的竞争，而通过对客户知识的扩散和创新有利于企业知识的有效利用和满足企业营销各环节的知识需要。

第三，有利于提高客户知识利用的效率。通过知识管理，可以把客户知识进行分类，使需要这些知识的人员能在很短的时间内获取到相关知识，并且在共享知识的基础上，不断鼓励具有客户知识的人员把他们所拥有的知识外化和共享，促进客户知识创新，使客户知识库中的知识保持一个良性的循环。

3. 知识管理的功能

第一，形成客户知识管理资料库和客户知识管理环路。资料库中的资料已经由开始的仅由客户服务人员提供，变成由所有的与客户相关的人员提供，包括客户服务人员、业务人员、产品维修人员、技术工程师、经销商和市场营销人员。每一个群体不仅必须把资料汇集到客户知识管理资料库中，而且还有权利使用资料库中的资料以对新产品开发和营销计划作出支持，在公司内部形成了封闭的客户知识管理回路。充足的客户知识管理资料库成为解决客户问题的依据，因为资料库中汇集了大量的公司内部专家的知识和各类问题处理的答案，客户服务人员可以立即为客户进行问题解答，对于不能马上解决的，则进入公司内部让产品专家解决，解决的方法再进入资料库作为以后处理同类问题时的参考。

第二，构建客户信息交流平台。在同一个信息平台上共享的手段可以有效地达到员工之间的经验分享和自我学习，从而让知识的积累更快和更有效，同时也更容易在企业的内部被保留。如同互联网一样，任何人都可以在其中进行搜索，寻找到感兴趣的话题并进行追踪，也可以发表自己的评论，这些信息又同时被更多的有相同兴趣的人员共享，还可以利用管理规范防止垃圾信息的输入，可以界定范围，保证信息的专业性，可以设定商业规则将业务规范和企业知识融为一体。

第三，实现文本挖掘和信息挖掘。实现文本挖掘，即实现特征抽取、文档聚集、文档分类和检索。先进的文本挖掘技术能增加客户关系管理系统的智能成分。通过设置相关条件，将符合条件的所有客户根据特征属性进行分析和查询。信息挖掘在客户关系管理中也十分有用。最初，对客户信息的管理是基于操作的角度，而不是从知识的收集这一角度进行的。例如，在应用订单管理模块的时候，不少企业的初衷仅仅是从操作的层面考虑，把每一笔交易的金额记录下来。一月份企业 A 的订单金额是 10 万元，这反映在系统中仅仅是数据（data）的收集；当这些数据积累到一定规模，比如说两年以后，管理者可能想到利用这些数据的汇总，从中挖掘有价值的信息（information），例如，企业 A 的购买频率、平均交易额、产品偏好等。一旦确定分析的角度和所需的变量，多数的客户关系管理软件都可以完成这一步，提供上百张的报表和分析。随后，随着公司业务中数据的不断积累，通过对数据的分析、挖掘能够发现有用知识（knowledge）。例如，购买频率和平均交易额之间存在明显的负相关性，或者某个行业的客户群体对产品的偏好相当一致，或者发生大笔交易的订单往往是突发性的。这些知识的挖掘必须在信息积累的基础上进行。

第四，知识发现。知识发现这一工具可以利用自然语言处理、推理引擎和案例自动生成工具来解决所碰到的一些难题。

自然语言处理允许输入类似于口语或书面语的信息，同时反馈出有意义的可以直接被应用的答案。

推理引擎的应用原则包含四个基本步骤：①匹配（matching），将规则库中现有的商业规则与输入的情况进行对比。例如，对一家电器修理厂商的客户服务中心来说，后台数据库中已经存储了成百上千条电器发动机故障的表现和原因。那么，当输入"电器不启动"这一信息时，推理引擎首先将这一故障表现与信息库中的数据进行自动匹配；②选择（selection），所有满足这一条件的规则在这一步骤被选中。通常，一个特定条件只能发现一个完全匹配的规则的情况也可能发生，但概率较小；③激活（firing），在所有被选中的规则中，根据匹配的程度，系统会自动决定激活程度。例如，如果客户反映活塞从未更换过，那么由于活塞堵塞导致不启动的规则的激活强度会比其他规则更大。推理引擎中内含的算法可以给出一个最接近的规则行为；④行动（action），根据上面得到的推理结果，可以给出应当进行的操作行为，在上面例子中，更换活塞可能就是最佳的故障排除方法。当规则的条件不断地增加，呈现更多元化的倾向时，所能给出的结果和行动也就更加具体化以及具有特殊性，成为一个典型案例。这样的典型案例积累到了一定的程度，即成为案例库。自动案例生成系统就是在推理引擎的基础上的扩充。

第三节　客户细分

随着全球经济一体化进程的加快和竞争的加剧，企业已经逐步由传统的以产品和规模为中心的经营管理模式向以客户为中心、实现客户价值的经营管理模式转变，良好的客户关系是企业求得生存与发展的重要资源。企业为获得满意的客户关系，重要的思路是通过实施客户关系管理来实现。客户细分是客户关系管理的基础，下文就客户细分的相关问题进行讨论。

客户细分是指按照一定的标准将企业的现有客户划分为不同的客户群。客户细分是客户关系管理的核心概念之一，是实施客户关系管理重要的工具和环节。Suzanne Donner 认为：正确的客户细分能够有效地降低成本，同时获得更强、更有利可图的市场渗透。通过客户细分，企业可以更好地识别不同客户群体对企业的价值及其需求，以此指导企业的客户关系管理，达到吸引合适客户，保持客户，建立客户忠诚的目的。

一、客户细分的方法

客户细分并没有统一的模式，企业往往根据自身的需要进行客户细分，研究目的不同，用于客户细分的方法也不同。总的来讲，客户细分的方法主要有四类：基于客户统计学特征的客户细分；基于客户行为的客户细分；基于客户生命周期的客户细分；基于客户价值的客户细分。

1. 基于客户统计学特征的客户细分

基于客户统计学特征的客户细分主要是指依据客户的年龄、性别、收入、职业、地区等区分客户的方法。比如美国 USAA 保险公司的顾客保留率达98%，简直高得不可想象，因为该公司有一个稳定的顾客群：军官。虽然军官保险的利润不是很高，但由于公司满足了这一群体的特定需求，使得顾客保留率很高，维持的成本很低，公司的利润也就很可观。

这种方法简单易行，但缺乏有效性，而且很难反映出客户需求、客户价值和客户关系等，对企业如何去吸引客户、保持客户难以指导，也很难满足客户关系管理的需要。

2. 基于客户行为的客户细分

Frederick Reichheld 认为要了解客户是否会在公司购买更多的产品和服务，真正重要的是要看客户的行为，如购买频率、购买金额等，而不是客户的满意度。依据客户行为属性进行客户细分为很多公司所采用，特别是依据购买金额进行客户细分的，非常普遍，如电信公司依据客户的话费把客户分为白金客户、黄金客户、青铜客户、铁质客户等。在依据客户行为特征进行客户细分的方法中，比较被广泛使用的是 RFM 模型。

（1）RFM 模型。R（recency）是指上次购买至今日期间，该时期越短，则 R 越大。研究发现，R 越大的客户越有可能与企业达成新的交易。F（frequency）指在某一期间内购买的次数。交易次数越多的客户越有可能与企业达成新的交易。M（monetary）指在某一期间内购买的金额。M 越大，越有可能再次响应企业的产品与服务。RFM 模型的想法就是把这 3 个变量综合起来考虑。该方法必须根据 3 个不同的输入变量分别对客户排序，客户排序后，一般会分为 5 等份。在 5 等份的顶端的人分数为 5，下一级的人为 4，以此类推。按照这种方式，每位客户都被定位在一个三维空间里，从（1，1，1）到（5，5，5），合计有 125 个客户群，见图 4 - 2。凡是落在 RFM 方块上，同一单位里的客户，就作为同样的一群，可以同等对待。在计算了所有客户的 R × F × M 后，把计算结果从大到小排序。前面的 20% 是最好的客户，企业应该尽力保持他们；后面的 20% 是企业应该避免的客户；企业还应该大力投资中间的 60% 的客户，使他们向前面的 20% 迁移。

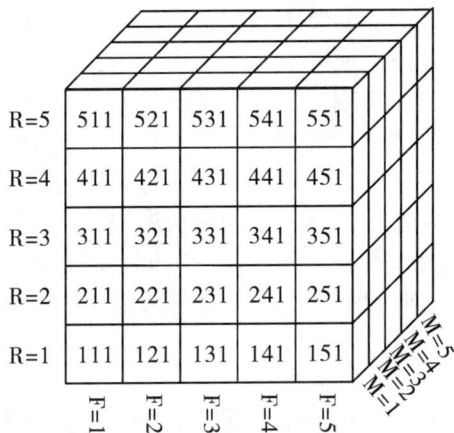

	F=1	F=2	F=3	F=4	F=5
R=5	511	521	531	541	551
R=4	411	421	431	441	451
R=3	311	321	331	341	351
R=2	211	221	231	241	251
R=1	111	121	131	141	151

图 4-2　RFM 模型

RFM 模型是一种有效的客户细分方法。在企业开展促销活动后，重新计算每个客户的 RFM，对比促销前后的 RFM 值，可以看出不同客户群对促销活动的反应，识别更有利可图的客户群，为企业开展更有效的营销提供可靠依据。

RFM 模型是数据库营销中广泛采用的客户细分方法。其缺点是分析过程烦琐，细分后的客户群过多，难以针对每个细分客户群采用不同的营销策略；另一个缺点是购买次数与同期总购买额这两个变量存在多重共线性。如一个客户每多一次购买，其总购买额也相应增加。

（2）客户价值矩阵分析。为避免 RFM 模型的缺点，Marcus 提出对传统的 RFM 模型进行修正，用平均购买额代替总购买额，用购买次数与平均购买额构造客户价值矩阵简化细分的结果。如图 4-3 所示。

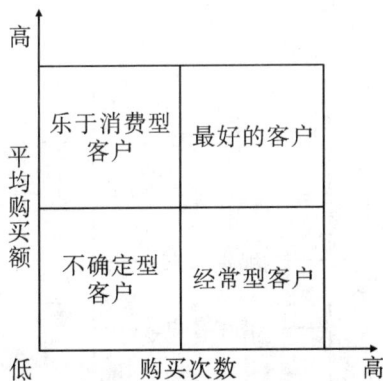

图 4-3　客户价值矩阵分析

对于最好的客户，企业要保留他们，他们是企业利润的基础。对于乐于消费型客户、经常型客户，他们是企业发展壮大的保证，企业应该想办法提高乐于消费型客户的购买频率，通过交叉销售和增量购买，提高经常型客户的平均购买额。对于不确定型客户，企业需要慎重识别客户的差别，找出有价值的客户，使其向另外三类客户转化，而对于无价值客户不必投入资源进行维护。依据客户行为进行客户细分能够从客户行为上反映不同类型客户在购买频率、购买量、最近购买日期方面的不同，但是它难以反映客户在认知维度上的认知状态，如客户的满意度、忠诚度等，公司还得结合客户的认知状态全面评估客户。

3. 基于客户生命周期的客户细分

客户生命周期是客户关系生命周期的简称，指客户关系水平随时间变化的发展轨迹，它描述了客户关系从一种状态（一个阶段）向另一种状态（另一阶段）运动的总体特征。客户生命周期的长短对客户价值具有直接的影响，客户生命周期越长，客户价值越高。由于客户和企业的关系是随时间不断地发展变化的，处于不同关系阶段的客户有不同的特征和需求，所以，客户生命周期管理是客户关系管理的重要内容，依据客户生命周期进行客户细分也就成为一种重要的细分方法。依据客户生命周期细分客户的主要方法有：

（1）忠诚度阶梯分类法。Martin Christopher，Adrian Payne 和 David Ballantyne 提出一个反映客户忠诚的关系营销梯级表，如图 4-4 所示。从该图中我们可以看出来，依据客户所处的客户生命周期的不同阶段把客户分为潜在顾客、现实买主、长期客户、支持者和鼓吹者，企业的客户策略就是要把潜在顾客逐步变成公司及其产品的热忱拥护者。客户在阶梯的不同层次，其需求必然不同，按照该梯级表，企业就能够有针对性地为不同梯级的客户提供不同的产品和服务，促使客户成为忠诚客户。

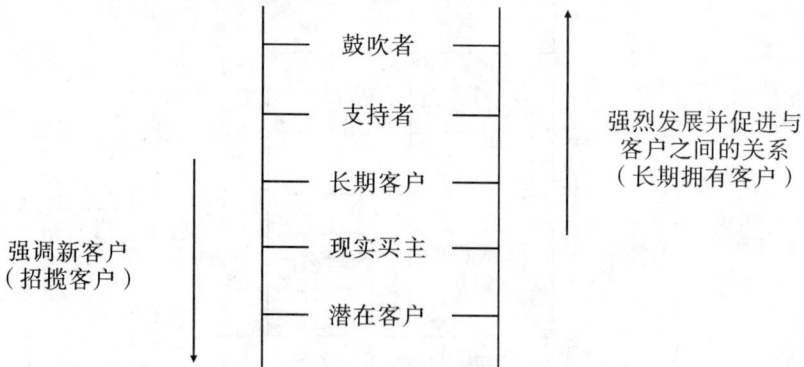

图 4-4　关系营销梯级表

要说明的是，该方法虽然称为忠诚度阶梯分类法，实质上它表明了客户关系水平随时间变化的发展轨迹，表示客户关系从一个阶段向另一个阶段发展，即从潜在客户转变为现实客户，最后成为企业的鼓吹者。客户生命周期越长，客户的忠诚度越高。所以，我们把该方法归类为基于客户生命周期的客户细分。

（2）依据客户关系的不同阶段进行客户细分。阶段划分是客户生命周期研究的基础，对客户生命周期进行阶段划分的方法有多种，比较有代表性的是 Dwyer，Schurr 和 Oh 的研究，他们提出了买卖关系发展的一个五阶段模型，陈明亮以 Dwyer 等人的五阶段模型为基础，将客户关系的发展划分为考察期、形成期、稳定期、退化期四个阶段，称为四阶段模型（参考第一章第二节第三部分）。

4. 基于客户价值的客户细分

客户价值由两部分组成，一是直接客户价值，指客户购买企业的产品和服务为企业带来的价值，二是间接客户价值，指由于客户关系的发展而使得交易成本降低、效率提高和口碑效应所带来的价值。间接客户价值在计量上存在很大困难，如何预测客户价值是一个至今没有解决的问题，客户价值的预测只能是一个大概的估计值，难以精确。不过，用预测的客户价值衡量不同客户对企业价值的相对差异，客户价值作为判别客户对企业价值大小的标准，正在被学术界和企业界逐步接受。

现在很多企业就是这样做的，如凌志公司、美国航空公司等。客户价值细分理论已获得学术界、企业界的认可。基于客户价值的客户细分方法主要有：

（1）利润分类法。本方法的依据是二八规则，二八规则认为：在顶部的20%的客户创造了企业80%的利润。在某些行业，甚至是10%的客户创造了企业100%以上的利润，可惜的是，一部分利润被一些没有盈利的客户给丧失掉了。利润细分法一般把客户群分为三部分，即高价值客户、低价值客户和负价值客户。该方法较为简洁，易于操作。但因只考虑客户带给企业的利润，所以没能区分不同客户的资金利润率的高低和客户所处客户生命周期的阶段。表4-1是银行业依据客户利润的客户细分。对企业来说，最主要是要识别能带来绝大部分利润的20%的客户和负价值的客户，对其采用不同策略。

表 4 - 1　银行业基于客户利润的客户细分

客户群	占总客户数比例（%）	占总利润额比例（%）
A 客户群	10	128
B 客户群	22	10
C 客户群	68	- 38
Total	100	100

（2）客户价值细分理论。客户价值细分理论选择了"客户当前价值"和"客户增值价值"两个维度指标，每个维度分成高低两档，由此可将客户群分为四组，客户当前价值是假定客户现行购买行为模式保持不变时，客户未来可望为企业创造的利润总和的现值。客户增值价值是假定通过采用合适的客户保持策略，使客户购买行为模式向着有利于增大企业利润的方面发展时，客户未来可望为企业增加的利润总和的现值。本书在第六章第三节第一部分会有详细介绍。

二、客户定位

1. 定位方式

（1）属性分析。属性分析可以从三个方面来考虑。

第一，外在属性。像客户的地域分布、客户的产品拥有、客户的组织归属（如企业用户、个人用户、政府用户）等。这种方式数据易得，但比较粗放，不易明晰客户层面谁是"好"客户，谁是"差"客户，可能知道的只是某一类客户（如大企业客户）较之另一类客户（如政府客户）消费能力更强。

第二，内在属性。内在属性指客户的内在因素所决定的属性，如性别、年龄、信仰、爱好、收入、家庭成员、信用度、性格、价值取向等。通过客户的内在属性亦可将客户定位，如 VIP 客户等。

第三，消费属性。即所谓的 RFM：最近消费、消费频率与消费额，这些指标需在财务系统中得到。但并不是每个行业都能适用。比如说，在通信行业，对客户定位主要依据这样一些变量：话费量、使用行为特征、付款记录、信用记录等。根据消费行为来定位只能适用于现有客户，对于潜在客户，由于消费行为还没有开始，当然无从谈起。即使对于现有客户，消费行为定位也只能满足企业客户细分的特定目的，如奖励贡献多的客户。至于找出客户中的特点为市场营销活动找到确定对策，则要做更多的数据分析工作。

（2）统计分析。如果按照上述定位方式进行客户定位的话，基本上不需要进行数据分析。但随着营销的统计方法日益精确化，服务的日益个性化，客户定位在不同情况下常常精确到能适用多种统计方法。如要知道什么样的客户为优质客户，就要用消费行为数据作为应变量，找出在内在属性、外在属性各变量中影响应变量的自变量。这个自变量可能是一个或几个前文中我们所列的数据，也可能是由这些数据所导出的一些抽象的因子，只有这样营销策略才能有针对性。否则，若仅仅盯住那些高消费、高价值客户不断促销，结果并不一定表明客户仍然会有良好的响应。

除了一般描述型，比如 Cross - tab 报表的方法外，目前数据发现与数据挖掘用得最多的有两类：①传统统计方法，这包括聚类分析、因素分析和CHAID 方法；②非传统统计方法，包括神经网络方法、回归树方法等。

2. 定位方法

企业处于大众营销阶段，客户的定位比较简单，如分为大中小企业、个人用户等。但是，随着精准化营销时代的来临，客户定位的方法将变得多样化。具有什么样特征（内在的或外在的）的客户会对什么形式和内容的营销活动有什么样的响应就会是一个通过反复研究尝试才能得出的结果。这和营销阶段的客户区分不一样，在客户关怀阶段，那些给企业带来更多利润的大客户在消费行为定位中被认定为高贡献的客户，要为这些客户提供优先接入、更快服务响应时间等高质量的服务。这样，客户的满意度就会提升，企业希望因此增强这些客户的忠诚度。但是，在进行新的营销活动设计时，依然不可视这一类客户为一种类型，需要进一步区分对待，根据客户的特点采用合适的沟通方式等。

3. 策略应用

研究表明，对客户定位的结果没有必要让客户本人知道，特别是对于低端客户，知道有别人比他接受更高层次的不收费服务会导致负面反应。如果要让客户知晓，则应给出客户自己能掌控的方向与路径，比如根据某个积分计划而设立的奖励或根据事先选定的产品级别而提供的相应待遇。然而，在国内更多的高端客户喜欢显示自己的独特与不同，所以不少企业倾向于帮助高端客户增强这类"显性"价值。例如，在不少营业厅开辟特设的大客户区，在机场等地设金卡客户柜台、特别通道与休息室，给大客户设计有特殊标识的日常高档用品等是中国企业越来越多采用的方法。但是有很多企业由于对客户区分工作做得仓促，往往让"大客户"们搞不清楚是何时成为大客户的，让"小客户"们不明白要经过哪些努力才可以成为"大客户"。如果你的定位是为营销策略而设，就没有必要告诉客户；如果你的定位是为客户服务而

设，而定位的标准又是纯粹按照客户贡献的绝对金额数来计算，则可以甚至应当大力宣传高端客户的优惠待遇。同时，应明晰游戏规则，且规则设计要简洁明了，促使低端客户"学有榜样，赶有方向"。

三、客户的分级管理

因为不同客户对企业的贡献是不一样的，因此，在客户关系管理中应该实行客户分级管理制度。客户分级管理是指企业在依据客户带来利润和价值的多少对客户进行分级的基础上，依据客户级别高低的不同设计不同的客户服务和关怀项目，不是对所有的客户都平等对待，而是区别对待贡献不同的客户，将重点放在为企业提供80%利润的关键客户上，为他们提供上乘的服务，给他们特殊的礼遇和关照，努力提高他们的满意度，从而维系他们对企业的忠诚，同时，积极提升各级客户在客户金字塔中的级别，放弃不具盈利能力的客户，尤其是劣质客户，避免将资源用在不带来利润的客户上，从而使企业资源与客户价值得到有效的平衡。

1. 关键客户的管理

关键客户的管理在企业管理中处于重要的地位，关键客户管理的成功与否，对整个企业的经营业绩具有决定性的作用。企业花了很大的代价才与关键客户的关系进入稳定、良好的状态，然而，竞争对手却总是盯住这些客户并伺机发动"进攻"或"招安"，而一旦失去关键客户，企业的生产经营就会受到很大的伤害。因此，企业只有维护好与关键客户持久、良好的关系，才能保证企业持续稳定地发展。

关键客户管理又是一种投资管理，是企业对未来业务的一种投资，它直接影响着企业未来的发展。关键客户管理的目标是提高关键客户的忠诚度，并且在"保持关系"的基础上，提升关键客户给企业带来的价值。可以从以下三个方面考虑：

（1）集中优势资源服务于关键客户。由于关键客户对企业的价值贡献最大，因而对服务的要求也比较高，但是目前有些企业并没有为关键客户提供特殊服务，而让关键客户与小客户享受同等待遇，以致关键客户的不满情绪不断地增长。为了进一步提高企业的盈利水平，对帕累托定律的反向操作就是：要为20%的客户花上80%的努力。即企业要将有限的资源用在前20%的最有价值的客户身上，用在能为企业创造80%利润的关键客户身上。为此，企业应该保证足够的投入，优先配置最多最好的资源，加大对关键客户的服务力度，采取倾斜政策加强对关键客户的管理工作，并向关键客户提供更好的"优质、优先、优惠"的个性化服务，从而提高关键客户的满意度和忠诚度。除了为关键客户优先安排生产、提供能令其满意的产品之外，还要主动提供售前、售中、售后的全程、全面、高档次的服务，包括专门定制的个性化服务，以及针对性、精细化的服务，甚至可以邀请关键客户一起参与企业产品或服务的研发、决策，从而更好地满足关键客户的需要。

除此之外，企业还要能够准确预测关键客户的需求，领先一步为他们提供能为其带来最大效益的全套方案，持续不断地向他们提供超预期的价值，给关键客户更多的惊喜。例如，当出现供货紧张的现象时，要先保证关键客户的需要，从而提高关键客户的满意度，使他们坚信本企业是他们最优的供应商。此外，企业也要增加关键客户的财务利益，为他们提供优惠的价格和折扣，如一次性数量折扣、定期累计数量折扣、直接折扣等，并为关键客户提供灵活的支付条件和安全便利的支付方式，并且适当放宽付款时间的限制，甚至允许关键客户一定时间的赊账，目的是奖励关键客户的忠诚，提高其流失成本。另外，还可实行 VIP 制，创建 VIP 客户服务通道，从而更好地为关键客户服务，这对拓展和巩固与关键客户的关系，提高关键客户的忠诚度，可以起到很好的作用。

（2）成立为关键客户服务的专门机构。目前，许多企业认识到关键客户的重要性，经常由管理高层亲自出面处理与这些客户的关系，但是这样势必会分散高层管理者的精力。如果企业成立一个专门服务于关键客户的机构，便可一举两得。一方面可使企业高层不会因频繁处理与关键客户的关系而分散精力，能够集中精力考虑企业的战略和重大决策，另一方面也有利于企业对关键客户的管理系统化和规范化。所成立的为关键客户服务的机构主要负责联系关键客户，一般来说，要给重要的关键客户安排一名优秀的客户经理并长期固定地为其服务，规模较小的关键客户可以几个客户安排一个客户经理。关键客户服务机构还要为企业高层提供准确的关键客户信息，包括获取关键客户相关人员的个人资料，同时协调生产、企划、销售、运输等部门，根据关键客户的不同要求设计不同的产品和服务方案。关键客户服务机构还要利用客户数据库分析每位关键客户的交易历史，注意了解关键客户的需求和采购情况，及时与关键客户就市场趋势、合理的库存量进行商讨。在销售旺季到来之前，要协调好生产及运输等部门，保证在旺季对关键客户的供应，避免因缺货而导致关键客户不满。关键客户服务机构还要关心关键客户的利益得失，把服务做在前面，千方百计地保留关键客户，绝不能让他们转向竞争对手。

此外，关键客户服务机构要关注关键客户的动态，并强化对关键客户的

跟踪管理，对出现衰退和困难的关键客户要进行深入分析，必要时伸出援手。当然，也要密切注意其经营状况、财务状况、人事状况的异常动向等，以避免出现倒账的风险。对关键客户的服务与管理是一项涉及部门多、要求非常细的工作，只有调动企业的一切积极因素，创造客户导向特别是关键客户导向的组织文化，才能做好这项工作。

（3）通过沟通和感情交流，密切双方的关系。第一，有目的、有计划地拜访关键客户。一般来说，有着良好业绩的企业营销主管每年大约有10%的时间是在拜访客户中度过的，其中关键客户正是他们拜访的主要对象。对关键客户的定期拜访，有利于熟悉关键客户的经营动态，并且能够及时发现问题和有效解决问题，有利于与关键客户搞好关系。第二，经常性地征求关键客户的意见。企业高层经常性地征求关键客户的意见，将有助于增加关键客户的信任度。例如，每年组织一次企业高层与关键客户之间的座谈会，听取关键客户对企业的产品、服务、营销、产品开发等方面的意见和建议；对企业下一步的发展计划进行研讨等，这些都有益于企业与关键客户建立长期、稳定的战略合作伙伴关系。为了随时了解关键客户的意见和问题，企业应适当增加与其沟通的次数和时间，并且提高沟通的有效性。第三，及时、有效地处理关键客户的投诉或者抱怨。客户的问题体现了客户的需求，无论是投诉或者抱怨，都是寻求答案的标志。处理投诉或者抱怨是企业向关键客户提供售后服务的必不可少的环节之一，企业要积极建立有效的机制，优先、认真、迅速、有效及专业地处理关键客户的投诉或者抱怨。第四，充分利用包括网络在内的各种手段与关键客户建立快速、双向的沟通渠道，不断地、主动地与关键客户进行有效沟通，真正地了解他们的需求，甚至了解他们的客户的需求或能影响他们购买决策的群体的偏好，只有这样才能够密切与关键客户的关系，促使关键客户成为企业的忠诚客户。第五，增进与关键客户的感情交流。企业应利用一切机会，如在关键客户开业周年庆典，或者关键客户获得特别荣誉之时，或者关键客户有重大商业举措的时候，向他们表示祝贺与支持，这些都能加强企业与关键客户之间的感情。此外，当关键客户有困难时，如果企业能够及时伸出援手，也能提升关键客户对企业的感情。

2. 普通客户的管理

根据普通客户给企业创造的利润和价值，对于普通客户的管理，主要是提升级别和控制成本两个方面。

（1）提升级别。针对有升级潜力的普通客户，努力培养其成为关键客户。企业要增加从普通客户上获得的价值，就要鼓励普通客户消费的项目，如常客奖励计划，及对一次性或累计购买达到一定标准的客户给予相应级别的奖励，或者让其参加相应级别的抽奖活动等，以鼓励普通客户购买更多数量的产品或服务。

　　企业还可以根据普通客户的需要扩充相关的产品线，或者为普通客户提供"一条龙"服务，以充分满足他们的潜在需求，这样就可以增加普通客户的购买量，提升他们的层级，从而使企业进一步获利。例如，美国时装零售业巨头丽姿·克莱朋通过扩充产品线，涵盖了上班服、休闲服、超大号服装及设计师服装等系列，有效地增加了客户的购买量，从而实现了客户层级的提升。此外，还可以鼓励现有客户购买更高价值的产品或者服务，如饭店鼓励老客户点更贵的菜等。

　　总之，对于有升级潜力的普通客户，企业要制订周密、可行的升级计划，吸引普通客户自主地加强与企业的合作。当然，随着普通客户升级为关键客户，他们也将获得更多更好的服务。

　　（2）控制成本。针对没有升级潜力的普通客户，企业应减少服务，降低成本。企业可以采取"维持"战略，在人力、财力、物力等限制条件下，不再增加投入，甚至减少促销努力，以降低交易成本，还可以要求普通客户以现款支付甚至提前预付。还可以缩减对普通客户的服务时间、服务项目、服务内容，或对普通客户只提供普通档次的产品或一般性的服务，甚至不提供任何附加服务。例如，航空公司用车接送能带来高额利润的关键客户，而普通客户则没有此待遇。

　　3. 小客户管理法

　　对于低价值的小客户，企业通常的做法是"坚决剔除"，不再与他们联系和交易；或者是"坚决保留"，信奉"客户就是上帝"，无论小客户多么难缠，都不遗余力地与其保持关系。实际上，这两种做法都过于极端，并不可取。企业应当突破"客户就是上帝"这种传统观念的束缚，对低价值的小客户在经过反复权衡利弊得失后再决定是不是要淘汰，怎么淘汰。

　　首先，判断有没有升级的可能。企业应在认真分析小客户价值低的原因之后，判断和甄别这类客户是否有升级的可能。对小客户的评判要科学，不能只看目前的表象，要立足于一段时间的跟踪，而不能根据某一时点的表现就轻易否定，不要因为目前客户"小"，就盲目抛弃，而要用动态的眼光，要看趋势。如果这类小客户有升级的可能，企业就应加强对他们的培育，帮助其成长，挖掘其潜力，可通过客户回访、邮寄赠品或刊物等不同的手段与这类小客户建立特殊的关系。

　　其次，是不是非淘汰不可。开发一个新客户的成本相当于维护 5 ~ 6 个老客户的成本，因此，企业必须珍惜现有的每一个客户，慎重对待每一个客户。

虽然一些小客户给企业带来的利润很少甚至根本没有利润，但是他们仍然为企业创造和形成了规模优势。因此，保持一定数量的低价值客户是企业实现规模经济的重要保证，是企业保住市场份额、保持成本优势、遏制竞争对手的重要手段。然而，企业一旦放弃这些低价值的小客户，听任其流失到竞争对手那边，就可能会使企业失去成本优势，同时壮大了竞争对手的客户队伍和规模，而一旦竞争对手由于客户多了、生产服务规模大了，成本因此下降了，就会对企业不利。所以，企业在决定淘汰小客户时，要权衡利弊得失，纵观全局，认真地研究是不是非淘汰不可。

最后，有理有节地淘汰。假如企业非淘汰某些小客户不可，那么也应当做到有理有节地淘汰。企业不能直接拒绝为小客户提供产品或服务，不能简单、随意地把小客户甩掉，而只能小心谨慎，间接地、变相地、有理有节地将其淘汰。可以考虑采取提高价格或降低成本两种基本方法。提高价格，如可以向小客户收取以前属于免费服务的费用。这样，真正的小客户就会流失掉，因为他们不会付费，而其他选择留下的小客户就会增加企业的收入，从而壮大普通客户的规模。例如，我国香港汇丰银行对存款不足 5 000 港元的储户每月征收 40 港元的服务费，这样储户要么增加存款达到 5 000 港元，要么自行退出。但是，并非目前所有的客户关系都值得保留——劣质客户吞噬、蚕食着企业利润，与其让他们消耗企业的利润，还不如及早终止与他们的关系，压缩、减少直至终止与其的业务往来，以减少利润损失，将企业的资源尽量多地投入到其他客户群体中。

企业针对不同级别的客户采取分级管理和差异化的激励措施，可以使关键客户享受企业提供的特殊待遇，并激励他们努力保持这种地位；可以刺激和鞭策有潜力的客户不断升级，以争取享受更高级别客户所拥有的"优待"；还可以让不带来利润的客户要么成为产生利润的客户，要么选择离开。

【章末案例】

全聚德的顾客细分

北京前门全聚德烤鸭店是北京全聚德烤鸭集团的起源店（老店），创建于1864 年，以经营传统挂炉烤鸭蜚声海内外，是京城著名的老字号。1993 年，全聚德成立股份公司，前门店进入股份公司，当年的营业收入是 4 500 万元，至 2001 年 12 月 16 日，前门店的年营业收入已达到 9 000 万元，企业用了 8年时间在硬件没有什么大的改变的条件下，营业收入翻了一番。对于一些新兴产业来说，这个进步可能并不算什么，但对于一个受诸多限制的国有餐饮企业来说，却是一个很大的飞跃。前门店总经理沈放说，餐饮行业是劳动密集型行业，每一分钱的利润都是厨师一刀一刀切出来、服务员一句句话讲出来的，非常不容易。8年来，前门全聚德店靠专业技术、科学管理、菜品创新和诚信营销在2 600平方米的餐厅内创造了接近顶峰的辉煌：

全店900个餐位，平均每个餐位实现年销售收入10万元；全店400名员工，平均每个员工实现年销售收入22.5万元，在整个餐饮业处于领先地位；曾创造过餐饮单店日销售67.7万元的全国最高纪录。其经营策略是——攻击型服务。

所谓"攻击型服务"，就是要求服务员针对不同类型的就餐顾客，提供不同的服务策略。北京前门全聚德烤鸭店按照人的四种不同气质类型，总结出以下具体服务对策：

（1）多血质—活泼型：这一类型的顾客一般表现为活泼好动，反应迅速，善于交际但兴趣易变，具有外倾性。他们常常主动与餐厅服务人员攀谈，很快与之熟悉并交上朋友，但这种友谊常常多变而不牢固；他们在点菜时往往过于匆忙，过后可能改变主意而退菜；他们喜欢尝新、尝鲜，但又很快厌倦；他们的想象力和联想力丰富，受菜名、菜肴的造型、器皿及就餐环境影响较大，但有时注意力不够集中，表情外露。

服务对策：服务员在可能的情况下，要主动同这一类型的消费者交谈，但不应有过多重复，否则他们会不耐烦。要多向他们提供新菜信息，但要让他们进行主动选择，遇到他们要求退菜的情况，应尽量满足他们的要求。

（2）黏液质—安静型：这一类型的顾客一般表现为安静、稳定、克制力强、很少发脾气、沉默寡言；他们不够灵活，不易转移注意力，喜欢清静、熟悉的就餐环境，不易受服务员现场促销的影响，对各类菜肴喜欢细心比较，缓慢决定。

服务对策：领位服务时，应尽量安排他们坐在较为僻静的地方，点菜服务时，尽量向他们提供一些熟悉的菜肴，还要顺其心愿，不要过早表述服务员自己的建议，给他们足够时间进行选择，不要过多催促，不要同他们进行太多交谈或表现出过多的热情，要把握好服务的"度"。

（3）胆汁质—兴奋型：这一类型的顾客一般表现为热情、开朗、直率、精力旺盛、容易冲动、性情急躁，具有很强的外倾性；他们点菜迅速，很少过多考虑，容易接受服务员的意见，喜欢品尝新菜；比较粗心，容易遗失所带物品。

服务对策：点菜服务时，尽量推荐新菜，要主动进行现场促销，但不要与他们争执，万一出现矛盾应避其锋芒；在上菜、结账时尽量迅速，就餐后提醒他们不要遗忘所带物品。

（4）抑郁质—敏感型：这一类型的顾客一般沉默寡言，不善交际，对新环境、新事物难以适应；缺乏活力，情绪不够稳定；遇事敏感多疑，言行谨小慎微，内心复杂，较少外露。

服务对策：领位时尽量将其安排在偏静处，如果临时需调整座位，一定要讲清原因，以免引起他们的猜测和不满。服务时应注意尊重他们，服务语言要清楚明了，与他们谈话要恰到好处。在他们需要服务时，要热情相待。

餐饮行业提供产品的过程和载体区别于其他产品销售的最大特点，是餐厅产品具有很强的时效性。要求产品在短时间内，最大化满足顾客需求并达到利润最大化。需要强调的是，目前的顾客需求的餐厅产品已并不单指产品本身，而是从进入餐厅大门开始到用餐完毕的整个过程：顾客看到的餐厅设施、闻到的气味、品尝到的菜品、体会到的服务，以及对餐厅整体印象的心理感知等等，都属于产品范畴。餐厅产品在这些方面是否能够被顾客接受，是餐厅产品能否成功销售的关键。全聚德前门店是一家百年老店，核心产品是挂炉烤鸭，由于核心产品的知名度极高，导致竞争对手增加，如今，北京销售烤鸭的餐厅数不胜数，并且价格很低，使老店核心产品的竞争力降低。在这种情况下，老店在坚持核心产品"古老"、"正宗"、"原汁原味"的前提下，从改造产品的其他方面入手，提高了自己的核心竞争力。总经理沈放在餐厅面积不变的情况下，在硬件设施改造上承袭传统文化，将老店变成了人们心目中的"正宗全聚德老店"；在服务上，创造出"攻击型服务"，以细分就餐顾客为切入点，以市场为检验标准，创造出许多受顾客欢迎的创新菜。

讨论题：

1. 北京全聚德烤鸭店是如何细分顾客群体的？
2. 通过本案例的学习，你认为企业细分顾客群体的意义何在？

【本章小结】

本章主要介绍了服务外包企业客户识别和客户选择的相关知识。本章分为三节。第一节主要阐述客户和客户识别的相关概念。客户是服务外包企业生存和发展的基本条件，是服务外包企业最有价值的资产。总结出客户识别的四个步骤：客户定位、客户调整、客户分类、客户发展。第二节主要阐述客户信息的收集。讲述了客户信息收集的方法和处理客户信息的技术，包括：第一，建立数据仓库。汇集整理各种源数据库，存储管理数据和数据挖掘库，获取所需信息。第二，运用商业智能。对商业信息进行收集、管理和分析，目的是使企业的各级决策者获得知识或洞察力，促使他们作出对企业更有利的决策。第三，进行知识管理。这样有利于企业核心竞争能力的提高，有利于知识的扩散和创新，有利于提高客户知识利用的效率。第三节主要阐述客户细分。讲述了客户细分的方法，以及针对不同客户对企业贡献的不同，在客户关系管理中实行客户分级管理制度。

【思考题】

1. 简述客户识别的含义。

2. 如何对客户进行分级管理？

3. 怎样进行客户细分？

【自测题】

一、不定项选择题

1. 客户识别的步骤是（　　　）。

A. 客户定位　　　　B. 客户分类　　　　C. 客户调整　　　　D. 客户发展

2. 目前企业在客户信息方面主要采用哪些收集与处理技术？（　　　）。

A. 数据仓库　　　　B. 商业智能　　　　C. 知识管理　　　　D. 数据挖掘

3. 客户细分的方法主要有哪几类？（　　　）。

A. 基于客户统计学特征的客户细分　　B. 基于客户行为的客户细分

C. 基于客户生命周期的客户细分　　　D. 基于客户价值的客户细分

4. RFM 是指（　　　）。

A. 最近消费　　　　B. 消费频率　　　　C. 购买额　　　　　D. 平均购买额

5. 客户定位中属性分析可以从哪几方面来考虑？（　　　）。

A. 外在属性　　　　B. 内在属性　　　　C. 爱好　　　　　　D. 消费属性

6. 客户的分级管理可以把客户分为（　　　）。

A. 大客户　　　　　B. 小客户　　　　　C. 关键客户　　　　D. 普通客户

二、名词解释

1. 客户识别

2. 数据仓库

3. 商业智能

三、简答题

1. 客户识别包括哪些步骤?

2. 在收集客户信息的过程中，企业可以使用哪些方法?

第五章 服务外包企业客户关系的建立与维持

【学习目标】
1. 掌握客户满意、客户忠诚的概念
2. 弄清如何维护客户的忠诚度
3. 了解客户流失的原因
4. 掌握如何防范客户流失

【开篇案例】

　　A 管理咨询公司是世界上最大的商业咨询、系统集成和管理外包服务提供商之一。2009 年 9 月 21 日，B 公司宣布在全球范围内与 A 公司达成并购协议，并于 2009 年 11 月 4 日宣布交易完成。随着这两项并购交易的顺利完成，A 公司正式成为 B 公司的一部分，使 A 公司能够在更多领域为其客户提供更为全面和广泛的高质量的管理咨询、系统实施和外包服务。A 公司凭借其世界领先的科学技术和丰富的实施经验，主要为国内外企业提供软件开发以及管理外包服务，能以完整的价值链涵盖客户所有的专业服务项目，实现为客户提供全方位的"端到端"的服务。A 公司对于中国客户的价值和中国的市场环境有深刻的理解与独特的见解，为在中国拓展业务的各类企业提供创新的解决方案，客观地诊断和评估企业的经营管理状况，发现存在的问题及改进方向，推动企业内部的管理变革，促进员工与组织的良性转变。通过制定服务标准，规范服务流程，真正为客户创造满意的服务，与客户分享全球最佳实践。帮助客户发现关键任务问题、实施创新和量身定做的解决方案，帮助客户实现业务增长、降低成本，并且在正确的时间得到正确的信息，最终实现目标。

第一节　服务外包企业客户关系的建立

　　在激烈的市场竞争中，服务外包企业能否通过有效的方法获取客户资源

往往是企业成败的关键。在买方市场条件下，客户关系的建立与管理关系到企业的生存与发展，服务外包企业要明确客户关系建立的指导思想，充分分析客户关系管理能力对客户的获取、客户满意的影响，采用多种方式、方法建立客户关系，并通过服务外包企业管理者高度重视、积极引进先进的客户关系管理信息技术和为客户关系的建立与管理提供人力资源保障等措施，提升企业客户关系的管理能力。

一、服务外包企业客户关系建立的基本方式

通常情况下，服务外包企业建立客户关系的基本方法有以下几种：

（1）网络开拓法：是指建立网络客户服务宣传平台，方便客户自行了解企业，以此提升企业的形象，使企业变被动为主动，主动宣传自己。网络平台是企业建立客户关系的重要工具。

（2）会议开拓法：有些客源来自当地各大企业公司、机关团体、政府等。业务员在各种展览会、信息交流会、信息发布会、订货会、技术交流会等会议上，开发出许多新客户。

（3）连锁介绍法：由现有客户帮助介绍新客户。优秀业务员有 1/3 以上的新客户是现有客户推荐的。因为现有客户在行业内都有与其职位类似的朋友，他们能为业务员推荐一大批新客户。如何让现有客户为你推荐新客户呢？关键是业务人员要让现有客户满意，这样，客户才会乐意为你推荐新客户。

（4）关系开拓法：企业业务人员要善于利用现有的各种人际关系，如同乡会、同学会、战友会、行业协会等等，通过参加各种社交活动，从中开发新客户。

（5）资料查寻法：企业业务人员可以通过查阅各种资料寻找新客户，包括在电话号码簿、专业书报、杂志、电视、广播及街头广告等载体上露面的企业，把他们作为收集信息的重点对象。

（6）广告寻找法：企业人员还可以利用广告媒体寻找客户。通过向目标客户群发送广告和通过广告吸引客户上门等方式，介绍企业产品的功能、购买方式、代理和经销办法等，挖掘新客户。

二、服务外包企业客户关系建立的基本途径

一般认为，服务外包企业可以通过说服客户和刺激客户来使其与企业建立客户关系。

1. 说服客户

潜在客户对某种产品和服务一旦产生需要，就会设法收集有关该产品或服务的信息。但是，由于信息的泛滥和信息的不对称，潜在客户往往难以对各方信息进行正确的归类和处理，从而增加了潜在客户作出购买决策的难度。因此，企业应设法通过各种有效途径向潜在客户传递信息，使其信服使用本企业的产品或服务是满足其需要的最佳途径。

在开拓期，企业可通过营销组合中的具体措施来实现说服潜在客户的目标。

在这一阶段，企业必须向潜在客户证明自己有满足客户特定需要的能力。因此，这一阶段的客户关系管理实际上是对潜在客户期望值的管理。企业通过潜在客户的期望值管理，让其更好地了解本企业的产品或服务，在此沟通策略显得格外重要。企业可借助于两种基本方法来说服潜在客户与其建立业务关系，即承诺和推荐，而承诺和推荐均有直接和间接之分。

直接承诺主要是向潜在客户承诺本企业产品的性能或服务的质量，从而使它有充分的理由相信本企业有满足其需要的能力。直接承诺可通过产品或服务的质量保证以及针对性的沟通策略加以传达。企业向潜在客户承诺自己的产品或服务完全能够满足它的期望，否则给予必要的补偿。质量承诺一方面充分体现了自己对产品性能或服务质量的信心，另一方面也希望潜在客户对此的认同。企业也可以通过针对性的沟通手段，如广告、中间商的促销活动、互联网主页等传达直接承诺。若企业的这类沟通措施具有较高的可信度和较强的说服力，就容易说服潜在客户相信本企业的产品或服务。产品性能或服务质量的保障通常与产品或服务的特点相关，标准化产品或服务的质量容易承诺，并且也容易兑现，而复杂的和个性化的产品或服务的质量承诺情况有所不同，它更多的是一种象征性或笼统的承诺，如宾馆饭店承诺100%满意服务。

间接承诺并非以产品或服务本身为出发点，而是企业通过产品或服务以外的东西来说服潜在客户。间接承诺的方法多种多样，如独家赞助重大社会公益活动，通过提高企业知名度来获得潜在客户的信任，或通过承诺优质的产品售后服务来获得潜在客户对本企业能力的认可。同时企业也可通过定价策略来传递这种间接承诺，强调优质定价，价格水平通常代表着潜在客户期望中产品的质量。

直接推荐是指中立的第三者直接向潜在客户推荐某企业的产品或服务，如德国商品性能测试基金会定期公布同类产品中的优秀级和良好级产品型号，这是典型的直接推荐。若某产品能上榜，则该产品就容易被潜在客户所接受。

客户正面的口碑宣传具有很强的说服力，因此企业要通过各种沟通措施刺激现有客户为其做正面口碑宣传。在间接推荐中，企业并未要求有关第三者直接向潜在客户推荐企业的产品或服务。但是，企业要为第三者创造条件，为其潜在客户推荐本企业提供机会。例如，企业可委托专家撰文，在权威性的专业杂志上连续介绍本企业的产品、研发等有关情况。

2. 刺激客户

在开拓期，除说服客户以外，服务外包企业还要刺激客户尽快使用本企业的产品或服务。刺激客户的措施有长期和短期之分，长期和短期刺激措施又有直接和间接之分。

直接的短期刺激措施旨在直接诉求潜在客户与本企业达成某项短期的交易，如网上发布的某种商品限期供应的优惠价格、企业直接向潜在客户发出的内容颇具诱惑力的推销函等。间接的短期刺激措施并非直接诉求潜在客户与之成交，但它为促使潜在客户购买某种产品创造了条件，如实施产品的标准化、提高价格的透明度等。标准化的产品有助于潜在客户对产品进行购买决策。若潜在客户不了解某种产品的价格构成，即价格透明度不高，则很难进行购买决策。

直接的长期刺激措施直接诉求潜在客户与之建立长期的客户关系，并刺激其重复购买和交叉购买本企业的产品或服务。这类措施有价格折扣、产品组合销售等。若客户重复购买某种产品或服务，则企业可给予一定的价格折扣。间接的长期刺激措施为长期潜在客户与企业建立长期的业务关系创造条件。如企业在制定分销策略时应充分考虑分销网络的区位选择。分销网络的区位对客户越有利，客户重复购买的概率就越大。产品或服务的个性化也有助于加快潜在客户购买决策的进程。

第二节　服务外包企业客户关系的维持

一、服务外包企业客户关系维持的影响因素

长期合作的忠诚客户对服务外包企业提供的产品服务质量及价格优惠十分了解。因此，令人满意的产品及服务对忠诚客户而言仅是维持客户关系的保健因素。能够促进客户关系不断发展的激励因素应从精神角度出发，是客户长期购买过程中综合价值的体现。结合以往学者的观点，总结出客户信任、客户感知价值和转换成本这三个因素是服务外包企业客户忠诚关系维持的影

响因素。

1. 客户信任

Robert（1994）认为信任是客户长期关系意向与关系承诺的重要决定因素，要建立高水平的长期客户关系需要把焦点放在客户信任上。长期合作产生的信任关系加强了采购企业对供应商的依赖性，有助于忠诚关系的维持。双方合作的时间越长，信任关系就越深厚。它能推动客户关系的发展并形成强有力的精神忠诚。

客户信任是指客户对某企业某个品牌的产品或服务的认同和信赖，它是客户满意不断深化的结果。与客户满意倾向于感性感觉不同，客户信任是客户在理性分析基础上的肯定。因此，客户满意仅仅只是迈上了客户信任的第一个台阶，不断强化客户满意才是客户信任的基础。但是，客户满意并不一定能发展成客户信任，为使客户满意转变到客户信任，企业还有很长的路要走。事实上客户满意只是客户信任的前提，客户信任才是最终的结果。在企业与客户建立长期伙伴关系的过程中，企业向客户提供超出其期望的"客户价值"，使客户在每次的合作中都能获得满意，而每次的满意都会增强客户对企业的信任，从而使企业能够获得长期的盈利与发展。客户信任是客户对合作的企业及其提供的外包服务拥有信任感，可以理性地容忍合作企业偶尔的小失误。所以服务外包企业与客户合作时间越长，越能推动服务外包企业与客户关系的发展。

2. 客户感知价值

客户忠诚于企业的根源在于实现自身价值的最大化。能够维持客户关系的根本动力是客户感知价值，而不是满意水平。因此，客户感知价值才是客户忠诚最重要的决定因素。客户感知价值是客户对每个营销供应品相对于其他的竞争营销供应品所带来的利益和成本之间的差异的评价。对于忠诚客户而言，用于维持双方关系的客户价值不再是浅层次的经济价值，而是与供应商长期合作形成的深层次价值。它体现在由信任关系所产生的价值，如交易风险的降低以及长期合作形成的有效配合所带来的价值，如能够保证客户更快、成本更低地获得所需要的产品和服务从而获取竞争优势。

3. 转换成本

转换成本指的是当消费者从一个产品或服务的提供者转向另一个提供者时所产生的一次性成本。Fornell（1992）经研究认为在长期交易过程中形成的转换成本对客户关系的维持有重要作用。因为客户与企业的关系越长久产生的转换成本就越多，因而越能够留住客户。发包商将其业务外包给服务外包企业之前，需要经过考察、洽谈、报批等多道程序，无疑将花费大量的人力、物力。因此，转换成本是客户忠诚关系维持的重要保障。

客户信任、客户感知价值和转换成本在服务外包企业与客户之间维持忠诚关系时，都是正向作用，相辅相成的。服务外包企业应以有利于客户为原则，使客户从满意走向信任，努力提供超过客户期望值的服务；了解客户的需求，拓展情感交流；努力掌握竞争对手的计划，做到知己知彼；要在生产经营活动中，针对性地做好维持忠诚关系的工作，随时了解掌握客户企业中的人员变化，形成与客户深厚的信任关系，加大感知价值，适当提高转换成本。这样才能有效地维持与客户长久的忠诚关系，使双方在市场竞争中共同发展，打造出优质的服务品牌。

二、服务外包企业客户关系维持的基本策略

1. 赢得客户信任的策略

朱道平（2007）曾咨询过一位营销业绩较为突出的员工，问她有什么可供大家借鉴的经验，她只腼腆地说："我也说不出道来，要说经验，就是尽力用诚信服务赢得客户信任吧！"用诚信服务赢得客户信任，这话说起来似乎挺简单，可真正做到却不容易。我们十分清楚，服务外包行业是向客户提供外包服务的，始终追求的是客户满意。但是"客户满意"还不一定就是"客户信任"。"客户信任"应该是比"客户满意"更高的层次，它是"客户满意"的升华。正如有位员工无奈地说："我们走访客户，客户反映总是'满意'的，可就是业务营销上不去；还有客户一边说着'满意'，一边又拒绝乃至退掉我们的服务。这真让人纳闷。"这种现象说明客户满意并不等同于客户信任。客户只满意而未信任我们，也许对我们前期的服务是认同、肯定的，但对我们后续提供的服务持怀疑、担心的态度，以致悄悄地离我们而去。因此，企业应该认识到：一般而言，客户满意是客户对企业和员工提供的产品和服务的直接综合评价，是客户对企业、产品、服务和员工的认可。只有当企业和员工反复向客户提供超过其期望的"客户价值"，使客户在一次又一次的购买过程和购买后的体验中都能感到满意，才能获得客户信任。由此可见，客户满意和客户信任处于两个不同的层面和境界，客户信任是客户满意的积累和行为化，我们只有不断增进、强化客户满意才能获得客户信任。那么，我们怎样让客户满意进而发展为客户信任呢？

首先，待人以诚，让客户对每次的服务都满意。作为服务外包企业的工作人员，真诚待人是对我们最起码的要求。对待客户，仅仅做到"礼貌待客、热情服务"是远远不够的，我们要"发自心底的'微笑'"，要满足客户的个

性化需求，帮客户所需，解客户所难，提供优质高效的服务。特别是要从客户的角度为客户着想，让客户在使用其适合的服务时得益，获取尽可能大的使用价值；而不能虚情假意，为推销产品而故作热诚、有损客户利益。以真诚的服务态度和行为对待客户，让客户感觉到你的诚实、地道，值得信任；使客户在每一次的购买和使用的体验中都能获得满意。真心实意对待客户，客户自然会以真心实意来对待你。每一次的满意都会增强客户对企业的信任、对我们服务人员的信任。

其次，货真价实，让客户真切感受到可以放心消费。当前，随着科技发展，服务外包企业提供的服务种类及其组合形式日趋丰富，我们营销服务人员更要加强业务宣传，将各类服务的功能、特点、使用价值和消费优势、价格等如实告知给广大客户；并热情耐心地向客户演示、讲解，做好客户的消费参谋。要为广大客户着想，提供满足其不同需求的个性化服务。人们都会只对自己有用的信息、事物感兴趣。客户关心的亦是通过我们的服务能够给他们带来什么样的好处，给他们带来什么样的利益。帮助客户成功，也就会让我们自己成功。如果我们能给客户带来预期乃至超期望值的效益，客户就会满意而敞开心扉来欢迎我们，接受并能重复地使用我们的服务，放心地消费。让客户在接受我们服务的过程中获得满意的感受，就能进而实现对我们企业的信任。

再次，兑现承诺，让客户觉得我们更可信赖。"一诺千金"对于企业来说是责任，对于客户来说是价值。多次的"一诺千金"有助于增加客户对企业的信任，一次的失约就会导致客户的背离。因此，我们只有不折不扣地执行和兑现服务外包企业的行业标准，才能不断提高产品质量和服务质量，才能不失信于民进而赢得客户的满意和信任。我们应时时刻刻绷紧"服务不低于承诺标准"这根弦，加强践诺的检查和考核，积极听取客户的反馈意见，创造条件提供客户体验，认真处理客户的来信、来访和投诉，不断改进工作、改善服务，从而增强广大客户对外包服务的满意感和提高对服务价值的满意度，产生口碑宣传和品牌积累效应，让他们觉得我们是更为可信赖的，进而乐意持久地使用我们的服务、成为我们企业的忠诚客户。

2. 提高客户感知价值的策略

对如何有效地提高客户感知价值的问题，很多服务外包企业目前并不太清楚，也不太重视。全面而深刻地了解提高客户感知价值的策略，是服务外包企业有效提高客户感知价值的必要前提和现实需要。当今服务外包企业提高客户感知价值的策略主要可以从以下几方面来考虑。

（1）尽可能多地向客户传达服务的真实信息。让客户从物有所值、没被欺骗的认识角度产生更高的感知价值。比如，国内有些外资医院为重病患者动手术之前，按费用的高、中、低设计出三种不同的手术治疗方案，向患者及家属讲清每种方案的费用构成和治疗差异，同时表明，不论实施哪种治疗方案，医生的主观努力都会是一样的，即把患者出的费用用到极致。这样，经济实力不同的患者会选择不同的方案，但无论选择哪种方案，患者及家属都会比在医院不向他们提供任何这类信息的情况下感到利得更多或利失更少。

（2）实行感情营销，满足客户情感需求。中油公司西北某地区加油站将跑长途的司机看作亲人：司机加油时，服务员端上茶水，送上热毛巾；司机可以在温度适宜的休息室里休息；每逢司机的生日，服务员还送上一束鲜花和一块生日蛋糕，令司机无比惊奇和感激。而司机生日的信息是加油站人员平时留心观察而获得的。

（3）提供技术培训、试用等服务。让客户先熟悉服务产品和学会如何充分使用该项服务，彻底解除客户担心服务不好和不会正确使用服务产品的后顾之忧，间接增强客户对服务外包企业所提供的服务的感知价值。免费的软件技术培训就是常见的例子。

（4）注重细节服务。让客户感受到"零烦恼"的愉快及其价值。企业服务的周到、细致和高度的责任感，最终使大量客户彻底信服企业并非常愿意购买其服务，即使在其服务价格比同类服务高的情况下也是如此。

（5）以低成本为客户提供超值服务。著名的 IT 服务外包企业"海辉"软件公司，他们曾于 2004 年为主要能源公司 ADM 公司提供技术外包服务，公司指派五名咨询师组成蒙特利尔现场支持小组。同时，核心团队制订出客户/海辉沟通方案，组建现场/离岸团队以及开发和质量保证（QA）团队。项目进行了 24 个月。完成测试阶段后，海辉在其项目管理中引入了六西格玛（Six Sigma）的概念。此外，CMM 5 标准评估表明，团队的服务水准大有提高，并获得了客户的好评。来自客户的 GAMS 的统计数据显示，FTR（first time right，一次成功率，即新功能第一次发布就正确无误的几率）高于 98%，OTD（on time delivery，按时交付率）高于 99%，OTR（on time response，按时响应率）高于 98%。这些统计数据不仅代表了中国国内顶尖的服务水准，即使在全球 IT 外包行业，也是顶级的。这个为期两年的项目于 2006 年 1 月完成。由于完全达到了客户对更具成本效益解决方案的预期，该公司将与海辉进一步合作，目前已经启动一个为期 3 年的新项目。海辉的提案比印度服务提供商的投标价格低 20%，不但如此，海辉还帮助客户将以前服务提供商的预算降低了近乎一半。

（6）利用现代网络向客户提供超值服务。这样可以大幅降低客户购买过程中花费在信息收集及其他需要耗费精力方面的成本。事实上，低成本提高客户感知价值的策略远不止以上所分析的这些，而且以上所分析的每一个方面还可以发散出更多的思路，这表明企业运用和进一步探索这类策略的前景是无限光明的。可以这样讲，在企业的现代营销中，谁更快、更多地发现、认识和运用这类策略，谁就是胜利者。

3. 提高客户转换成本的策略

由于转换成本是消费者在转换供应商时必须面对的心理、物质和经济方面的成本，而这种成本很难用货币来计量。对于消费者而言，精确估计自己所面临的转换成本是根本不可能的。消费者在决定是否更换供应商时，更倾向于凭借自己对转换成本的模糊感觉和主观判断。消费者感知的转换成本能使他们明白，如果要更换供应商，那么就必须付出一定的代价，从而有可能导致消费者更加忠诚于目前的供应商。因此，我们应关注消费者对转换成本的一种主观感受，即了解消费者所感知的转换成本的构成，并将其作为判断消费者行为的依据。服务外包企业可采用以下一系列措施，增加转换成本：

（1）增加转换时的资源成本。企业可通过建立会员制来建立和发展与客户的关系，会员制要求客户首先交纳一定的入会费，这样一方面有利于企业赶走闲杂人员，寻找自己的忠诚客户；另一方面，也会提高客户终止服务的成本。奖励计划是通过客户关系管理增加客户忠诚的一种重要的管理工具，是提高客户忠诚度的重要手段。在计划中客户由于重复购买而被奖励，而这又构成鼓励客户继续其行为的强化刺激。如设立累计积分奖励、消费点数返还、折扣等，具体如中国移动针对保留"全球通"客户制订的"全球通"积分计划，根据客户入网时间的长短以及持续消费电信服务的金额为客户提供话费优惠的奖励。在民航、旅馆、电信、银行、商品零售等行业，忠诚者（或常客）奖励计划是许多企业的营销策略的一个重要组成部分。但奖励计划毕竟是通过构建财务性转换成本来实现客户忠诚的，这种人为设置的壁垒如果过高，可能会导致客户的抵触情绪，削弱消费者的口碑价值，因此要形成客户对企业的情感依赖，这么做是远远不够的。

（2）增加程序性转换成本。企业在自身占据优势地位的市场上可通过提高消费者的感知风险以锁定客户。由于消费者在购买决策过程中所遇到的主要障碍是感知风险，消费者一旦感知到某种风险的存在，就会产生焦虑，进而寻求减少该风险的方法。感知风险可以通过增加结果（满足购买目的）的确定性（购买名牌或熟悉的品牌等）来减少。因此一般而言，企业应尽量降低消费者的感知风险，但是在本品牌占优势的市场，可以提高消费者对品类的感知风险。消费者对品类的感知风险提高了，就会更忠于自己所用的品牌

或者会倾向购买市场上占主导地位的品牌。例如，日本某自行车企业在销售自己产品时着重强调车闸的良好性能，使购买者认识到选择一个做工优良的车闸可以确保骑车人在遇到紧急情况时万无一失，从而提高购买者的感知风险，销售额也大大增加。

（3）进行情感营销，增加关系性转换成本。通过与客户建立一种牢固的关系，并对关系的维持进行情感投资，使客户对企业产生感情，来开拓客户对企业产品的喜爱之情，进而产生对企业的信任感、归属感和依赖感，使客户在心理上承诺对企业产品或服务会持续购买和消费。这实际上是运用关系转换成本将客户锁定，而这种策略是实现客户忠诚的最有效的途径。企业应时刻牢记：物质利益的吸引是基础，感情的建立才是关键。俱乐部是进行情感营销的一种相对高级的形式，它不仅是"客户关怀和客户活动中心"，而且是"客户价值创造中心"。它赋予忠诚计划更多的情感因素，不仅可以实现链式销售，而且可以进行互动式的沟通和交流。企业还可通过对客户进行持续的感情投资来体现对客户的关心和爱护。如建立客户数据库，收集客户的详细信息，包括该客户的购物习惯、爱好、生日等，并根据客户特点进行具体交流措施，如经常性的电话问候、寄送节日或生日贺卡、赠送纪念品、举办联谊会等。

三、客户状态的差异化管理

1. 进行客户细分

客户细分是客户差异化管理的基础。客户分得越细，差异化经营管理的针对性也就越强。但必须强调的是，细分市场必须是可以对之采取相应的营销策略的市场细分，该市场必须有足够的规模。为了成功实施客户的差异化管理，服务外包企业必须十分清楚各细分客户群的期望和需求，深入了解、把握客户的期望和需求，在现有的条件下实行新的产品组合，或者创造新的解决方案才能更好地为他们提供服务。

客户细分的方法有很多，比如说，按照客户对企业现实贡献和需求特征的不同分成三种类型：优质客户、普通客户以及问题客户。优质客户能够给企业带来丰厚的回报，是企业利润的主要来源。同时这类企业往往需求连续均匀，需求数量保持在一个较高的稳定的水平上。由于自身发展前景好，所以未来有潜在的长期需求，这类客户占客户总量的20%左右。普通客户虽然也能够给企业带来回报，但不是企业利润的主要来源。同时这类企业需求基本连续，偶尔出现间断。需求数量虽然会有波动，但基本能够保持在一个稳定的水平上，自身发展前景不明确，未来潜在的长期需求不明朗，这一类客户数量占70%左右。问题客户给企业带来的回报为零，甚至是企业的亏损客户。同时这类企业往往需求断断续续，需求数量波动较大，不连续也不均匀，由于自身发展前景不被看好而面临很大风险，所以未来看不到潜在的长期需求，这一类客户数量占10%左右。

2. 差异化的营销策略

差异化的营销策略是服务外包企业的重要措施。因此，加快服务外包营销体系的建设，建立大客户数据库，树立新的市场营销观念，运用新的管理方式和营销手段去接触大客户，将高新技术和中国传统文化融入服务外包营销中去是每个服务外包企业应该做的。

3. 差异化的客户服务策略

服务外包企业客户的差异化管理是我们运用新知识、新方法整合配置我们所有的资源，整体设计服务外包的科技能力、资本运作能力、整合社会资源能力诸多方面的管理体系。我们必须充分发挥服务外包客户差异化管理的优势，在硬件上赶上对手，迅速增强服务外包处理能力；在软件上超越对手，为客户提供优于对手的服务，针对不同的客户群体采取差异化管理，实现效益的最大化。同时，服务外包客户的差异化管理方法还将组织理念行为服务及一切可感知的形象，实现统一化、合理化、标准化与规范化，使之成为能够认知辨别评价企业最终服务质量的依据，是促成潜在客户使用外包服务，培育客户忠诚，并使我们企业在经营与竞争中赢得客户信任的有力手段。

第三节 客户关系的质量管理

一、客户满意度管理

客户满意是指一个人通过对一个产品的可感知效果与他的期望值相比较后的感觉状态。而客户满意度是指客户满意的水平。客户满意度管理也就是以客户满意为关注焦点，借助客户满意度测量分析与评价工具，不断改进和创新，提高客户满意度，增强竞争能力的服务管理模式。客户满意度管理是服务管理最核心的内容，可以说，企业只要切实把客户满意度管理的问题解决了，就实现了以客户为导向的管理模式。

当前企业实行的客户满意度管理模式是通过逐级开展客户满意度调查，对各级经营单位进行考核，指出各级经营单位存在的短板项，并限期要求各级经营单位对短板项进行改善，以在下一轮的客户满意度调查中得到提升来实现的。客户满意度管理在这样一个"调查—绩效考核—对短板进行改善—使客户满意—再调查"（SAIS）的闭环运动中进行，我们把它称为客户满意度管理的 SAIS 运动模式（见图 5 - 1）。客户满意度管理过程就是不断循环的 SAIS 运动。

SAIS 运动的动力是绩效考核。在绩效考核的推动下，运动的轨迹从调查开始，经过短板提升，在下一次调查后结束。企业通过建立一套为客户满意度服务的 KPI 绩效考核体系，设定考核项目，定奖惩，以此推动服务，提升客户满意度。调查是为了考核，考核促使短板提升，短板提升可以使客户满意，客户满意使下一次调查数据产生变动。

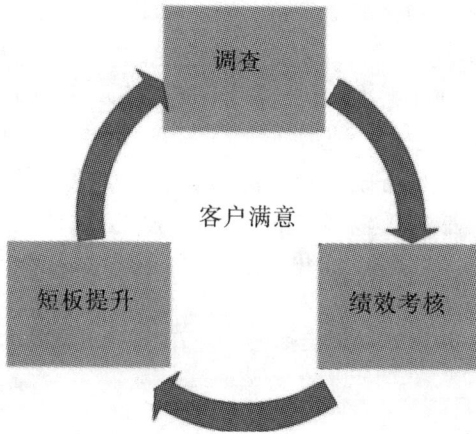

图 5 - 1　客户满意度管理的 SAIS 运动模式（白志根，2007）

1. 围绕满意度建立 KPI

绩效考核的成败在于一套围绕客户满意度指数展开的 KPI 考核体系的建立。既然绩效考核是 SAIS 运动的动力，那么，科学而合理的、符合企业实际情况的客户满意度 KPI 考核体系就成为满意度管理成败的关键。绩效考核指标的制定如果有问题，那么，不仅导致 SAIS 运动的动力不足，起不到促进服务的作用，而且，还会带来负面的影响，严重的会导致企业陷入管理的困境。

考核指标根据企业的具体情况和不同时期的管理重点制定。表 5 - 1 是某集团企业省—地市纵向垂直绩效考核项目的例子，在这个例子里，该企业把绩效考核项目分为业务和服务两大类，其中业务占 70% 的比重，服务占 30% 的比重。服务绩效考核中又分为四大类：客户满意度、短板商业过程、服务质量监控和基础管理。

表 5 - 1　绩效考核项目实例（白志根，2007）

一级考核项目（分）	二级考核项目（分）
客户满意度（6）	集体客户满意度（3）
	个人客户满意度（3）
短板商业过程（12）	集团客户短板（4）
	个人客户短板（8）
服务质量监控（4）	营业厅（2）
	电话营销（1）
	客户经理（1）
基础管理（8）	信息流转（2）
	单位客户投诉率（2.5）
	投诉管理（3.5）

相关被考核的公司、部门、人员的收入升迁都直接和绩效分挂钩。

达到考核标准就得到绩效分，收入和政绩便得到体现，否则，减去绩效分，有损收入和政绩。

客户满意度是态度性指标，在绩效考核项目中占 6 分。商业过程是影响客户感知的具体商业活动，如电信企业中的话费信息、缴费、业务咨询、投诉处理、新业务、网络质量等，都属于商业过程。而作为短板项的商业过程是服务提升的重点，其工作能否得到有力有效的落实直接关系到整体客户满意度的维持和提高，也就是经济学上的"木桶理论"中提到的，一只木桶的容水量，并不取决于最长的那块木板，而是取决于最短的那块木板。对于服务来说，影响服务的各个因素可能是优劣不齐的，而决定服务水平的却是最差的那些因素。只有把被称为短板项的商业过程拉长提升了，整体服务水平才有实质性的提高，客户的满意度感知才会真正提高，所以短板商业过程占了最高的权重，达到了 12 分。

2. 调查是指南针

调查是 SAIS 运动的指南针，它指出被考核单位的绩效水平，指出短板，指出短板改进的方向。绩效考核 KPI 分数通过调查获得，对应不同的考核项目采用不同的调查方法（见表5－2）。

表5－2　调查方法实例（白志根，2007）

考核项目	调查方法
客户满意度	客户满意度调查
短板商业过程	客户满意度调查
服务质量	服务监测（包括神秘客户检查、客户经理考试等）
基础管理	内部信息统计

调查为 SAIS 运动指明了运行的方向，它的作用在于两个方面：一是确定各个被考核单位的绩效表现，二是为各个被考核单位指出短板所在，也就是指出服务改进的方向。

企业根据调查结果确定各考核对象的排名以及所得的绩效分，并找出作为短板项的商业过程。如果调查不准确，那么，绩效考核就会因不公正而引起各被考核单位的不满，导致管理上的冲突。另外，调查不准确还可能把短板项搞错，把短板改进的方向搞错，是非常危险的事情，等同于把 SAIS 前进的方向指错了而导致后面的所有行为都达不到效果，还极可能导致管理脱轨。

因为调查是如此重要，所以一般企业都会聘请专业的第三方调研公司来实施。一方面，因为是专业的公司，所以能最大限度地保证数据的准确性，另一方面，因为是第三方的中立公司，与企业内部各考核单位没有直接的利害关系，所以能最大限度地保证数据的公正性。

3. 短板提升是 SAIS 运动的基础

短板提升是 SAIS 运动的轮子，客户满意度在这个轮子的带动下不断变动。经调查指出的短板一旦被确定，这些短板就会被列入到下次绩效考核的内容中，占据 12 分的绩效。那么，被考核单位为了得到这 12 分，就必须在规定的时间内对短板进行提升。

针对不同的短板有不同的提升手段，但过程基本上是一致的，一般要经过九个不同的阶段：项目启动会、调研诊断、诊断报告会、提升策略制定、策略讨论、方案实施制订、实施动员会、辅助实施、项目总结。

服务质量差距模型是项目短板提升设计和分析的基础（见图5－2）。

服务质量差距模型的核心是客户差距，也就是客户期望与客户感知的服务之间的差距。期望的服务是客户在一次服务体验中的参考点；感知的服务是对服务的实际反映。

　　服务质量差距模型认为，客户差距是产生客户满意度高低的直接原因，如果要提高客户满意度，就必须从缩小客户差距入手，而客户差距的产生，又在于差距1到差距4的存在。差距1来源于客户的期望与管理者认知的差距，差距2来源于管理认知与服务品质规格间的差距，差距3来源于服务品质规格与服务传递间的差距，差距4来源于服务传递与外部沟通的差距。从项目任务的实施来看，服务提升就是弥合差距1到差距4的工作，最终目的是为了让客户感知和客户期望达到一致，从而提升服务质量、客户满意度和忠诚度。

　　可以说，短板提升是SAIS运动的基础，是一项长期的、需要耐心的工作。只有把短板切实提升了，服务才能得到真正的改善，客户满意度才能得到真正的提高。

　　客户满意是SAIS运动的乘客，是SAIS运动的目标，调查、绩效考核、短板提升都是为了使客户满意。只有客户满意了，才能提升客户忠诚度，只有客户忠诚度提升了，才使企业具有长期的竞争力。

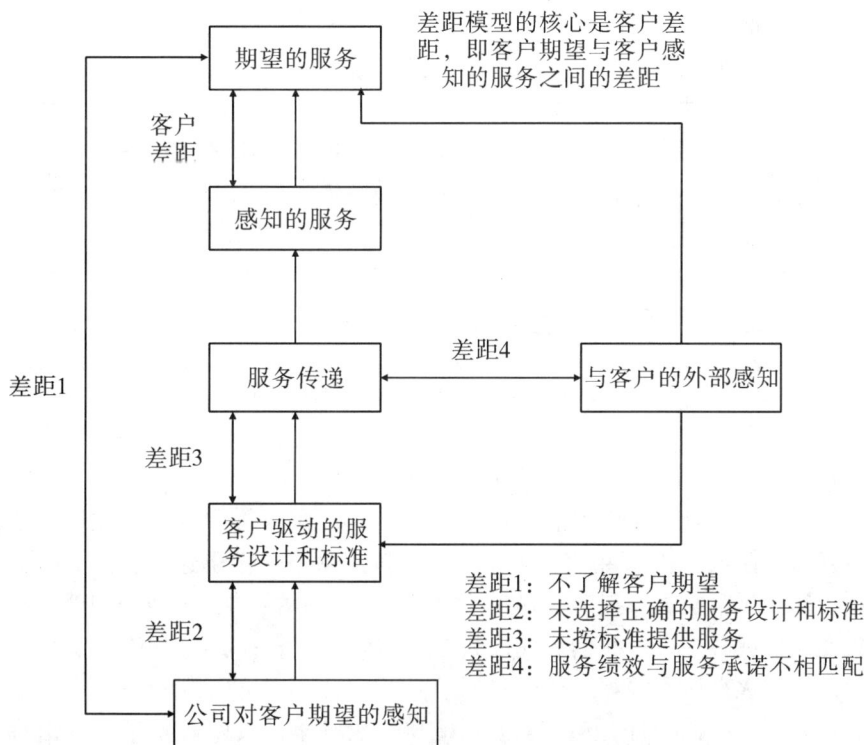

图5-2　服务质量差距模型

二、客户忠诚管理

我们在第一章的时候已经提到过客户忠诚这个概念，客户忠诚度指客户忠诚的程度，是一个量化概念。客户忠诚度是指由于质量、价格、服务诸多因素的影响，使客户对某一企业的产品或服务产生感情，形成偏爱并长期重复购买该企业产品或服务的程度。

客户忠诚的层次包括四层，如表 5-3 所示。

表 5-3　客户忠诚的四个层次

层次	忠诚程度	具体情况
第一层	客户忠诚的最高级阶段	客户对企业的产品或服务忠贞不贰，并持有强烈的偏好与情感寄托。客户对企业的这种高度忠诚，成为企业利润的真正源泉。
第二层	客户对某一企业产生了偏好情绪	这种偏好的产生与企业形象、企业产品和服务体现的高质量以及客户的消费经验等因素相关，从而使客户与企业之间有了感情联系。
第三层	客户对企业的产品或服务感到满意或购买行为受习惯力量驱使	客户的购买行为是受到习惯力量的驱使。一方面，他怕没有时间和精力去选择其他企业的产品或服务。另一方面，转换企业可能会使他们付出转移成本。
第四层	客户对企业没有丝毫忠诚感	客户对企业漠不关心，仅凭价格、方便性等因素购买。

资料来源：http://www.boke28.com/IndustryNews_168_4716.html

1. 客户忠诚对于服务外包企业的意义

如今，服务外包企业的服务已经由标准化细致入微服务阶段发展到个性化客户参与阶段。10 多年前，IBM 的年销售额由 100 亿迅速增长到 500 亿美元时，IBM 营销经理罗杰斯谈到自己的成功之处时说："大多数公司营销经理想的是争取新客户，但我们成功之处在于留住老客户；我们 IBM 为满足回头客，赴汤蹈火在所不辞。"又如，号称"世界上最伟大的推销员"的乔·吉拉德，15 年中他以零售的方式销售了 13 001 辆汽车，其中 6 年平均售出汽车 1 300 辆，他所创造的汽车销售最高纪录至今无人打破。他总是相信卖给客户的第一辆汽车只是长期合作关系的开端，如果单辆汽车的交易不能带来以后的多次生意的话，他认为自己是一个失败者。65％的交易多来自于老客户的再度购买。他成功的关键是为已有客户提供足够的高质量服务，使他们一次又一次回来向他买汽车。可见，成功的企业是把留住老客户作为企业与自己发展的头等大事之一来抓。留住老客户比新客户，甚至比市场占有率重要。据顾问公司多次调查证明：留住老客户比只注重市场占有率和发展规模经济对企业效益的贡献要大得多。由此可总结出客户忠诚对服务外包企业的三点重大意义。

（1）有利于企业核心竞争力的形成，使企业的竞争优势长久。在现代营销活动中，营销观念是企业战略形成的基础。客户忠诚理论倡导以客户为中心，提示企业的营销活动必须围绕这个中心进行，关注客户对企业的评价，追求客户高的满意度和忠诚度，这是市场营销观念的完善和发展。实践证明，倡导客户忠诚所形成的核心竞争力将会在企业的经营活动中得以体现。比如：留住老客户会使成本大幅度降低。发展一位新客户的投入是巩固一位老客户的5倍。在许多情况下，即使争取到一位新客户，也要在一年后才能真正赚到钱。对一个新客户进行营销所需费用较高的主要原因是，进行一次个人推销访问的费用，远远高于一般性客户服务的相对低廉的费用。因此，确保老客户的再次消费，是降低销售成本和节省时间的最好方法，这无形当中提高了企业的核心竞争力。

（2）有利于提高企业的经济效益。由于"口碑效应"，老客户会推荐他人购买从而增加新客户，因此形成一种"企业盈利、客户忠诚"的良性循环效应。因为对于一个有购买意向的消费者，在进行购买产品前需要进行大量的信息资料收集。其中听取亲友、同事或其他人亲身经历后的推荐往往比企业作出的介绍要更加为购买者所相信。客户的口碑效应在于：1个满意的客户会引发8笔潜在的生意，其中至少有1笔生意成交；1个不满意的客户会影响25个人的购买意向。

（3）有利于推动社会的"诚信"建设。以客户满意为起点，以客户忠诚为经营活动的目标，可以促进企业不断地追求更高的目标，为社会创造更多的令公众满意的物质财富。同时，企业以客户为中心理念的贯彻，可以带动企业建立起诚实守信的经营机制，增强全体员工的服务意识和道德意识，从而杜绝各种制假售假、欺瞒诈骗的违法行为，为促进社会风气的好转发挥积极的作用。

2. 如何维护客户的忠诚度

CRM是一个科技与人性的综合体，若要培养并维护客户的忠诚度，在处理客户相关的事情时，就必须先"以人为本，以客户为中心"，站在客户的立场去考虑客户的需求；同时企业内部所有人员也必须先确立"一对一客户观念"，并需要认同"客户是企业永久的资产，企业因满足客户需求而生存"，再由科技的协助达到。由此，我们把以上所说的"人性"和"科技"概括为"软件"和"硬件"两部分。

（1）严把产品质量关。产品质量是企业为客户提供有力保障的关键武器。没有好的质量依托，企业长久发展就是个很遥远的问题。肯德基的服务是一流的，但依然出现了苏丹红事件，而让对手有机可乘，致使客户群体部分流失；康泰克、息斯敏（阿司咪唑）等药物也是因为在质量上出现问题而不能在市场上销售。

（2）为客户提供高质量服务。某些产品，如电视机、VCD 机等，从外观到质量，已很难找出差异，更难分出高低。这种商品的同质化结果使得品质不再是客户消费选择的主要标准，越来越多的客户更加看重的是商家能为其提供何种服务以及服务的质量和及时程度。每个企业都在积极寻求用什么样高质量的服务才能留住企业优质客户。一般而言，企业的主要精力都放在营销管理和技术研发上，但随着产品技术的日趋同质化，服务也越来越成为影响市场份额的关键因素。企业要做到提供高质量的服务，需明确客户需求，细分客户，积极满足客户需求：①更多优惠措施，如数量折扣、赠品、更长期的赊销等；而且经常和客户沟通交流，保持良好融洽的关系和和睦的气氛；②特殊客户特殊对待，根据二八原则，公司 80% 的利润是由 20% 的客户创造的，并不是所有的客户对企业都具有同样的价值，有的客户带来了较高的利润率，有的客户对于企业具有更长期的战略意义，美国《哈佛商业杂志》发表的一篇研究报告指出：多次光顾的客户比初次登门的人可为企业多带来 20%～85% 的利润。所以善于经营的企业要根据客户本身的价值和利润率来细分客户，并密切关注高价值的客户，保证他们可以获得应得的特殊服务和待遇，使他们成为企业的忠诚客户；③提供系统化解决方案，不仅仅停留在向客户销售产品层面上，要主动为他们量身定做一套适合的系统化解决方案，在更广范围内关心和支持客户发展，增强客户的购买力，扩大其购买规模，或者和客户共同探讨新的消费途径和消费方式，创造和推动新的需求。

（3）建立客户数据库，和客户建立良好关系。在信息时代，客户通过 Internet 等各种便捷的渠道都可以获得更多更详细的产品和服务信息，使得客户比以前更聪明、强大，更加不能容忍被动的推销。面对这种情况，可以利用分析型 CRM，又称"后台"CRM 来了解前台发生的客户关系，它会对客户的消费情况进行分析和总结，从而归类。在这个过程中，企业通过数据仓库技术，对客户的信息进行数据挖掘，掌握客户的消费规律，从而利用呼叫中心与客户进行互动，留住老客户，维护客户的忠诚度。比如说，一位客户经常在某超市消费，并且是有周期地进行消费，超市通过数据仓库，掌握了这条规律，从而为这位客户制定了一系列相应的优惠策略，超出了客户的价值需求，这就很好地留住了老客户，提高了客户的忠诚度。并且，还有可能发现潜在客户，获取新的客户。这样与客户的感情交流是企业用来维系客户关系的重要方式，日常的拜访、节日的真诚问候、婚庆喜事或过生日时的一句真诚祝福或一束鲜花，都会使客户深为感动。交易的结束并不意味着客户关系的结束，在售后还须与客户保持联系，以确保他们的满足感持续下去。由于客户更愿意和与他们类似的人交往，他们希望与企业的关系超过简单的售买关系，因此企业需要快速地和每一个客户建立良好的互动关系，为客户提供个性化的服务，使客户在购买过程中获得产品以外的良好的心理体验。

（4）保证高效快捷的执行力。要想留住客户群体，良好的策略与执行力缺一不可。许多企业虽能为客户提供好的策略，却因缺少执行力而失败。在多数情况下，企业与竞争对手的差别就在于双方的执行能力。如果对手比你做得更好，那么他就会在各方面领先。成功的企业，20%靠策略，60%靠企业各级管理者的执行力。作为管理者，重塑执行力的观念有助于制定更健全的策略。事实上，要制定有价值的策略，管理者必须同时确认企业是否有足够的条件来执行。在执行中，一切都会变得明确起来。面对激烈的市场竞争，管理者角色定位需要变革，从只注重策略制定，转变为策略与执行力兼顾。以行为为导向的企业，策略的实施能力会优于同业，客户也更愿意死心塌地地跟随企业一起成长。

（5）与客户进行深入沟通，防止出现误解。客户的需求不能得到切实有效的满足往往是导致企业客户流失的最关键因素。一方面，企业应及时将经营战略与策略的变化信息传递给客户，便于客户工作的顺利开展。同时把客户对企业产品、服务及其他方面的意见、建议收集起来，将其融入到企业各项工作的改进之中。这样，既可以使老客户知晓企业的经营意图，又可以有效调整企业的营销策略以适应客户需求的变化。另一方面，善于倾听客户的意见和建议，建立相应的投诉和售后服务沟通渠道，鼓励不满客户提出意见，及时处理客户不满，并且从尊重和理解客户的角度出发，站在客户的立场去思考问题。同时也要跟进了解客户，采取积极有效的补救措施。大量实践表明，2/3的客户离开是因为供应商对其关怀不够。

（6）制造客户离开的障碍。一个保留和维护客户的有效办法就是制造客户离开的障碍，使客户不能轻易跑去购买竞争者的产品。因此，从企业自身角度上，要不断创新，改进技术手段和管理方式，提高客户的转移成本和门槛；从心理因素上，企业要努力和客户保持亲密关系，让客户在情感上忠诚于企业，对企业形象、价值观和产品产生依赖和习惯心理，就能够和企业建立长久关系。还有，品牌的层次与其客户参与的程度存在着一种正比的关系。企业品牌在客户心目中的层次和地位越低，客户参与企业的愿望也越弱，而如果一个品牌在客户心目中的层次和地位越高，甚至认为这个品牌关系到自己的切身利益，那么这个客户就越愿意参与这个企业的各种活动，企业与客户的关系越紧密，特别是当他们将品牌视为一种精神品牌时，这种参与程度可以达到最高境界。因此，这就要求企业必须改变以往单向的灌输式信息传播方式，而尽量与客户进行沟通和互动，让客户参与其中，才能建立起长期的稳定的客户感情和友谊，从而使企业立于不败之地。

（7）培养忠实的员工，不断培训服务人员。忠实的员工才能够带来忠实的客户。一位推销专家深刻地指出，失败的推销员常常是从找到新客户来取代老客户的角度考虑问题，成功的推销员则是从保持现有客户并且扩充新客户，使销售额越来越多，销售业绩越来越好的角度考虑问题的。对于新客户的销售只是锦上添花，没有老客户做稳固的基础，对新客户的销售也只能是对所失去的老客户的弥补，总的销售量不会增加。

具体采取以下手段：①注重员工培训、教育，为企业员工提供发展、晋升的机会；②为员工尽可能创造良好的工作条件，以利于他们高效地完成工作；③切实了解员工的各种需求，并有针对性地加以满足；④提倡内部协作的企业文化，倡导团队合作和协作精神。

3. 硬件 CRM 系统如虎添翼

CRM 的核心思想就是以客户为中心，它要求服务外包企业从传统的"以产品为中心"的经营理念解放出来，确立"以客户为中心"的企业运作模式。这就意味着服务外包企业将把客户作为其运作的核心，也就是说企业的一切活动都是围绕客户展开，客户需要什么，企业就做什么。CRM 的宗旨就是改善企业与客户之间的关系，使客户时时感觉到企业的存在，企业随时了解到客户需求的变化。真正运用好 CRM 系统，将推动企业最大限度地利用其与客户有关的资源，实现企业从市场营销到销售到最后的服务和技术支持的交叉立体管理，忠诚的客户在此过程中就慢慢诞生了。

（1）利用 CRM 系统，对企业的客户资源进行有效的管理和利用。客户是企业创造价值的源泉，是否有效地利用企业的客户资源，将直接关系到企业价值的实现。利用 CRM 系统管理最为全面的客户信息，全面的客户信息覆盖在企业的市场营销、销售和服务与技术支持等企业整个前端办公领域的各个环节里。在整个企业里，做到从企业的高层决策人员（如总裁、总经理、部门主管等）到最基层的作业人员〔如销售员、CSR（客户服务代表）、FSE（现场服务工程师）等〕都能及时地了解到属于自己管辖范围内的客户群体。要求不同环节的工作人员的职责界限分明，使用户时时感觉到企业的存在，但每次与企业的接触都要有不一样的内容，从而避免重复工作引起客户的厌倦感，这样一来就提高了企业对客户的吸引力。

（2）利用 CRM 系统实现企业前端办公领域的统一立体化的管理，实现企业资源的集中管理和统一规划。在 CRM 系统中，根据前端办公领域的以客户为中心的工作流程，规划不同的工作范围，使企业职能部门之间的工作职责清晰，层次分明，避免出现传统的以产品为中心的企业管理模式下的企业智能部门职责界限不清晰和工作重复的现象。因为在 CRM 系统中对企业的工作方式强调的是以人为本的团队作战。

在 CRM 系统中包括一套完整的派工机制，充分地利用好企业的人力资源。企业要做的是，利用 CRM 系统对企业里每一个员工的信息进行全面的管理，包括员工的基本信息、在职时间、在岗时间、个性化技能和其占有的资源，这样当有某一项任务需要分配人去完成时，系统可以根据员工的各方面能力的综合得分选出合适的员工去完成该项任务。这样从市场营销到销售到服务的每一个环节，企业充分发挥每一个人的能力，集中团队的力量去完成每一项与客户有关的活动，使客户感觉到企业的力量所在、企业的精神所在，企业在客户心中的形象在每一次与客户接触中不断地提高，客户对企业的忠诚也就不断巩固。

三、客户流失管理

1. 客户流失的概念

企业对于老客户或忠诚客户的有效管理，日益成为管理人员面临的挑战。在传统的经营管理思想的影响下，企业似乎只关心如何获取新的客户，如何扩大销售额，而根本忽略了如何保持已有的客户，如何从老客户身上挖掘更多的潜力。实际上，对于公司来说，老客户无论是在数量上，还是质量上，都比新客户更具有吸引力。在数量上，老客户的流失，往往使公司的市场开拓毫无收益；在质量上，老客户为公司贡献了更多的利润。公司保持老客户的成本要比获取新客户的成本低得多。随着与公司商业关系的延长，老客户对公司的产品线和服务更加了解，他们消费更多的产品，学会更为高效地购买，节约公司的服务成本；对价格不像新客户那样敏感，此外老客户还把公司的产品和服务推荐给别人。以上这些优势，都是新客户所不具备的。

客户流失是指本企业的客户由于种种原因转向购买其他企业产品或服务的现象。由于当今市场竞争的白热化及客户购买行为的个性化，许多企业管理者把这种流失看成是自然现象，对其视而不见。事实上，客户流失会不断损耗零售企业的人力、物力、财力。不重视对客户资源流失原因的分析和改善往往是一个成功企业逐渐丧失竞争优势的开始。当新客户的增长无法保证企业发展的需要时，企业才会发现客户流失对企业来说是多么重要的问题。

2. 客户流失识别

对于企业而言，定量地衡量客户流失情况是必要的。现从以下几个方面分析客户流失的情况：

（1）以客户为基础。以客户为基础的测量方法要求获得客户指标。传统的客户指标主要包括客户流失率、客户保持率和客户推荐率等。客户流失率是客户流失的定量表述，是判断客户流失的主要指标，直接反映了企业经营与管理的现状。用公式表示为：

客户流失率＝客户流失数/消费人数×100%

客户保持率是客户保持的定量表述，也是判断客户流失的重要指标，反映了客户忠诚度的水平。用公式表述为：

客户保持率＝客户保持数/消费人数×100% 或 1－客户流失率

客户推荐率是指客户消费产品或服务后介绍他人消费的比例。客户流失率与客户保持率、客户推荐率成反比。通过客户调查问卷和企业日常记录等方式，可获得上述客户指标信息。

（2）以市场为基础。市场也是衡量客户流失的有效手段，我们可以建立市场指标，传统的市场指标主要包括市场占用率、市场增长率、市场规模等。通常，客户流失率与上述指标成反比。企业可通过市场预测统计部门获得这方面的信息。

（3）以企业财务指标为基础。这里的财务指标主要指收入利润指标。例如销售收入、净利润、投资收益率等。通常客户流失率与此类指标成反比。企业可通过营业部门和财务部门获得上述信息。

（4）以企业竞争力为基础。企业竞争力是难以定量测量的，所以对于市场竞争力的衡量我们可以定性分析或者由专家测评。在激烈的市场竞争中，一个企业所流失的客户必然是另一个企业所获得的客户。因此，判断一下企业的竞争力，便可了解该企业的客户流失率。通常竞争力强的企业，客户流失的可能性要小些。企业可借助行业协会所开展的排名、达标、评比等活动或权威部门和人士所发布的统计资料获得上述信息。

3．客户流失的原因分析

（1）企业自身原因分析。第一，产品质量问题。产品质量是企业的生命线。如果产品质量存在瑕疵或者不稳定，那么企业就无法满足客户的基本需求，进而损害客户的利益。一旦客户的利益得不到保障，客户自然会选择新的供应商。第二，企业内部服务意识淡薄。员工傲慢、客户提出的问题不能及时解决、咨询无人理睬、投诉没人处理、服务人员工作效率低下，也是直接导致客户流失的重要因素。第三，员工跳槽。员工跳槽是客户流失的重要原因之一，尤其是企业的高级营销管理人员的离职，更容易导致客户群的流失。很多企业在客户管理方面做得不够细腻，企业与客户之间的关系牢牢地掌握在销售员的手中，而企业自身对客户影响相对乏力，一旦销售员跳槽，老客户也就随之而去。由此带来的是竞争对手实力的增强。第四，企业缺乏创新。在新产品层出不穷、客户需求不断变化的时代，产品的生命周期被大大缩短。企业如果不能推陈出新、进行产品的升级换代以满足客户不断变化的需求，那么客户很容易由于找不到合适的产品而选购竞争者的产品。第五，主动放弃。这是指企业主动放弃客户，包括：企业主动终止与低价值客户的关系；企业由于战略调整，或者业务变更，而终止与原来某些客户的关系。

（2）客户方面原因分析。第一，被竞争对手吸引。主要包括两个方面的原因：其一是在产品或者服务质量相同的情况下，竞争对手通过提供更优惠的政策来吸引客户。在市场的激烈竞争中，企业都想通过打折、特价、特别优惠等各种促销方式来吸引更多的客户，尤其是那些能够给企业带来更多利润的优质客户。面对各种优惠，客户有选择的自由，一旦认为竞争对手能够比企业提供更好的产品或服务，自然会选择离开企业。其二是竞争对手通过为客户提供具有更高质量的产品和服务来吸引客户。在新产品层出不穷的市场上，如果企业不能及时更新产品，那么就给了竞争对手可乘之机。竞争对手可以通过在产品或服务的技术和质量上的及时更新，来增强对客户的吸引力。第二，需求变化。客户的需求不是一成不变的，而是在不断发生变化的。例如，随着年龄的增长，个人客户的消费观念、生活方式都在不断发生变化，由此造成了客户需求的连锁变化，那么客户就会选择其他能满足其新需求的产品或服务。同样，组织客户的需求也在发生变化，随着组织的发展壮大，其对产品或服务的需求也会发生变化，一旦发现现有企业不能满足其新需求，自然会选择其他的供应商。第三，恶意离开。在有些情况下，客户会对企业提出额外的要求。例如，一些客户自恃实力强、购买数量大，会向企业要求更低的价格、更长的账期、更快的送货服务等额外要求，如果这些额外的要求得不到满足，客户就会选择离开。此外，有些客户存在信用风险，例如拖

欠贷款等，如果企业对此类风险缺乏足够的防范，那就会让客户欺诈成功。

第四，客观原因。客户流失并不是客户本身的意愿，而是由于客观条件的变化而导致的。例如，个人客户由于搬迁、死亡等原因不再继续购买企业的产品或者服务。组织客户由于破产、更改经营业务与范围等原因而终止与企业的关系。

4. 客户流失管理

客户的需求不能得到切实有效的满足往往是导致企业客户流失的关键因素。一般来讲，企业应从以下几个方面来防范客户流失。

(1) 实施和做好全面质量营销。通用电器公司董事长小约翰·F. 韦尔奇说过："质量是通用维护客户忠诚最好的保证，是通用对付竞争者的最有力的武器，是通用保持增长和盈利的唯一途径。"企业只有在产品质量上下大功夫，保证产品的耐用性、可靠性、精确性等价值属性，才能在市场上取得优势，才能为产品的销售和品牌的推广创造良好的运作基础，也才能够真正吸引客户、留住客户。

客户追求的是高质量的产品和服务，如果企业不能给客户提供优质的产品和服务，终端客户就不会对其上游供应者满意，更不会建立较高的客户忠诚度。因此，企业应实施全面质量营销，在产品质量、服务质量、客户满意度、企业盈利方面形成密切关系。

(2) 增加"客户让渡价值"。这就要求企业一方面通过改进产品、服务、人员和形象，提高产品的总价值。另一方面通过改善服务和促销网络系统，减少客户购买产品的时间、体力和精力的消耗，以降低货币和非货币成本，从而提升客户的满意度和双方合作的可能性。所以，企业在竞争中为防止竞争对手挖走自己的客户，吸引更多的客户，就须向客户提供比竞争对手具有更多"客户让渡价值"的产品。

(3) 增进与客户的沟通，防止出现误解。要及时将企业经营战略与策略的变化信息传递给客户，以便于客户工作的顺利开展；同时要把客户对企业产品、服务等方面的意见和建议收集起来，融入企业各项工作的改进之中。这样可使老客户知晓企业的经营意图，可有效调整企业的营销策略，以适应客户需求的变化。当然，这里的信息不仅包括企业的一些政策（如新制定的奖励政策、返利的变化、促销活动的开展、广告的发放等），还包括产品的相关信息（如新产品的开发、产品价格的变动信息等）。

要加深对客户的了解。很多销售人员跳槽带走客户，主要原因就是企业对客户情况不了解，缺乏与客户的沟通和联系。企业只有详细地收集客户资料，建立客户档案，进行归类管理，并适时把握客户需求，才能真正实现

"控制"客户的目的。企业还要确保客户的订货能够正确及时地得到满足，收集客户有关改进产品服务方面的意见，反馈到企业的各个部门。目前市场上流行的 CRM 可给企业提供了解客户和掌握客户资料的条件，主要是用 IT 和互联网技术实现对客户的统一管理，建立客户的档案，注明其名称、公司地址、资金实力、经营范围、信用情况、销售记录、库存情况等，做到客户情况了然于胸，并为其提供完善的服务，这样才能留住客户。

要经常进行客户满意度的调查。一些研究表明，客户每四次购买中会有一次不满意，而只有5%的不满意客户会抱怨，大多数客户会少买或转向别的企业。所以，企业不能以抱怨水平来衡量客户满意度。企业应通过定期调查，直接测定客户满意状况。可在现有客户中随机抽取样本、发送问卷或打电话，以了解客户对公司方面的印象，也可以通过电话向最近的买主询问他们的满意度，测试度可分为：高度满意、一般满意、无意见、有些不满意、极不满意。收集客户满意度的信息时，询问一些其他问题（如了解客户再购买的意图等）将是十分有利的。一般而言，客户越是满意，再购买的可能性就越高。衡量客户是否愿意向其他人推荐本公司及其产品也是很有用的，好的口碑意味着企业创造了高的客户满意。了解了客户不满意之处才能更好地改进，最终赢得客户满意，防止老客户流失。

（4）加强市场监控力度，保证客户利益。很多情况下，猖獗的窜货往往是导致客户流失的罪魁。企业应适时进行市场巡查，以便及时发现问题，并争取时间采取措施控制事态蔓延，有效降低经营风险，保住客户。一旦发现窜货迹象，要及时向企业反映，及时采取措施控制窜货发生，从而降低经营风险。很多情况下，猖獗的窜货往往致使客户利益受损，客户无奈之下放弃产品经营并离企业而去。

（5）建立投诉和建议制度。据说，95%的不满意客户是不会投诉的，仅仅是停止购买，所以要建立客户投诉制度。一个以客户为中心的企业，应为客户投诉和建议提供方便。许多饭店和旅馆都备有不同的表格，请客人诉说他们的喜忧。宝洁、通用电器等很多著名企业，都开设了免费电话热线。很多企业还增加了网站和电子信箱，以便双向沟通。这些信息流为企业带来了大量好创意，使企业更快地采取措施解决问题。

（6）采取措施挽回流失客户。企业需要根据流失客户的类型，针对具体的流失原因，采取有针对性的措施。在确定措施时，企业应估算挽回客户所需花费的成本，以及挽回的客户能够给企业带来的价值。

对于那些对企业有重要价值的客户，企业需要深入分析客户流失的原因。若是由于企业的原因而导致重要客户流失，则需要针对流失原因，尽力弥补

企业工作的失误，以期能够重新赢回客户。

对那些低价值客户，则需要分析是哪些原因造成了客户的流失。如果是企业主动放弃的低价值客户，则不需要挽回；而对于那些由于企业产品质量、服务等原因而流失的客户，企业则应分析原因，努力提高产品和服务质量，重新赢回客户。

对于那些无法给企业带来高价值，又是由于自身的原因而离开的客户，则应采取基本放弃的策略。因为即使企业努力挽回与这些客户的关系，这些客户也无法为企业带来丰厚的回报。因此对这些客户，企业不必花费过多的精力挽回。

对那些因为欺诈而离开的客户，企业应当终止和这些客户的关系。因为这些客户不仅不能给企业带来价值，还会占用企业资源，对企业有百害而无一利。

（7）优化客户关系。感情是维系客户关系的重要方式，交易的结束并不意味着客户关系的结束，售后还应与客户保持联系，通过日常拜访、节日问候、有针对性的访谈等方式，加强企业与客户的互动，提高客户对企业的满意程度，进而增强客户对企业的忠诚度。

【章末案例】
利乐：为客户创利　与客户同乐

对大多数中国消费者来说，利乐公司还是比较陌生的名字。但是采用利乐包装的伊利、蒙牛、光明、统一等液态乳制品及饮料，已深入人们的日常生活。利乐（Tetra Pak）是利乐拉伐集团（Tetra Laval）的一个子集团。利乐拉伐源于瑞典，总部设在瑞士。利乐公司不仅是全球最大的奶制品、果汁、饮料等包装系统供应商之一，而且是全球唯一能够提供综合加工设备、包装和分销生产线，以及食品生产全面解决方案的跨国公司。现在，利乐包装不仅限于液态食品，还适用于冰淇淋、奶酪、脱水食品、水果、蔬菜与宠物食品等方面，利乐在全球共有58家销售公司。"好的包装所带来的节约应超过其成本。"公司创始人鲁宾·劳辛博士的这句话引导着利乐为全球食品的安全、营养和便利而不断创新。在开拓市场、与客户携手共进的同时，积极倡导并不断实践企业的社会责任。"利民之业，乐而为之"。正是凭借这样一种精神和价值取向，利乐得以在世界食品加工和包装特别是无菌纸包装领域始终保持领导地位。

对于工业品生产商利乐公司来说，如何定义自身的业务方向，决定了自身在整个供应链中的作用与位置。对于传统意义上的包装供应商而言，就是提供设备、包材、服务，和决策者搞好关系，降低价格，提高回扣，关系是供应商的核心能力。一般来说，产业链中的上游产品供应商，对应的是中下游生产企业。通常，供应商就像送女儿出嫁，嫁出的女儿泼出去的水，至于最终生活品质的好坏，完全在于女儿本人以及婆家。因此，大多数上游供应商往往眼睛朝内，长期修炼成了技术研发的能手、成本控制的高手，而对于外围下游企业的生产、经营基本很少过问也无力过问。而利乐的市场成功却来自于"狗拿耗子——多管闲事"的营销模式。

利乐提供给客户的是整体的解决方案，而不仅仅是设备或者包材，甚至不仅仅是服务。围绕着这样的业务定义，利乐公司从技术、管理、服务等各方面形成了强大的团队，并高效运营着，这是其他的供应商所不能企及的。围绕着这样的业务定义，利乐公司在全球的业务展开卓有成效。利乐公司的包材价格是非常高的，但还是有越来越多的企业选择和利乐合作，尽管相关包装领域的竞争也是相当激烈的，但是利乐的份额并没有受到太大的影响。

为客户提供整体解决方案。大客户管理的核心理念，不是单纯的信息管理，而是在分析客户的基础上进行一对一全方位的服务，这也是最大化留住大客户的利器。大客户营销战略是立足大市场、服务大客户，通过一对一定制的客户解决方案和完善的服务，利用互动的平台来为大客户提供快捷方便的"绿色通道"，大客户服务宗旨是本着"优质、高效、方便"的原则为大客户提供"优先、优质、优惠"的三优服务，服务范围包括向大客户提供产品的咨询、宣传、受理和维护。为了给客户提供生意的解决方案，必须要通过增值的客户服务显现出来，而利乐的增值服务是非常全面的。以客户经理为核心，利乐公司为每一个客户都提供了全面的服务，从订单服务、技术服务、市场支持等基础层面提供高效而严谨的服务；更关键的是，利乐公司通过自身的资源和组织的第三方资源，为每一个客户从战略决策建议、营销决策建议方面给予更高层面的服务和建议。

利乐的大客户经理，以每一个业务为单元，整合、调度和协调利乐相关人员与相应资源，按照规范的作业流程与方式，让其与对方每一个相对应的部门或个人直接接触，相互学习，相互交流，发现问题，解决问题，从而保证产品供给和服务的准确性和及时性。同时，双方的接触也由"点"转换为"面"，既保证了服务的深度，更使彼此合作关系由个人转为团队，关系更加牢固和紧密，即便单个接触点上有所偏差，也不会影响全局。这样镶嵌到客户中去服务，做到你中有我，我中有你，好像彼此真正成为一家人，形成了真正的伙伴。

利乐和客户之间建立的伙伴关系已经完全不是传统意义上的买卖关系，

也不再仅仅局限于自身产品的推广，而是动用自己的人力资源优势、信息优势、资金优势和客户的资源全面嫁接，从而通过帮助客户在市场上形成竞争优势来带动自己实现销售目标。单纯从产品的价格上来说，利乐好像并不能带给客户直接成本的降低，但是通过对客户贴身而又无微不至的服务，客户从利乐那里获得的是从别的供应商那里得不到的附加价值，而这可以帮助客户快速提高市场竞争能力。对于正处于成长期的中国乳品企业来说，这一点实在是很难抗拒。

讨论题：

1. 利乐成功的关键在于什么？
2. 客户为什么愿意选择利乐？

【本章小结】

随着市场经济的不断发展，企业与合作者、企业与客户之间的联系越来越紧密，各方面的沟通不断加强。在当今买方市场的环境下，如何建立好与客户之间的关系，如何将这种良好的关系维持下去是摆在服务外包企业面前的一道难题。本章就如何建立和维持良好的客户关系进行了一系列的探讨。本章分为三节。第一节主要阐述服务外包企业如何建立客户关系。第二节主要阐述服务外包企业客户关系维持的影响因素、客户关系维持的基本策略、客户的差异化管理等。第三节主要阐述客户关系的质量管理。从三个方面来对客户关系进行质量管理：客户满意度管理、客户忠诚度管理、客户流失管理。通过以上三种方法来维护良好的客户关系。

【思考题】

1. 简述客户维持的基本策略。
2. 客户忠诚对企业的意义是什么？
3. 客户流失的原因有哪些？怎样防范客户流失？

【自测题】

一、不定项选择题

1. 影响服务外包企业客户关系维持的因素是（　　　）。
A. 客户信任　　B. 客户满意　　C. 客户感知价值　D. 转换成本
2. 提高客户转换成本的策略有（　　　）。
A. 增加转换时的资源成本　　　　B. 增加程序性转换成本
C. 增加关系性转换成本　　　　　D. 增加货币性转换成本

3. 客户忠诚度可以分为哪几个层次？（　　　）。

A. 客户高度忠诚，并持有强烈的偏好与情感寄托

B. 客户对某一企业产生了偏好情绪

C. 客户对企业的产品或服务感到满意或是习惯

D. 客户对企业没有丝毫忠诚感

4. 客户流失的原因可以分为（　　　）。

A. 企业自身原因　　　　　　　　B. 客户方面原因

C. 外部原因　　　　　　　　　　D. 内部原因

5. 对于那些无法给企业带来高价值，又是由于客户的原因而离开的客户，应采取什么策略？（　　　）

A. 努力挽回　　　　　　　　　　B. 基本放弃

C. 听之任之　　　　　　　　　　D. 终止和这些客户的关系

6. 客户流失原因分析中客户自身的原因有（　　　）。

A. 被竞争对手吸引　　　　　　　B. 需求变化

C. 恶意离开　　　　　　　　　　D. 客观原因

二、名词解释

1. 转换成本

2. 客户满意度管理

3. 客户流失

三、简答题

1. 客户维持的影响因素有哪些？

2. 如何维护客户的忠诚度？

第六章 服务外包企业客户关系的开发

【学习目标】

1. 了解客户关系开发的步骤
2. 掌握客户关系深化的内涵
3. 掌握网络环境下进行客户个性化管理的必要性
4. 了解客户价值的识别
5. 掌握客户价值开发的基本策略

【开篇案例】

淘宝网络客户管理问题

淘宝网作为 C2C 的交易平台,其客户对象既包括在其平台上销售商品的卖家,也包括进行购物的消费者。目前淘宝网在保障消费者利益方面做了较大努力。首先建立了基于每笔交易而产生的买卖双方互相评价的信用评价体系。在信用评价体系中设置了多种对交易评价的角度。其次允许买卖双方在做出评价后的一段时间内对之前做出的评价进行修改。再次,淘宝网还先后推出了"如实描述"、"先行赔付"、"7 天无理由退换货"、"假一赔三"、"30 天维修"、"闪电发货"、"正品保障"等消费者保障服务。淘宝网虽然对客户关系管理的售前服务作了"保障",但并不能完全消除消费者在购物中及购物后可能出现的其他问题。此外淘宝网上的卖家客户也可能面临来自买家的恶意评价问题。因此为了解决交易的其他问题,淘宝网还专门通过多种渠道设置了"举报及交易纠纷"栏目,同时接受来自买卖双方的各种客户问题。

第一节 良好的客户沟通与互动

根据美国营销协会的研究,不满意的客户有 1/3 是因为产品或服务本身有毛病,其余 2/3 的问题都出在企业与客户的沟通不良上。可见,加强与客户沟通是使客户满意的一个重要环节，企业只有加强与客户的联系和沟通，才能与客户建立良好的关系。所谓的沟通，就是信息的交流与互换。企业与客户之间的沟通应当是双向沟通，包括企业与客户的沟通和客户与企业的沟通。

一、企业与客户的沟通

一方面，保持与客户的双向沟通是至关重要的，企业只有经常与客户进行沟通，才能了解客户的实际需求，理解他们的期望，特别是当企业出现失误时，有效的沟通有助于更多地获得客户的谅解，减少或消除客户的不满；另一方面，客户沟通是影响企业与客户关系的一个重要因素，企业经常与客户进行沟通，才能向客户灌输双方长远合作的意义，描绘合作的远景，才能在沟通中加深与客户的感情，稳定客户关系，从而使客户重复购买次数增多，增加客户终身价值。如果企业与客户缺少沟通，那么好不容易建立起来的客户关系，可能会因为一些不必要的误会没有得到及时消除而土崩瓦解。一般来说，企业与客户进行售后沟通可减少退货情况的发生。企业与客户沟通的途径包括以下六种：

（1）业务人员。业务人员可以当面向客户介绍企业及其产品或者服务的信息，还可以及时答复和解决客户提出的问题，并对客户进行主动询问和典型调查，了解客户的意见及客户对投诉处理的意见和改进意见等。业务人员与客户沟通，双方可直接对话。进行信息的双向沟通，可使双方从单纯的买卖关系发展到建立个人之间的友谊，进而维护和保持长期的客户关系。

（2）活动。通过举办活动可以让企业的目标客户放松，从而增强沟通的效果。如通过座谈会的形式，定期把客户请来进行面对面的沟通，让每个客户畅所欲言，或者发放意见征询表，向他们征求对企业的投诉和意见。此外，通过促销活动与客户沟通，可使潜在客户和目标客户有了试用新产品的理由，从而建立新的客户关系，也使现实客户有再次购买或增加购买的理由，从而有利于维护和发展客户关系。但是，也有可能使客户对产品或服务的价格产生怀疑，从而造成不利影响。

（3）信函、电话、网络、电邮、呼叫中心等方式。随着技术的进步和沟通实践的发展，新的沟通渠道在不断出现，特别是互联网的兴起彻底改变着企业与客户沟通交流的方式，企业可以在强大的数据库系统支持下，通过电子商务的手段，开设自己的网站为客户提供产品或服务信息，与客户进行实时沟通，从而缩短企业与客户之间的距离。

（4）广告。通过广告与客户沟通可以全面控制信息内容，能让信息在客户心中留下深刻印象，但是由于广告与客户沟通是单向沟通，所以公众信任度较低，易引起客户逆反心理。这就要求企业的广告要减少功利的色彩，多做一些公关广告和公益广告，这样才能够博得客户的好感。

（5）公共宣传以及企业的自办宣传物。通过公共宣传与客户沟通可以增加信息的可信度，因为它是一个与获利无关者的评论，比较可靠。另外，公共宣传还可使企业与客户沟通的信息得到免费曝光的机会，提高对客户的影响力，但企业要避免丧失对信息的控制权；通过企业内部刊物可以发布企业的政策与信息，及时将企业经营战略与策略的变化信息传递给客户。

（6）包装。企业给客户的第一印象往往是来自企业的产品，而产品给客户的第一印象，不是来自产品的内在质量，而是来自产品的包装。包装是企业与客户沟通的无声语言，好的包装可以吸引客户的视线，给客户留下美好的印象，能够引起客户的购买欲望。包装还可以传达企业对社会和公众的态度以及对自然和环境的态度。例如，越来越多的生产厂商采用了无污染的、能够让生物分解或循环利用的包装材料，这就向客户传达了自己对环境的爱护，从而给客户留下这家企业爱护环境、富有责任感的印象。

总之，企业与客户沟通的形式多样，其目的是通过经常性的沟通，让客户清楚企业的理念与宗旨，让客户知道企业是他们的好朋友，企业很关心他们。为了不断满足他们的需要，企业愿意不断地提升产品或者服务的品质。

二、客户与企业的沟通

根据美国消费者事务办公室的调查，90%～98%的不满意的消费者从不抱怨，他们仅仅是转到另外一家，或者是因为怕麻烦，或者是因为商品价值太低而不愿浪费时间和精力，还有的是因为不知道如何投诉。而如果客户不将心中的不满讲出来，企业就很可能不知道自己哪里出错了，从而一错再错，结果是引起更多客户的不满。因此，为了确保客户与企业的沟通，企业必须鼓励不满意的客户提出自己的意见，这就要想办法降低客户投诉的"门槛"，为客户提供各种便利的途径，并保持途径的畅通，让客户投诉变得简单。企业要为客户提供各种渠道，并保持渠道畅通，使客户可以随时随地与企业进行沟通，包括客户向企业提出意见、建议和投诉。客户与企业的沟通途径包括：来人、来函、电话、网络电话、邮件等。例如，开通免费投诉电话、24小时服务热线或24小时在线服务；设置意见箱、意见簿和信息反馈卡等。

同时，应在企业内部建立有利于客户与企业沟通的制度。企业要积极建立客户投诉制度和建议制度，清清楚楚、明明白白地告诉客户企业接受投诉的部门及其联系方式和工作程序。此外，企业还可设立奖励制度鼓励客户投诉。如联邦快递就保证，客户在递交邮件的次日上午 10：30 前没有收到邮件，只要客户投诉，那么邮递费用全免。总之，企业要方便客户与企业的沟通，方便客户投诉和提意见，并且尽可能降低客户投诉的成本，减少客户花在投诉上的时间、精力和金钱等。

三、企业与客户间的双向沟通

考虑到客户关系管理中企业要面对各种不同类型的客户，这就要求企业与客户的双向沟通过程，应是针对不同的客户进行有针对性的、个性化的沟通，考虑到此种要求，企业应制定出完善的客户沟通策略。

（1）对不同的客户实施不同的沟通策略。要考虑客户给企业带来价值的不同进行"分级沟通"，即针对客户的不同级别实施不同级别的沟通。例如，在与客户的沟通中，对重要客户，每个月打一次电话，每季度拜访一次；对主要客户，每季度打一次电话，每半年拜访一次；对普通客户，每半年打一次电话，每年拜访一次；对小客户，则每年打一次电话或者根本不必打电话和拜访。

（2）站在客户的立场上与客户沟通。客户通常关心的是自己的切身利益，客户购买的不仅仅是产品或者服务，还包括企业对客户的关心以及客户对企业的信任。因此，企业只有充分考虑客户的利益，把客户放在一个合作伙伴的角色上，站在客户的立场上，才能获得沟通的成功。

（3）向客户表明诚意。由于沟通的成功有赖于双方的共同努力，因此企业与客户沟通时，要首先向客户表明自己是很有诚意的（主要表现在对客户的态度上，如承诺的兑现），衷心希望得到客户的积极响应。如果企业都没有诚意，就不要指望得到客户热情的回报，也不要指望与客户的沟通能够获得成功。

特别值得注意的是，在与大客户的沟通过程中，企业更应做到：首先，可安排企业高层进行拜访，通过真诚的交流和情感沟通，增进彼此的理解，使其认识到"一荣俱荣，一损俱损"的利害关系，不贪图眼前利益而损害双方的长远关系进而向大客户表明诚意。其次，企业要努力站在大客户的立场上，为大客户提供富有个性的与时俱进的产品或服务，使大客户离不开企业，甚至对企业产生依赖。这样，当发生利益冲突时，大客户就会理智些，甚至有所顾忌，从而不敢轻易伤害双方的关系。再次，软硬兼施，讲究策略和技巧，促使大客户能以情为重，以双方关系的稳定和正常化为重。

良好的沟通对合作双方来说是双赢的，所以对企业来说，加强与客户沟通是建立完善的客户关系管理的不二法则。

四、良好的客户互动

每个公司的经营都离不开和客户的互动，有些客户是非常通情达理的，有些则需要付出更多的耐心，每个客户都性格迥异，但如果你掌握了如何对待他们的诀窍，就能和每个客户都愉快相处。了解客户属于什么类型，并且在此基础上知道在客户服务上能为其提供什么，找到行之有效的方法与他们沟通。

1. "挑衅"型客户

这样的客户总是夸大其词和事无巨细地抱怨。只要任何一个小细节存在缺陷，都会使他们变得咄咄逼人。你唯一需要明白的是不应该陷入客户的"挑衅"中，在谨慎地注重自己利益的同时，应该表现出对客户意见的赞同和感兴趣。例如，可以这么说"我理解您的意思，但是……"你可以对这类客户作出一些让步，但切不可丧失原则，随着时间的推移，通过不断地提供给该客户优质的服务及个性化的倾听关心，逐步使客户感到满意。

2. 害羞型客户

这类客户性格内向、沉默寡言、犹豫不决，做决断时往往举棋不定，因此最后常常会决定不购买。对于这类客户应当找机会多与其谈话沟通，有时也可以帮他做决定。应当激发他的自信心以表达他的需要，有时可以通过提问的形式来帮助他做决定，或在他差不多快下决定的最后一刻，巧妙地"顺水推舟"帮他一把。让这类客户下订单变成轻而易举的事，但不应该滥用这一点，理智的做法是与其沟通让他决定他真正感兴趣的产品或服务，因为如果最终他购买到的并不是他真正感兴趣的，那么他是不会为此感到满意的。绝不能利用这类客户的特性，而是应该更尽心地帮助客户对其采购的订单做选择，以达到百分百的满意度。

3. 急躁型客户

这类客户总是在赶时间，想要速战速决地做生意。对这类客户应当提供迅速的回应，甚至可以采取"走后门"的方法，优先于那些使用其他方式即可满足的客户，当然还要考虑到也不能让其他客户等待太久。不应该让这类客户等待，而是给予他及时的关心回馈，并提供他一直在寻找的信息。

4. 无所不知型客户

这类客户认为自己知道一切并且总想使自己的决定占上风。这是一类最难应对的客户，需要非常注意。对这类客户不应该争论，而是在考虑公司自身利益的前提下，对他好好讲道理，当客户犯错时，不要让他感到受了人身攻击。必须心平气和地与之相处，不要挑起争端，并提供让客户百分百满意的解决方案。有趣的妙招是要让提供给他的解决方案看起来像是他自己的主意。

5. 友好或健谈型客户

这类客户友善亲切，而且对公司的事非常关心。唯一的问题是，这类客户有时说得太多，让人没时间去做其他事。应当友善地对待这类客户，因为他们是所有人都想要的客户，但是沟通时应当保持一定的距离，也不要向其提供比其他客户更多的特别优待。面对他们时应当保持主动，并向其提出需要明确答复的问题。

6. 粗鲁型客户

这类客户说话随便而且常常心情不好，很多情况下会变得具有进攻性。在这种状况下只能忽视他的冒犯，尽量礼貌地忍让，无论他说什么，都要无视他的挑衅，并尽可能地为其提供良好的服务。

7. 冲动型客户

这类客户往往是冲动型购买，时不时地改主意。和这类客户打交道必须明确、坚定、简练，使他无法轻易地改变主意，尤其是不要向他提供会导致决策改变的更多信息。

8. 疑心重型客户

这类客户怀疑一切，不易妥协，往往不加考虑就戏弄他人。面对这类客户应当通过共同的问题来表示对他的信任，不应当让他坚持或陷入挑衅之中。必须尊重这类客户的决定，并且对其提出的问题表现出兴趣。所有提供给他的信息都必须是真实可靠的，如果他需要应当提供给他测试证明。对这类客户的意见应当给予赞同，但要考虑我们自己的立场。

9. 细心型客户

这类客户了解自己在找什么和需要什么，目标非常明确。他们寻找准确的信息和正确的答案。面对这样的客户，应当提供给他们完整且准确的答复、良好的处理方式。不能在答复和处理时表现得不确定，并且应当在整个客户接待服务过程中保持高效。客户类型多种多样，客户服务就是和每个客户打好交道，不管他是不是麻烦客户。

第二节　客户个性化管理

随着信息技术和计算机网络技术的迅猛发展，世界经济已经进入"网络经济"时代，这大大加速了经济全球化的进程。在注意力稀缺的网络经济时代，如何用创新的个性化产品获得消费者的主观资源成为企业无法回避且必须解决的问题。通过深入的研究，我们发现实行以"主动服务"为指导思想的个性化客户管理方案是解决此问题的最佳方法。

一、网络化制造环境下进行个性化客户管理的必要性

网络打破了时空壁垒，使消费者的消费观念与方式、企业的生产经营方式与竞争核心都发生了巨大的改变。企业面临全球性的竞争，使争夺消费者的战争变得异常激烈，企业不得不加大在消费者方面的关注力度，从被动服务走向主动服务；受变大的买方市场的刺激，消费者对产品的要求越来越高，个性化的特征越来越多，满足这些个性化需求并进行个性化客户服务成为企业生存的必要条件；与此同时，出现了利用网络技术的新一代网络化产品，如可上网家电、远程监控机械设备等。网络化产品为企业带来了机遇，使得企业实现个性化客户管理服务成为可能。

（1）全球性竞争刺激企业提高对消费者服务的水平。企业面临全球性的市场、资源、技术和人员的重新分配，向消费者提供同类产品的企业数量急剧增加。迈克尔·波特的竞争优势理论把竞争优势分为低层次竞争优势和产品差异型竞争优势，后者的优势更持久、更难被竞争对手模仿。根据企业具有的竞争优势分类（如表6-1所示）可以看出，低层次竞争水平的企业，产品效用和成本基本相同，对消费者的服务水平成为吸引消费者的主要因素；产品差异型的则主要通过创新的个性化产品或服务吸引消费者。即两种企业都必须在为消费者提供满意的个性化服务上下功夫。

表6-1　企业竞争与消费者的关系（袁昌松，朱树存，2003）

企业类型	产品相似点	吸引消费者的因素
低层次竞争	产品效用和成本	消费者满意度
产品差异型竞争	部分功能	创新（来源于个性化需求）

（2）消费者个性化需求的增长要求企业提供一对一的客户服务。为了满足消费者的个性化需求，企业必须能够处理与个性化产品相关的所有信息。如图 6-1 所示，消费者与其个性化需求一一对应，企业根据个性化需求在产品族的基础上进行设计，推出与个性化需求一一对应的个性化产品，以及与个性化产品一对一的客户服务方案。因此，在个性化需求的驱动下，企业为消费者提供的必须是一对一的客户服务。

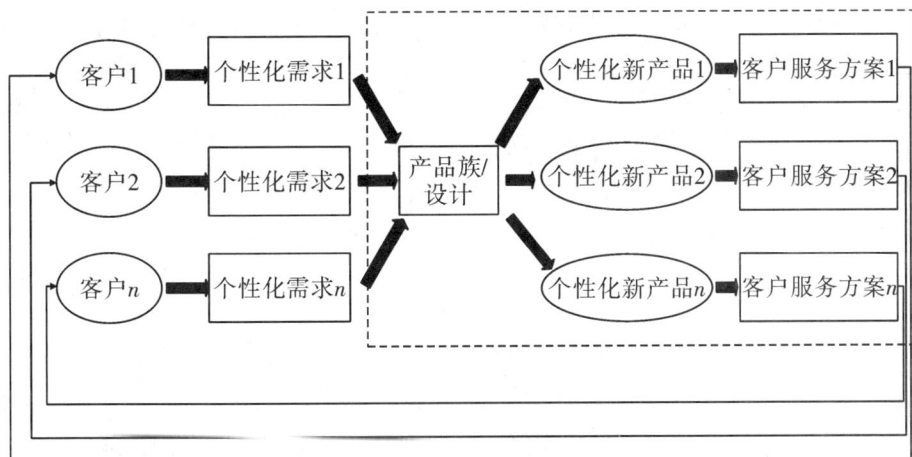

图 6-1 客户、个性化产品、客户服务、一对一服务链（王伟，唐维俊，2003）

（3）网络化新产品需要一对一的客户服务。利用产品的网络功能，企业可以在产品使用过程中自动提取与具体消费者关联的有用信息，为消费者智能提供个性化的产品维护。

二、个性化客户管理方案

ERP 系统是指建立在信息技术基础上，以系统化的管理思想，为企业决策层及员工提供决策运行手段的管理平台。目前在企业中应用最多的就是企业资源计划（ERP），其次是产品数据管理（PDM）、供应链管理（SCM）、客户关系管理（CRM）等，其中 CRM 的功能与本书讨论的客户管理最相近，产品的创新性与 PDT 关系最大。为了企业能快速、低成本地实行个性化客户管理，本书采取改造现有 CRM 系统以实现个性化管理的方法。

（1）利用网络技术实行"主动服务"——CRM 的趋势。目前 CRM 的主要功能有客户销售管理、客户市场管理、客户支持和服务管理。客户销售管理功能主要负责对客户销售信息的管理以及订单管理；客户市场管理功能主要提供市场营销活动、事件和潜在客户的信息；客户支持和服务管理包括客户服务信息管理、服务合同管理、服务档案管理、服务统计分析等。客户支持和服务管理功能处理的是在客户使用产品出现问题时，与企业维护人员之间的活动，包括服务合同、活动档案记录等，是一种被动服务的思想。而本书的观点是企业应"主动服务"，在客户无故障使用产品过程中主动为客户服务，而不是客户有了问题企业才来服务。

网络技术为主动服务提供技术手段。企业在建立消费者需求档案（内容包括消费者需求信息及企业分析与挖掘的未来需求）的基础上，针对不同消费者的未来需求，向消费者宣传企业的新产品并收集目前产品的反馈信息，分析反馈信息后不断优化档案数据，为满足未来消费者的需求服务，从被动接受消费者的报修信息到主动为消费者服务。这是网络化制造给 CRM 带来的创新，使得消费者与企业双赢，是 CRM 发展的必然趋势。

（2）集成 CRM 与 PDM。首先，为消费者提供产品持续优化服务。目前，CRM 与 ERP 在财务、制造、库存、分销、物流和人力资源等方面集成在一起，但缺乏对产品开发和产品持续优化服务的支持。对于新一代网络化产品，企业应该充分利用产品使用情况数据，一对一地分析消费者对产品的使用情况，挖掘其潜在需求，并设计优化的产品升级方案，进行二次优化设计。由于利用了低成本的网络技术，企业大大降低了二次优化设计的成本，对消费者而言，只要花很小的代价就可以得到更贴心的产品。在产品持续优化服务的过程中，企业既获得了利润，又无形中提高了企业的形象，而且提前得到了潜在顾客的青睐。因此，提供对产品持续优化服务的支持是 CRM 未来的必备功能之一。其次，建立 CRM 与 PDM 畅通信息通道。对单个消费者产品使用情况的分析结果是非常宝贵的资源，无论是对所有消费者嗜好的统计，还是对出现故障与不便的统计分析，都可以成为启发产品设计师开发下一代创新产品的灵感之源。因此，无论是产品的二次优化设计还是下一代产品创新设计，产品设计师都应该在他的工作环境——PBM 中，方便地访问与消费者一对一的产品数据，然后通过 PDM 与 CRM 的接口，把二次优化设计的结果分发到 CRM 的相应模块。

从上述分析可知，如何在网络化制造环境下进行客户管理的答案就是集成 CRM、PDM、ERP，打通从产品生命源头到产品使用的往返信息通道，让产品在信息流动的过程中不断优化，延长寿命。

三、网络化制造环境下 CRM、PDM、ERP 集成对象模型

（1）集成 UML 类图。图 6－2 为网络化制造环境下 CRM、PDM、ERP 集成的 UML 类图，图中只列出与系统间信息交互相关的类。Manageable 类是抽象类，其他类均从此类继承。CRM 系统：一个顾客（Customers 类的一个实例）可以有多个服务档案（Service Records），顾客使用的每一种产品（Service－Product）具有一个服务档案。Service Activities 类记录了对一种产品的所有服务活动，每次服务为一条记录，记录了服务时间（Service－date）、服务操作员（Users）、服务描述（Description）等信息。②ERP 系统：一个订单（Order）有一个顾客（Deliver－Customer），有订购产品明细（Goods List）。Goods List 记录了订购产品、数量、制造号码（Serial Number From、Serial Number End，企业根据制造号码才能跟踪每一个商品）等信息。③PDM 系统只列出了产品结构树（Parts Tree）和零件类（Parts）。ERP 与 CRM 通过 Order 和 Customers 关联，PDM 与 CRM 通过 Service Records 和 Parts Tree 关联。

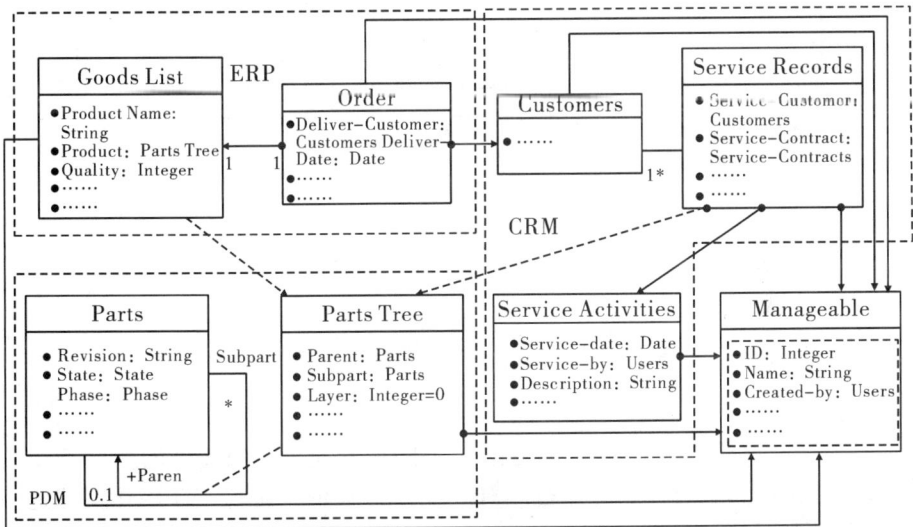

图 6－2　CRM、PDM、ERP 集成的 UML 类图（王伟，唐维俊，2003）

（2）个性化客户服务流程。如图 6－3 所示为个性化客户服务的 UML 序列图。产品利用其网络功能，把客户使用产品的统计数据发送到企业的 PDM 系统中。企业开发人员通过分析各项功能使用情况，可以为顾客量身定做一

个更方便用户使用的产品配置方案。然后把优化后的方案发送到 CRM 系统中，建立此客户和方案的关联。CRM 告知顾客企业可以提供其产品的优化方案，询问顾客对此方案是否满意，可以提出建议。CRM 向 FDM 发送顾客的建议。开发工程师根据建议生成新的方案，并返回给 CRM 系统。企业与客户间可以就产品优化方案进行多次交流，即多次重复步骤 3、4。如果顾客愿意接受企业的产品优化方案并愿意为此付出小小代价，则 CRM 通知 ERP 系统实施产品优化方案。最后，ERP 把完成的产品发送到顾客手里。

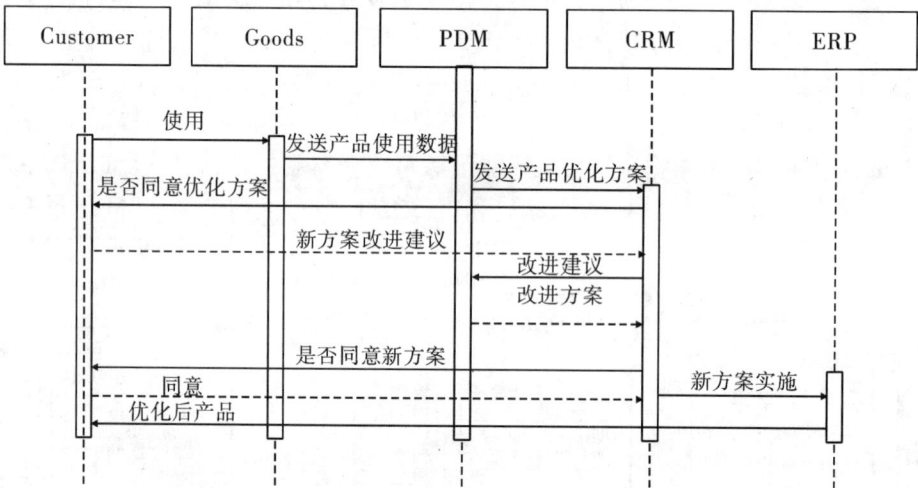

图 6 - 3　个性化客户服务的 UML 序列图（王伟，唐维俊，2003）

第三节　客户价值的开发

服务外包企业客户开发，即通过一定的措施使目标市场中的消费者成为服务外包企业真正的客户的过程。对于任何一个企业而言，客户开发都是一项十分必要而又重要的工作。企业任何一个老的客户都是从新客户发展而来的，因此客户开发的实质就是为企业寻找并发展新的客户。

一、客户价值的识别

1. 客户价值的体现方式

客户的价值包括客户当前价值和客户潜力价值，客户潜力价值取决于客户增量购买。选择客户服务则是企业对客户资源的有效配置，能为企业创造更大的利润。

客户的价值体现于"客户全生命周期利润"（CLP），它指的是企业与客户保持业务关系期间，从客户处所获现值。对企业已有客户来说，CLP来自两个部分，一是历史利润，即到目前为止客户为企业所创造利润的现值；二是未来利润，即客户将来可能为企业带来利润的现值，这是企业应该关注的部分。

就客户为企业带来利润而言，其由两部分构成：一是在客户购买行为模式保持不变的情况下，客户为企业创造的利润总和。这是根据客户当前状态作出的一种预测，可称为"客户当前价值"。二是当企业采用积极策略，使得客户购买行为模式变得对企业更有利时，客户为企业带来利润的增值。这是对客户增值潜力的一种估计，可称为"客户潜力价值"。那么，客户全生命周期利润 = 客户当前价值 + 客户潜力价值。

（1）客户当前价值。根据其含义，有如下公式：

$$客户当前价值 = \sum_{t=1}^{n} P_0 \left(\frac{1}{1+d} \right)^t$$

式中 P_0 为最近一个单位时间（年）的客户利润，n 为生命周期长度，d 为折现率。

（2）客户潜力价值。客户潜力价值取决于客户增量购买、交叉购买和推荐新客户的可能性。客户增量购买指的是客户增加已购产品的数额，既要看客户增加的数额的绝对值，也要看相对值。如果绝对数很大，只要增加一点比例，给企业带来的收入就很可观。交叉购买，是客户购买企业新产品或服务。客户交叉购买可能是因为企业新提供了客户所需求的其他产品，或者是客户觉得在该企业购买更有价值。但是，如果客户没有从原有产品或服务上获得独特价值，一般不会采取交叉购买行为。推荐新客户，是指客户为企业传递好的"口碑"，把一些潜在客户推荐给企业。只有现有客户对企业的产品和服务非常满意，才会推荐新客户。推荐新客户的可能性还取决于企业能否为客户提供有特色的价值。

2. 客户价值的细分方法

因此，根据客户当前价值和客户潜力价值为两个具体维度，每个维度有高、低两档，就可将企业的客户群分成四组，细分的结果用一个阵来表示，可称为客户价值矩阵（customer value matrix），如图6-4所示。

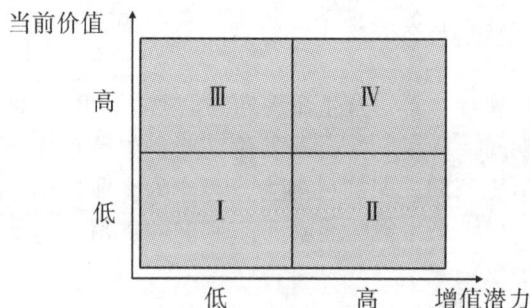

图 6 - 4 客户价值矩阵

在上述四类客户中，Ⅳ类客户对企业最有价值，为企业创造的利润最多，在价值上还有很大的增长潜力；Ⅲ类客户对企业的价值次之，也是企业的利润大户，但是在价值上增长余地不大，Ⅲ、Ⅳ两类客户在数量上约占20%，但为企业创造的利润约80%，"最有价值客户"就是这两类客户；Ⅱ类客户属于有潜力的客户，未来可能转化为Ⅲ类或Ⅳ类客户，也可能转化为Ⅰ类客户，当前给企业带来的利润很薄；Ⅰ类客户对企业价值最小，是企业的微利客户或无利客户；Ⅰ、Ⅱ两类客户在数量上占了绝大多人数，约占企业客户总数的80%，为企业创造的利润约20%。

3. 基于价值细分的客户服务策略

客户群按价值不同可分为四种类型，进而根据客户价值的不同而采取相应策略。

Ⅰ类客户，是当前价值和潜力价值都很低的客户。如偶尔下一些小额订单的客户、经常延期支付甚至不付的客户（高信用风险客户）、提出苛刻要求的客户、定制化过高的客户等。对这类客户，企业可以采取"解除关系"策略，任其流失，以避免企业资源的无效消耗。

Ⅱ类客户，是当前价值低，潜力价值高的客户。如购买总量很大，但企业只能获得其很小业务份额的客户。如果改善与这些客户的关系，未来这些客户有潜力为企业创造可观利润。对这类客户，企业应当投入适当的资源进行再造，如通过向客户提供高质量的产品、有价值的信息、优质的服务甚至个性化解决方案等，提高对客户的价值，让客户持续满意，并形成对企业的高度信任，进而获得客户的增量购买、交叉购买和新客户推荐。

Ⅲ类客户，是当前价值高，潜力价值低的客户。这类客户已将其业务全部给了企业，还能为企业推荐新客户。但是，在增量销售、交叉销售和新客户推荐等方面的潜力不大。虽然如此，这类顾客对企业还是十分重要的。他们是企业花了很大代价才培养起来的，进入投资回报期的客户群。因此，企业应保证足够的资源投入，通过不断地向他们提供超期望价值来留住他们，而不能让他们转向竞争对手。

Ⅳ类客户，是当前价值和潜力都很高的客户，也是最有价值的客户。企业要将主要资源投入在这类客户身上，不遗余力地留住他们。如采取主动沟通来了解他们的需求、优先安排生产、制定个性化产品/服务、提供灵活的支付条件、安排最好的服务人员，还可以提供全套解决方案，实现一种建立在公平基础上的"双赢"。

对客户的价值进行细分，企业根据对各种类型的客户实施资源配置，设计和实施不同的客户策略。这样才可以留住那些对企业有价值的客户，构建企业的优势客户群，获得独特的竞争优势。

二、客户价值开发的基本策略

1. 关于客户价值

客户价值主要来自以下四种途径中的一种或几种：提高产品质量、提高服务水平、降低成本和缩短周期。而针对服务外包企业，后三种途径更为重要。在服务客户的过程中，我们要从客户服务出现的问题上来挖掘客户的新需求。

在外包服务同质化的时代，想要占领中国外包服务市场的大份额，企业不仅需要拥有雄厚的财力、物力和人力，更为重要的是对其客户价值的深刻理解和把握。其中，大客户的价值更是应该引起企业的注意。大客户战略一般是围绕两个中心来进行的：

第一，怎样来"为客户创造更高更多的价值"。

第二，具有为企业发展造血的功能，也就是要为企业创造大利润。

大客户管理的价值开发是企业利润的源泉。要知道，创造客户价值不仅不是增加成本，恰恰相反，是增加了获利价值。由于成本最优一直被看作是利润最大化的主要途径之一，我们总是希望能找到一种最为经济的客户关系投入方案，使得企业能以最低的成本将客户潜在的长期价值转化为现实的净利润。对于企业来说，如何在判断客户具有开发价值之后对其进行最优的认知投入和维系投入，是一个十分重要的决策问题。

通过选择最优的客户关系维系投入，来实现客户长期价值的分析过程。企业在客户生命周期上某一点的投入决策就是寻找最低的客户平均关系投入来实现平均净利润的最大化。企业在客户生命周期上的客户投入建模就是寻

求上述两个变量之间的函数模型，并最终得到客户平均投入的最优值。

2. 如何开发和创造客户价值

对服务外包企业来说，以客户需求作为导向，仅此是不够的，还要做到的就是开发和创造客户价值。而开发和创造客户价值，首先要掌握目前市场细分的状况。

在自己的业务领域之内，我们仍然面对着众多的竞争对手，为此，我们还必须以服务的质量、服务的价格等细分竞争对手，在众多的广告公司之中，高扬起独具特色的旗帜。这样，经过市场细分，我们才能够清楚地认识自己的竞争对手，做到知己知彼。知道自己服务的位置，才能知道我们的目标客户在哪里。

企业在对整个市场进行细分之后，要对各细分市场进行评估，然后根据细分市场的市场潜力、竞争状况、本企业资源条件等多种因素，决定把哪一个或哪几个细分市场作为目标市场，从而明确企业的具体服务对象，并以此制定企业的营销战略，这是企业实现盈利目标的必经之路。在这个定义上，客户是可以测量的，客户是可以开发的。企业的服务不可能取悦每一个人，也没这个能力。企业应当定义自己的目标市场，为自己的客户服务。我们将从他们那里找到自己合理的利润点。目标市场一旦确定，企业的营销就有了方向。当然，这个方向不是一成不变的，我们还要注意它随着市场变化而产生的变化。

在了解市场和客户的同时，我们也必须知道自己的优势和劣势，即作出自己的 SWOT 分析。通过 SWOT 分析，我们知道应该怎样改进和完善自己；知道应该怎样扬长避短，规避危机；知道我们的目标客户群和努力方向在哪里。

在开发和创造客户价值方面，还有一项重要的工作就是要对自己的服务清晰定位。在当前很多公司陷入恶性价格竞争的情况下，我们如何保证自己的服务品质？如何保证自己合理的利润？这就需要为自己的服务定位。这其中首先要提供一系列完整的服务系统，要为客户进行有效提升销售的"打包服务"。

做好服务定位的另一个重要方面，是要有自己独特的销售主张。首先，我们要努力为客户找到利益点。客户购买某项服务是为了获得某种利益，我们的最根本目的就是要为客户有效提升销售量。只有通过我们的服务，提高了客户的销售量，为他们创造了最好的利益价值，形成了首先是客户赢，其次是我们赢的双赢局面，我们才能够获得客户，获得订单。其次，要与我们的竞争对手，也包括客户的竞争对手形成独特的优势，找到我们独特的卖点，也就是最大化地找到我们的亮点和优势，形成强大的市场吸引力。最后，要通过我们的优秀创意、设计、制作、发布以及一系列完整完善的服务，形成巨大的优势，形成我们业务上的强有力的支撑点。当然，我们还有一套成熟的销售方法，足以说服客户，打动客户购买我们的服务，形成足够的促销力。

客户价值具有双重性。一方面，服务组织给客户创造价值；另一方面，服务组织在创造客户价值过程中创造自己的价值。因此，了解客户价值的内在特点、规律和过程，在此基础上，向客户提供可以满足其价值生成过程的服务组合，是提升企业竞争力的必然选择。

3. 在创造客户价值的过程中为企业创造价值

首先，我们必须了解企业与客户之间的长期消费关系给企业带来的价值。以一家快餐馆为例，平均每一位消费者一次支付 10 元，如果一位顾客每周去一次，那么十年后这位顾客对公司的价值就是 5 200 元了。然而，一些服务员把这些"小顾客"不当回事："不就是 10 元消费吗？我还靠你吃饭不成？"这是非常愚蠢的想法！

其次，客户口碑的作用会给企业带来间接价值。如果说客户关系价值是一种直接的客户价值，那么客户消费之后的口碑作用则是间接价值。研究表明，满意的客户会把这种快乐与 2~5 个人分享，然而 1 个不满意的客户会对 7~15 个人诉说，二者的影响程度显然是不对等的。可见，一次服务失败不仅仅是丢失一个客户的问题，而是可以引起连锁反应的客户口碑问题。反之亦然。

最后，减少服务质量低劣问题所导致的成本增加可为企业创造价值。优质的服务质量必然导致企业成本增加，这种认识是不全面的，因为它忽略了低质量所要支付的成本更大、后果更严重的问题。据统计，企业中有 20% 的销售收入用在错误的用途上，因此他们不得不花更多的钱来改进这种错误。另一项类似的研究发现，在服务企业中，35% 的成本是质量低下、重复的工作和改正错误所消耗的。改进质量不但没有增加企业运作成本，相反可以省下不少成本，进而达到为企业创造价值的目的。

【章末案例】

汇丰银行的客户关系管理

一、引言

汇丰银行（中国）有限公司于 2007 年 4 月 2 日正式开业，总行设于上海，是香港上海汇丰银行有限公司全资拥有的外商独资银行，其前身是香港上海汇丰银行有限公司的原中国内地分支机构。目前，汇丰中国共有 110 个网点，其中 25 间分行设于北京、长沙、成都、重庆等地区。这一不断扩大的分行网络在内地外资银行中首屈一指。汇丰银行在中国各分行的主要业务可分为两类：一是工商银行业务（Corporate Banking），包括项目方面的贷款与房地产贷款、进出口押汇与票据托收、证券托管与 B 股业务、外汇资金安排等四个方面；二是零售银行业务（Retail Banking），如存储账户、汇款、旅行支票、信用卡、商户服务等。汇丰银行上海分行还为客户提供房地产按揭贷款等业务，是世界上最大的银行金融服务机构之一。汇丰银行以"从本地到全球，满足您的银行业务需求"为其独有的特色，使其在众多同行业竞争者中脱颖而出。

二、汇丰银行对 CRM 的需求分析

银行的产品开发不是银行自身的需要，而是为满足客户的需要，因此汇丰银行强调产品开发不能从银行自身发展出发，而要从客户需要出发。汇丰银行大部分重要的客户都由汇丰银行设立的专门的客户关系管理团队为其服务。无论何时他们需要任何个性化的服务和帮助，他们的客户关系经理都会在电话的另一头待命。如他们寻求更专业的建议或者解决特定问题的方法，他们的客户关系经理会向其他人征求更完善的建议，或者将更合适的专业团队介绍给客户。

在汇丰银行，客户经理的任务是联系银行与客户之间的各种关系；及时解决客户的需要；作为客户的策略及财务参谋；研究分析客户的需要并提出解决的办法；协调和争取银行的各项资源（即产品）；了解竞争银行的客户策略并及时提出对策、建议；通过管理、服务客户为银行赚取合理的回报；通过分析客户需求，努力从各个角度各个层面为客户提供全方面服务。

汇丰银行根据客户分类及其各自的特点，开发出适合不同客户群需要的产品，更好地满足客户需要。为此银行都大力加强产品开发，努力为客户提供全方位、多品种和"一站式"的金融服务。

三、CRM 的实施过程

根据"二八法则"，对于银行业来说，80% 的利润来自 20% 的顾客。当然并非所有的客户都会给银行带来价值，因此银行的目标是留住那些有价值的客户。CRM 的理念之一就是"鉴别最佳客户，设计最佳体验"。根据客户的利润贡献，汇丰银行可以把它的客户分为以下七类：

第一类是高忠诚度，高价值客户。他们在汇丰有许多活跃的账户，并且使用汇丰银行的一系列产品和服务；他们愿意把产品推荐给其他人，乐意提供反馈信息；他们为汇丰带来大量的现金流；他们创造的收入远远大于银行为此付出的成本。

第二类是高忠诚度，低价值客户。他们在汇丰有许多活跃的账户，并且使用汇丰银行的一系列产品和服务；他们愿意把产品推荐给其他人，乐意提供反馈信息；但是，他们仅和汇丰银行做小笔交易，他们创造的收入不尽如人意。

第三类是低忠诚度，高价值客户。他们在汇丰银行有一些活跃的账户，使用银行的一些产品和服务；他们愿意支付的价格极富弹性，不愿意提供反馈信息；但是，他们为汇丰带来大量的现金流，他们创造的收入远远大于银行为此付出的成本。

第四类是低忠诚度，低价值客户。他们在汇丰银行有一些活跃的账户，使用银行的一些产品和服务；他们愿意支付的价格极富弹性，不愿意提供反馈信息；并且，他们仅和汇丰银行做小笔交易，他们创造的收入不尽如人意。

第五类是潜在型客户。他们以前在汇丰开有账户，但现在撤销了。或者，他们是汇丰银行贷款者的担保人，但自己又在汇丰开设账户。

第六类是非活跃型客户。他们在汇丰银行开设有账户，但是很少办理业务或进行交易活动。

第七类是可疑型客户。他们从不在汇丰银行开设账户。

对汇丰银行来说，要想盈利，主要任务在于识别并保留高忠诚度高价值的客户。这就需要对客户简介资料、客户反馈信息、客户创造的利润率等进行分析，从而识别出这部分客户，并且为这部分客户量身定制不同的理财方案。

四、CRM 实施效果

通过引入 CRM，对客户简介资料、客户反馈信息、客户创造利润率等进行分析，汇丰可以识别出其 VIP 客户，他们着重为这些客户提供特别的银行服务（称为 HSBC Premier），这些客户享受着由专业的客户关系经理所提供的个性化的便捷服务——只需一个电话，无论在地球的哪个地方，他们都能得到任何金融服务和帮助。现在汇丰可以得到关于客户倾向和习惯的更多信息，以及其主要客户对不同种类产品、服务和投资组合的要求。在分析了经数据挖掘获得的资料之后，公司就能在必要的地方改进技术、提供职员培训、创造新的产品以满足客户的需求。

讨论题：

综合上述材料，请你分析我国商业银行在实行 CRM 的过程中，需从哪几个方面着手进行改进？

【本章小结】

我们在上一章探讨了服务外包企业怎样建立客户关系，建立好了之后怎样去维持良好的客户关系。本章就服务外包企业如何开发客户，如何对新老客户进行管理等一系列问题进行了阐述。本章分为三节，第一节是阐述如何进行良好的沟通。这其中包括以下几方面的沟通：企业与客户的沟通、客户与企业的沟通、企业与客户的双向沟通。不同类型的沟通，服务外包企业所采用的沟通策略是不一样的。同时在第一节也阐述了对于不同类型的客户，我们所采用的交流方式和处理办法也有区别。第二节主要阐述服务外包企业为什么要进行客户的个性化管理以及怎样进行个性化管理。第三节主要讲述客户价值的开发。客户价值的开发是一个过程，这个过程包括两方面：第一是客户价值的识别，第二是客户价值开发的基本策略。首先对客户价值进行识别，在识别的基础上再开发客户的价值，进而为服务外包企业创造更多的收益。

【思考题】

1. 什么是沟通？

2. 简述客户类型的分类？

【自测题】

一、填空题

1. 企业与客户之间的沟通应该是_____沟通。

2. 包装可以传达企业对_____、_____、_____、_____的态度。

3. 客户个性化管理的指导思想是_____。

4. 客户全生命周期利润（CLP）来自两个部分，一是_____、二是_____。

5. 客户可以分为_____、_____、_____、_____、_____、_____、_____、_____、_____。

二、不定项选择题

1. 客户价值具有（   ）。

A. 一重性　　　　　B. 二重性　　　　C. 三重性　　　　D. 四重性

2. 客户潜力价值取决于（   ）。

A. 客户增量购买　　　　　　　　B. 客户交叉购买

C. 推荐新客户的可能性　　　　　D. 客户满意度

3. 客户与企业的沟通主要是通过（　　　）。

A. 来人　　B. 来函　　C. 电话　　　D. 网络电话　　　E. 邮件

4. 企业与客户的沟通主要通过（　　　）。

A. 业务人员　　　B. 活动　　　　　C. 广告　　　　　D. 包装

E. 公共宣传以及企业的自办宣传物

5. 以下属于提高客户价值的途径的是（　　　）。

A. 提高产品质量　　B. 提高服务水平　　C. 降低成本

D. 缩短周期　　　　E. 降低服务费用

三、简答题

简述在网络化制造环境下进行个性化客户管理的必要性。

第三编　客户关系管理的监督与控制

第七章　外包呼叫中心的管理

【学习目标】
1. 了解呼叫中心的概念
2. 掌握呼叫中心的特征
3. 掌握呼叫中心的类型
4. 掌握呼叫中心的作用
5. 了解呼叫中心的基本结构
6. 掌握呼叫中心绩效评估的基本指标
7. 了解呼叫中心的绩效评估方法
8. 掌握呼叫中心的管理内容

【开篇案例】

速度，让石头漂起来——纵网成功搭建金相营销呼叫中心

电话营销呼叫中心凭借其快捷、方便、高效、低成本的众多优点，广泛应用于证券、保险、电购、电子商务等众多行业。纵网营销型呼叫中心已在多家企业使用，并且运营良好。厦门金相投资咨询有限公司成功搭建由纵网科技自主研发的 TCOMCTI 语音平台和 TCOMAGENT 电话营销业务平台，帮助投资者获得更高的操作效率和更多的获利机会，从而实现企业自身盈利最大化。

厦门金相是国内知名的证券投资咨询公司，旗下的证券教育网是国内资讯最专业、信息最全面、数据最权威的实战性证券投资研究网站之一。公司业务发展迅速，电话销售部门和客户服务部门面临挑战，需要将语音和客户管理结合起来以提升客户服务效率。

纵网科技成功搭建金相营销呼叫中心，该系统座席规模为 100，应用部门为营销中心，主要为金相提供电销平台，并为风控部和客户服务部提供支撑，实现对金相销售和服务流程的管控。主要涉及会员管理、订单管理、电话监控、电话录音、话务报表、电话热线采集等功能，满足 100 个座席同时外呼，为客户提供各种证券服务。稳定的呼叫中心平台，便于客户维护和管理；便捷的 CTI 功能，极大地提升了电话营销人员和客服人员的工作效率；专业的会员管理系统，大大提升了客户满意度；强大的电话监控和话务报表功能，帮助企业完善了内部管理。营销型呼叫中心与企业的盈利性息息相关，纵网 TCOM 呼叫中心的应用能一定程度上推进厦门金相实现企业盈利最大化。

第一节　呼叫中心概述

一、呼叫中心的定义

呼叫中心（call center）最早出现在 20 世纪 70 年代的民航业，也就是今天所说的热线电话，其最初目的就是为了更好地向乘客提供咨询服务，并受理乘客的投诉。企业通常指派若干经过培训的业务代表专门负责处理各种咨询和投诉，客户只需要拨通电话就可以与业务代表直接交谈。这种服务方式可以充分利用业务代表的专长，因而在提高工作效率的同时大大提高了客户服务的质量，其应用范围也逐渐扩大到民航以外的许多领域。今天接触得比较多的是企业的"800"服务。由此可见，早期的呼叫中心实质上就是一种电话系统，为客户提供相关的信息和服务。

近年来，呼叫中心的发展已远远超出了传统热线电话的概念。伴随着计算机电信集成技术（computer telecommunication integration，CTI）的发展，计算机网络和通信网络融合在一起，呼叫中心不仅能处理传统的电话业务，而且能更有效地处理电子邮件、网站访问以及基于 Internet 的电话和视频会议。因此，可以将呼叫中心定义为一种以 CTI 技术应用为基础，将通信网和计算机网有机集成在一起，并利用现代网络技术向客户提供一种交互服务的综合性客户服务系统。

二、呼叫中心的特征

1. 集成化
一方面，呼叫中心将企业内分属各职能部门为客户提供的服务，集中在一个统一的对外联系"窗口",采用统一的标准服务界面,为用户提供系统化、智能化、个性化、人性化的服务;另一方面,呼叫中心与企业的供应链、电子商务等业务系统方便集成,在后台数据库系统的支持下,实现业务信息的有效利用,提高客户服务的整体质量及效率。

2. 便捷化

现代呼叫中心实现"一号通",即只需拨通一个号码便能通过智能化分流连接到各业务相关的座席端,方便快捷,并且便于客户的记忆;通过自动语音应答设备,呼叫中心能够做到为客户提供 7 天×24 小时全天候服务,及时解决顾客的问题;提供灵活多样的交流渠道,允许顾客在与业务代表联络时根据需要自由选择包括传统语音、IP 电话、电子邮件、传真、文字交谈、视频等在内的任何通信方式。

3. 智能化

智能化呼叫路由通过将呼叫分流使资源得以充分利用。采用智能呼叫处理(ACD),由多种条件决定路由的选择,把大量的呼叫进行排队并根据拨入时间段、主叫号码、DNIS 主叫可以接受的等待时间、可用话务员数、等待最久的来话等参数为依据分配到相应的座席中,实现资源的智能化分配;利用自动语音或自动传真实现自动服务与人工服务分流,有效地减少座席人员的工作量,提高服务效率。不同业务代表可以提高不同服务的客户呼叫分流。

4. 主动化

呼叫中心利用数据库系统及 CTI 技术能够在顾客来电接入时为业务代表提供顾客的账号信息、购买历史等相关信息,业务代表根据这些信息能够为客户提供更有针对性的服务;除了为客户提供服务解决业务问题外,呼叫中心还可以主动向新的用户群体进行产品宣传,寻找新顾客,扩大市场的占用率,树立公司品牌形象;通过顾客信息的反馈能完善客户信息管理、客户分析、业务分析等功能,为公司的发展决策提供事实依据。

5. 个性化

呼叫中心可为用户提供更好的,而且往往是普通营业网点提供不了的服务。例如,在呼叫到来的同时,呼叫中心即可根据主叫号码或被叫号码提取出相关的信息传送到座席的终端上。这样,座席人员在接到电话的同时就得到了很多与这个客户相关的信息,简化了电话处理的程序。这在呼叫中心用于客户支持服务中心时效果尤为明显,在用户进入客户支持服务中心时,只需要输入客户号码或者甚至连客户号码也不需要输入,呼叫中心就可根据他的主叫号码到数据库中提取与之相关的信息。这些信息既包括用户的基本信息,诸如公司名称、电话、地址等,也可以按照以往的电话记录,查看已经解决的问题与尚未解决的问题。这样双方很快就可进入问题的核心。呼叫中心还可根据这些信息智能地处理呼叫，把它转移至相关专业人员的座席上。这样客户就可以马上得到专业人员的帮助，从而使问题尽快解决。

三、呼叫中心的类型

1. 基于 Internet 的呼叫中心

基于 Internet 的呼叫中心，将呼叫中心与 Internet 集成在一起，可以让客户直接通过访问企业的 Web 站点接入呼叫中心，用点击网页按钮的方式就可以实现与业务代表的通话，使得呼叫中心从传统的"拨号交谈"扩展到新型的基于 Internet 的"点击交谈"。这种呼叫中心还集成了 IP 电话、IP 传真、文本交互、网页浏览自主服务、呼叫恢复、电子邮件等众多功能，可为客户提供更为广泛的服务，它的呼叫方式主要有以下 5 种。

（1）电子邮件（E-mail）。在基于 Internet 的呼叫中心提供的几种接入方式中，电子邮件是客户使用最多的联系方式。客户既可以通过自己申请的免费邮箱发送邮件给呼叫中心，也可以通过上网留言的形式将信息发给呼叫中心。客户发送的信息将通过智能路由选择功能分配给最合适的业务代表进行处理。

（2）文字交谈（chat）。对于只想与业务代表进行实时的文字交谈的客户，可以利用呼叫中心提供的文字交谈功能代替语音交谈。客户可以选择通过文字的形式与业务代表进行沟通，类似于网上聊天。文字交谈可以更加准确地交流相关信息，并且传递的信息量要比语言方式多，这种方式对报价单的询问、产品规格的介绍等较为有效。

（3）业务代表回复（call back）。客户可以选择要求呼叫中心的业务代表立即或者在约定的时间主动拨打电话或者发送电子邮件或短消息回复客户，客户可以在选择该项联系方式后，输入其联系方式以及回复的时间。在客户指定的时间点，呼叫中心将主动外拨一个电话到客户指定的电话号码，或者是以其他途径来解答客户的问题。

（4）互联网电话（voice over internet phone，VoIP）。通过 Internet 或 Intranet 等互联网来传递语音的技术最早出现在 1955 年，人们称这种技术为互联网电话。该技术通过语音压缩算法对语音数据进行压缩编码处理，然后把这些语音数据按 TCP/IP 标准打包，通过 IP 网络把数据包送到接收地，再把这些语音数据包串起来，经解码解压处理后恢复成原来的语音信号，从而达到由互联网传送语音的目的。客户只要通过自己的计算机拨打互联网电话就可

以直接与呼叫中心取得联系。客户的 VoIP 呼叫经过呼叫中心的智能路由选择后，即可被转移到最适合的业务代表处。

(5) 网页同步（web collaboration）。网页同步浏览的功能特性包括业务代表引导的 Web 旅行、客户引导的 Web 旅行、文本传输、帮助提示、应用演示和应用共享。这些特性可以极大地增强实时的文本和语音交互，并使得业务代表可以动态地把有关内容传送给客户，大大地提高了客户服务的效率和质量。

2. 多媒体呼叫中心

传统的呼叫中心局限于语音与数据的集成，而人类接受的信息中 70% 来自于视觉，所以，开发语音、数据和视频集成的多媒体呼叫中心一直是很多企业努力的目标。多媒体呼叫中心开发的关键就在于语音系统与交换系统的结合。以前呼叫中心交换系统与语音资源是相互独立的，它们通过普通的电话线实现相互间的连接，而且硬件板卡上的通道数较少，传输带宽也相对较窄，因而相互间传输信息十分有限。如果将交换系统和语音资源通过总线方式连接，并增加板卡上的通道数，呼叫中心就具有更快的信号处理速度。这些改变不仅会减少成本，更为重要的是会使整个系统的综合能力和功能大大增强。交换系统和语音资源之间不仅可以传输电话，而且还可以快速而准确地传输数据、图像等丰富的多媒体信息，从而使传统的呼叫中心成为多媒体呼叫中心，促进多媒体业务的发展。

3. 可视化多媒体呼叫中心

可视化多媒体呼叫中心（video multimedia call center, VMCC）是客户业务代表可以通过视频信号的传递，面对面地进行交流的技术。这种投资相对较高的呼叫中心的服务对象是那些需要在得到服务的同时感受舒适和安全的重要客户。随着技术的进步和设备投资的降低，VMCC 将在今后占据呼叫中心市场的主导地位。

4. 虚拟呼叫中心

虚拟呼叫中心也叫分布式呼叫中心，是指在多个场点建立的、能够互联互通的呼叫中心。这种技术可以帮助企业提供高度统一的呼叫中心服务，优化和协调呼叫中心资源，提高服务水平，降低呼叫中心的运营成本。由于代理技能差异、语音差异、呼叫量的差异以及客户所在地的变化，虚拟呼叫中心往往能够提供更好的服务。比如，企业的某个客户从上海出差去深圳，那么企业就可以利用深圳的呼叫中心为客户提供更为周到的服务，因为当地的呼叫中心肯定比异地的呼叫中心掌握更多关于本地区的信息。同时，对于多场点、多分支机构的企业，或由两个或多个企业合并而产生的新企业而言，都可能会需要对原有的多个呼叫中心进行整合，形成统一的虚拟呼叫中心环境。利用这种虚拟呼叫中心技术，同一个呼叫可以在多个呼叫中心之间自由切换。

另外，虚拟呼叫中心的虚拟性还表现在其业务代表的虚拟性之上。因为这种呼叫中心可以根据业务量的大小来灵活、动态地配置呼叫业务，可以使业务代表的工作不受时空条件的限制。各个企业的业务代表，特别是资深专家，可在企业、实验室甚至在家中工作，而用虚拟网络（virtual network，建立在交换技术基础之上，将网络上的节点按工作性质与需求划分成若干个"逻辑工作组"，每个逻辑工作组就是一个虚拟网络）与中心相连，可以随时接受那些来自呼叫中心的重要访问。如果不利用这种虚拟网络技术，那么企业的业务代表就只能坐在呼叫中心前为客户提供服务，不利于企业利用外部的各种专家资源为客户提供服务。

第二节 呼叫中心基本功能与技术结构

一、呼叫中心的作用

从总体上看，CRM 系统中呼叫中心的作用主要体现在提高客户服务水平、发展客户关系、获取客户信息、改善企业内部管理和创造利润等五个方面。

1. 提高客户服务水平

呼叫中心向客户提供了一个交互式、专业化、集成式的客户服务窗口，不但能缩短客户请求的时间，而且由于信息技术的应用，特别是后台数据库系统的支持，使客户的问题基本上都能得到满意的解决，从而大大提高了客户满意度。呼叫中心的呼出业务可以主动与客户联系，关心客户对产品或服务的使用情况以及他们所面临的各种问题，了解他们各种潜在和现实的需求，还可以向客户介绍、推荐企业的其他产品或服务，以满足客户的其他要求。呼叫中心利用 IVR（交互式语音应答）技术以及相关智能路由选择与智能回复功能可以向客户提供全方位、全天候的服务。

2. 发展客户关系

呼叫中心为企业与客户关系的发展提供了一个重要载体，是企业和客户联系的纽带。对于企业来说，它能够以呼叫中心为载体提供给客户包括生产、销售在内的多样化的服务，以无微不至的细节表现出企业的服务质量，表现出企业的诚意以及关心，提高企业的品牌价值和竞争力；对于客户来讲，呼

叫中心为他们开辟了一条与企业联系的通道。客户可以通过电话沟通、网络互动等途径，反映出客户对企业产品以及服务的看法和意见，最终方便企业对客户提出的建议进行及时采纳，从而对企业产品和服务的质量进行大力改进。

作为企业发展公共关系、博得客户好感的重要载体，呼叫中心通过为客户提供咨询、服务、技术等多方面的服务，能够不断提升客户满意度，使得企业与客户建立一种友好的关系，帮助企业挽留老客户，不断提升企业的效益。

除了有助于企业挽留老客户之外，呼叫中心还有助于企业发展新客户。从某种意义上讲，呼叫中心如今已变成企业的电话营销中心。企业通过呼叫中心的便利和庞大的客户信息，能够有目的地进行网络营销。以这种模式发展新客户相比较而言非常便利，更为重要的是这种模式能够以客户可以接受的方式运作。最终，呼叫中心对企业新客户的发展作出较大贡献，有效地开拓了市场。

3. 获取客户信息

呼叫中心是一个十分高效的客户互动窗口，是 CRM 获取信息的主要渠道。通过它可以收集客户方方面面的信息，如客户消费偏好、产品和服务的使用情况、对本企业产品和服务的意见和建议、对竞争者产品和服务的褒扬与批评，以及客户对产品和服务的潜在需求等等，对这些信息加以收集、加工和整理，将会对企业的新产品开发和市场营销活动的实施产生极为重要的影响。因此，企业应当重视呼叫中心获取信息的功能，并利用数据仓库技术、数据挖掘技术以及商业智能技术深入分析客户的需求，为企业的经营管理提供有效的决策支持。

4. 改善企业内部管理

由于呼叫中心提供的服务不再局限于客户服务部门，而是立足于全局，把企业的生产、研发、销售、配送和售后服务等各个环节整合在一起，所以，呼叫中心不但可以接收到客户对产品和服务的意见和建议，同时也可以不断听到他们对企业有关部门存在问题的看法。正所谓"旁观者清"，客户的一些意见和建议也充分说明了企业内部管理和客户需求存在不一致的地方。另外，呼叫中心提供的管理数据和统计报表还可以使企业对各种资源的管理和使用情况作出科学的评估。这些都有利于企业内部管理问题的及时发现和进一步完善。

5. 创造利润

传统的电话热线服务中心是一个成本中心。呼叫中心作为企业提供优质客户服务的有效手段，需要企业投入不少成本，但是如果能真正深入挖掘呼叫中心的潜力，变被动接入电话为积极出击，呼叫中心完全可以主动地为企业创造丰厚的利润。例如，企业可以通过呼叫中心收集的客户信息主动地向客户推荐适用的产品，通过引导客户的潜在需求，来实现销售额的增加。作为对呼叫中心所提供优质服务的回报，高满意度的客户往往会免费为企业宣传，或推荐他人来购买或了解产品，从而增加更多的新客户。从这个意义上讲，呼叫中心将由原来的成本中心转变为利润中心。

二、呼叫中心技术的发展

呼叫中心是企业提供良好客户服务的平台，它为客户提供自动语音应答服务和人工接听服务，包括查询和咨询、业务受理、服务质量投诉和处理、信息发布等全方位的客户服务，还包括内部使用的服务分类统计和分析、服务质量监控和考核等功能。对客户来说，利用呼叫中心获得服务具有操作简单、方便快捷的特点。呼叫中心将客户服务通过电话线路、计算机网络延伸到客户的办公室内、家中，甚至旅行的途中，如网页 Web、电子邮件 E - mail、WAP、短消息 SMS 等。

传统呼叫中心技术关注的是如何将基于计算机的智能技术运用到电话的发送接收及管理中，而在今天，我们还必须考虑对其他类型媒体的信息传送，如 Web 浏览客户、电子邮件等。随着电信网络和数据通信网络互相渗透、互相融合，传统的电信通信领域发生了巨大的变化，语音通话通过数据链路同样能够完成，VoIP 技术如 H. 323 在呼叫中心得到成功应用；伴随"统一消息"技术的出现，可以在一个接收箱中处理语音、电子邮件等不同类型的信息。可以料想这些技术在呼叫中心的应用会使未来的呼叫中心在性能、结构和应用等几个方面发生质的飞跃，呼叫中心将呈现以下技术发展趋势：

第一，呼叫中心从传统电话网络向 IP 网络演进，互联网呼叫中心不断普及。企业客户不需要通过传统的电话接入，只需使用一个很普通的带有麦克风、声卡以及传输速率不小于 28.8kbps 的 Modem 的多媒体 PC 机，并配有 Web 浏览器以及与 H. 323 兼容的应用软件就可以连接到呼叫中心与座席员交谈。并且通过 Web 浏览器，企业用户可以查询企业的各种信息，定制各种服务，不需要通过传真方式获得文本信息，而可以直接在浏览器中浏览。

第二，多媒体技术在呼叫中心中得以广泛应用，使得整个系统更具有交互性。呼叫中心是企业和企业客户联系的一条纽带，为企业客户提供全方位的服务并提高企业客户的忠诚度是每一个企业的目标，但是传统的电话和传

真交流的方式明显显得比较单调，并且限制了某些服务的开展。通过多媒体技术，企业可以为客户提供高质量视听享受的客户服务，客户可以通过可视电话、Web 浏览器、手机、PDA、E-mail 等访问呼叫中心，既方便快捷又可以获得身心的愉悦。

第三，虚拟呼叫中心也是未来的发展方向。一方面通过独立的呼叫中心在逻辑上的合并，形成更大的呼叫中心，从而扩大服务范围、增强服务功能，减少投资、提高效率。另一方面，在一个强大的呼叫中心实体上划分出多个逻辑上独立的呼叫中心，各逻辑呼叫中心相对独立地开展业务，独立运营、独立管理，实现虚拟运营商或者"电信搭台、企业唱戏"的座席外包服务的运营模式。

第四，呼叫中心将更多地采用分布处理技术，分布式呼叫中心成为企业拓展市场的利器。当今世界正在进入网络经济时代，企业的经营已经不仅仅局限在一个地区或者国家，企业的各个分支机构可以分布在世界的任何角落。一方面，由于各个地区或者国家有着不同的文化和消费习惯，客户服务需要采用本地化策略；另一方面，良好的客户服务是建立在点对点的基础上的，企业的各个分支机构由于负责的产品有所不同，客户需要在接入呼叫中心后直接找到负责该产品的部门，集中式的呼叫中心策略明显不能及时准确地为客户提供良好的服务。

综上所述，呼叫中心总的发展趋势是由传统呼叫中心向互联网、多媒体呼叫中心发展；由集中式呼叫中心向分布式、虚拟呼叫中心发展。

第三节　呼叫中心绩效评价

一、呼叫中心绩效评估的指标

呼叫中心的绩效优良与否，与客户对该企业产品的忠诚度，即客户购买该企业产品或服务的回头率，存在着正比的关系。而呼叫中心服务的优质与否，则是通过客户对呼叫中心的满意度来衡量的。另外，考虑到建立一个呼叫中心投资颇大，如果在现有的设备容量及人工座席配备下，通过有效管理进而提高工作效率，就可以为企业节省成本。所以，一些工作效率指标也必须放在整个考核体系之中。在具体操作中，企业为了达到良好的客户满意度及成本控制，管理者可以通过比较所在行业的业务平均值、行业中最佳呼叫中心的业务指标及本企业的实际情况来制定服务水平，并根据实际运作情况加以考核。这些考核数据来源的渠道是多种多样的，包括 ACD 及应用软件产生的呼叫数据和管理报告数据，呼叫监听取得的非量化的呼叫分析，以及通过问卷调查等方式直接对客户进行客户满意度调研所获得的结果。

1. 呼叫中心绩效评估的一般指标

通常呼叫中心的绩效评估指标多达数十种，其中主要有：

（1）平均应答速度。平均应答速度通过将一定时间段内的排队总时间除以应答的总电话数得到。通常从 ACD 可以直接取得该数据并绘制趋势图进行分析。该项数据值太高，往往说明业务代表应答后事务处理时间没有得到控制，或对来电量缺乏准确预测，或业务代表没有按照规定的服务水平控制应答速度。

（2）平均排队时间。平均排队时间是指客户呼叫电话进入序列后等待业务代表回答的时间。排队时间在实现整个服务水平的总目标上是一个关键因素。如果排队时间为零，意味着业务代表处于一种等待状态，这是不经济和缺乏效率的运作表现，但如果排队时间太长，客户的满意度又会受到很大的影响。因此，应当通过运筹学的分析来调控好最佳的排队时间。

（3）平均持线时间。平均持线时间是业务代表让客户在线上等待的平均时间。持线时间直接影响到呼叫者的满意度，过长的持线时间表明业务代表不能很快进入所需的资料领域或者是系统反应延迟。同样，它也是分析培训成果及系统硬件的重要指标。

（4）客户问题在首次呼叫得到解决的比例。业务代表在客户首次呼叫就解决其提出的问题，就无须客户再次来电。该数据通常由业务代表在应答后统计得出。该指标对于呼叫客户的满意度有很大影响。同时，客户问题首次解决也是衡量业务代表服务品质的一个重要考核指标。

（5）来电遗失率。在客户呼叫并接通呼叫中心后，由于排队时间太长或其他原因主动挂断电话，称为来电遗失。来电遗失数与来电接通总数之比即为来电遗失率。该数据可通过 ACD 得到，并按天、周及月进行统计。

（6）实际工作率。实际工作率等于业务代表连入系统准备回答电话的实际时间除以按照计划应当回答电话的总时间，再乘以 100%，按常规，每个业务代表的最佳实际工作率应该达到 92% 或更高。

（7）占线率。占线率等于通话时间与持续时间之和除以通话时间、持续时间与闲置时间之和。

（8）事后处理时间。事后处理时间是指一次呼叫电话接听完后，业务代表完成与此呼叫有关的整理工作所需要的时间。

2. 呼叫中心绩效评估的关键指标

近年来，许多企业人力资源进行考核时，都在使用绩效管理的一个重要工具：关键绩效指标（key performance indicators，KPI）。KPI，是通过对组织内部某一流程的输入端、输出端的关键参数进行设置、取样、计算、分析，衡量流程绩效的一种目标式量化管理指标。它不仅指那些居于核心或中心地位，能制约影响其他变量的考评指标，也代表了绩效管理实践活动中所派生出来的一种新的管理模式和管理方法。

KPI 具备不同于其他绩效指标的特征：第一，纵向联系。公司、部门、班组有各自独立的 KPI，它将每一岗位的工作、部门职能与企业远景、战略相连接，既有团队指标，也有个人指标。自上而下，目标层层分解。使每一岗位员工个人绩效、部门团队绩效与企业的整体效益建立起了有机的联系。第二，横向联系。保证员工、部门的绩效与内部其他单元、外部客户的价值相连接，共同为实现客户的价值服务，最终保证企业整体价值的实现。第三，整体考虑。KPI 基于企业的发展战略与流程通盘考虑，而非从单个岗位的职责出发，兼顾长期和短期的指标。表 7 - 1 列示的为呼叫中心绩效评估系统中的关键绩效指标。

表 7 - 1　呼叫中心绩效评估关键指标

序号	KPI 指标	考核周期	指标定义公式	资料来源
1	呼叫中心业务计划完成率	月/季/年度	$\dfrac{业务计划实际完成量}{业务计划完成量} \times 100\%$	呼叫中心
2	服务费用预算控制率	月/季/年度	$\dfrac{服务费用开支额}{服务费用预算额} \times 100\%$	财务部
3	客户调研计划完成率	月/季/年度	$\dfrac{客户调研计划实际完成量}{客户调研计划完成量} \times 100\%$	呼叫中心
4	改进目标完成率	月/季/年度	$\dfrac{改进目标实际完成量}{改进目标计划完成量} \times 100\%$	呼叫中心
5	客户满意度	月/季/年度	接受调研的客户对客户部工作满意度评分的算术平均值	呼叫中心
6	转接率	月/季/年度	$\dfrac{转接电话数}{全部接通电话数} \times 100\%$	呼叫中心

（续上表）

序号	KPI 指标	考核周期	指标定义公式	资料来源
7	呼叫数	月/季/年度	指所有打入/打出中心的电话，包括受到阻塞的、中途放弃的和已经答复的电话	呼叫中心
8	呼叫放弃率	月/季/年度	$\dfrac{放弃电话数}{全部接通电话数} \times 100\%$	呼叫中心

呼叫中心的管理者必须定期监控主要的呼叫数据并编制管理报告。日常运作中如果出现主要绩效考核指标达不到规定的服务水平，管理者就应该检讨是营运流程中哪一部分出现了问题，并采取相应的措施。一般问题会涉及人力资源、信息技术及日常管理督导等几个方面。比如较高的来电遗失率可能是由于业务代表处理来电时间过长，或人工座席数不足，或硬件设施不够完善等原因造成的。企业应根据目前的实际情况、对未来的话务量预测及投资成本收益估算作不同的处理。这既可以加强对业务代表的培训，提高其语速及应答后事务处理时间，也可以招聘新的员工，或者考虑增设 IVR（交互式语音应答）系统、自动传真回复系统以替代部分人工应答服务，将来电分流，从而降低遗失率。

二、以呼叫中心服务创新职能为基础的绩效评估

呼叫中心服务创新的目的在于实现企业的可持续成长，而围绕呼叫中心创新绩效展开的评估必须从以下几方面进行分析和考虑：

1. 初始目的

不同的服务创新活动目的不同，因此评价服务创新活动必须以明确创新所带来的成长绩效为前提，以呼叫中心发展战略来确立呼叫中心的地位和企业在经营中的作用。这是呼叫中心绩效评估的基点。

2. 运作状况

对于呼叫中心服务创新活动的开展，首先要考察资源分配和管理层的支持是否到位；其次还要考察创新活动是企业整体战略的一部分还是与战略无关的临时性活动；最后要考察组织学习与成长是否达到了预期目标。

3. 评价标准

呼叫中心服务创新的不同目的决定了绩效评价指标和方式的不同。基于

企业的盈利目的，传统的评价方法主要是建立在财务标准的基础之上（如收入、利润、利润率等），或是建立在一些与财务绩效密切相关的、可衡量的指标基础上（如销售量和市场份额等）。但越来越多的研究表明，服务创新给企业带来的成长绩效不仅仅限于财务方面的，还包括诸如改善企业形象、开拓新市场或改善顾客关系等方面的综合利益。在传统的对服务创新绩效评估的财务绩效、管理绩效等指标中，往往存在显性指标与隐性指标混杂的现象。例如，财务指标就是一个显性指标但同时又是一个滞后指标，它只能反映公司上一年度发生的情况，不能及时揭示企业应如何改善业绩。服务创新带来的客户关系的加强、内部流程的改善、企业组织学习能力的提高等属于隐性指标，但它是重要的领先指标，因为正是这些方面驱动了企业财务绩效的成长，所以对服务创新成长绩效的综合评估必须涵盖领先指标与滞后指标两大方面。

三、绩效评估的方法

企业运营过程中的绩效评估方法较多，以下为大家列举最常见的 9 种评估方法：

1. 强迫选择量表法

强迫选择量表法是以多项选择问题的形式给出与工作绩效相关的个性特征或行为，要求选择出最能反映或是最不能反映被考评者行为选项的一种方法。它是个人绩效考评常用的一种方法。在此方法中，考评者不知道什么样的选项能得高分，不知道各选项的分值。因此在考评过程中，客观性得到保证而主观性受到控制。

2. 行为锚定量表法

行为锚定量表法是一种把关键事件法和量表评分法结合起来，以工作行为典型情况为依据进行考评的方法。其基本思路是：描述职务工作可能发生的各种典型行为，对行为的不同情况进行度量评分，在此基础上建立锚定评分表，作为员工绩效考评的依据，对员工的实际工作行为进行测评给分。其最突出的特点是每个尺度或示例都向考评者直接说明了什么样的表现是优秀的，什么样的表现是令人满意的，什么样的表现是不合格的，从而为考评提供客观依据。

行为锚定量表法通常按以下五个步骤进行：寻找关键事件——初步定义绩效评价指标——重新分配关键事件，确定相应的绩效评价指标——确定各关键事件的评价等级——建立最终的行为锚定评价体系。

3. 行为观察量表法

行为观察量表法也称行为评价法、行为观察法、行为观察量表评价法。

美国的人力资源专家拉萨姆和瓦克斯雷在行为锚定等级评价法和传统业绩评定表法的基础上对其不断发展和演变，于1981年提出了行为观察量表法。行为观察量表法适用于对基层员工工作技能和工作表现的考察。行为观察量表法包含特定工作的成功绩效所需求的一系列合乎希望的行为。运用行为观察量表，不是要先确定员工的工作表现处于哪一个水平，而是确定员工某一个行为出现的频率，然后通过给某种行为出现的频率赋值，从而计算出得分。

4.混合型标准量表法

与强迫选择量表相似，混合型标准量表不让考评者知道所考评的标准是什么，考评中只需根据行为指标评价被考评者的表现，是优于（＋）、等于（＝）还是差于（－）行为指标描述的内容。这种量表的主要目的是减少晕轮误差和过宽或过严的误差。

5.关键绩效指标法

关键绩效指标法是一种把对绩效的评估简化为对几个关键指标的考核，将关键指标当作评估标准，把员工的绩效与关键指标作出比较的评估方法，在一定程度上可以说是目标管理法与帕累托定律的有效结合。关键指标必须符合SMART原则：具体性（specific）、衡量性（measurable）、可达性（attainable）、现实性（realistic）、时限性（time-based）。

6.平衡计分卡法

平衡计分卡源自哈佛大学教授罗伯特·卡普兰与诺朗顿研究院（Nolan Norton Institute）的执行长大卫·诺顿于90年代所从事的"未来组织绩效衡量方法"。平衡计分卡法是从财务、客户、内部运营、学习与成长四个角度，将组织的战略落实为可操作的衡量指标和目标值的一种新型绩效管理体系，主要通过图、卡、表来实现战略的规划设计。平衡计分卡法的目的就是要建立"实现战略制导"的绩效管理系统，从而保证企业战略得到有效的执行。因此，人们通常称平衡计分卡法是加强企业战略执行力的最有效的战略管理工具。

7.关键事件法

关键事件法是由美国学者佛兰根和伯恩斯共同创立的一种客观地收集评估资料的方法。它要求评估者通过观察，将工作过程中的"关键事件"详细地加以记录，并在大量收集信息后，对岗位的特征和要求进行分析研究的方法。评估者既要记录员工的有效行为，也要记录员工的无效行为，形成"考绩日志"形式的书面报告。这种方法针对性比较强，对评估优劣等表现十分有效，但是在对关键事件的把握和分析上可能存在某些偏差。

8. 目标管理法

目标管理是指由下级与上司共同决定具体的绩效目标，并且定期检查完成目标进展情况的一种管理方式。由此而产生的奖励或处罚则根据目标的完成情况来确定。目标管理法属于结果导向型的考评方法之一，以实际产出为基础，考评的重点是员工工作的成效和劳动的结果。目标管理体现了现代管理的哲学思想，是领导者与下属之间双向互动的过程。目标管理法由员工与主管共同协商制定个人目标，个人的目标依据企业的战略目标及相应的部门目标而确定，并与它们尽可能一致。该方法用可观察、可测量的工作结果作为衡量员工工作绩效的标准，以制定的目标作为对员工考评的依据，从而使员工个人的努力目标与组织目标保持一致，减少管理者将精力放到与组织目标无关的工作上的可能性。

9. 强制分布法

强制分布法，也称硬性分配法、强性分配法，即考核结果按照正态分布的规律，预先确定评价等级以及各等级在总数中所占的比例，然后将员工绩效强制列入一定等级，再对员工进行评价。强制分布法将使员工的绩效结果分布更为合理，为企业对员工的奖惩提供更加充分适当的依据，有利于企业对总体薪酬成本的控制，特别是与员工的淘汰机制相结合，对员工具有更强的激励和鞭策效果。

尽管绩效评价的方法多种多样，但是不同企业不同部门对绩效评估的要求不同，呼叫中心应该根据其业务管理性质结合实际选择适合其运作管理的绩效评估方法。合适的评估方法应符合以下几个要求：最能体现呼叫中心目标和绩效管理目的；能比较客观地评价员工的工作；对员工的工作起到正面引导和激励作用；评估方法的运作成本低；评估方法实用性强，易于执行。

第四节　呼叫中心的管理过程

一、呼叫中心建设

1. 呼叫中心建设的模式选择

呼叫中心按照不同的使用性质，可以分为三种模式：自用型模式、外包型模式和 ASP 型模式。

（1）自用型模式。自用型模式指企业自己购买硬件设备，并编写相关的业务流程软件，直接为自己的顾客服务。该种方式能够提供较大的灵活性，而且能够及时地了解用户的各种反馈信息。大型的服务外包企业可以选择独建的模式建设呼叫中心。但是对于许多企业来说，建设呼叫中心的投资小，但建成后保障中心的正常运作需要投入的人力、物力、财力等却让他们止步。此时，企业可以通过呼叫中心运营商采用外包模式来进行呼叫中心的建设。

在建立具体的呼叫中心系统时，主要有两种实现技术可供参考，即基于交换机方式和基于计算机方式。这两种方式的区别主要是在语音接续的前端处理上。交换机方式由交换机设备完成前端的语音接续，即用户的电弧接入，处理能力较大，性能稳定，适用于构建规模较大的呼叫中心系统，但同时成本也较高，一般的企业无法承担。后者的处理规模较小，性能不太稳定，适合于构建规模较小的系统，其优点是成本低廉，设计灵活。

（2）外包型模式。呼叫外包是指企业把呼叫中心全权委托给专业呼叫中心运营商来管理运作，它是目前企业构建呼叫中心的一种发展趋势。在目前世界500强的企业中，有90%的企业正在利用外包呼叫中心从事商务活动。这也是为什么我国很多服务外包企业都在从事呼叫中心运行的原因。企业选择呼叫中心外包的原因如下：

第一，从管理的角度来看，选择外包有利于简化企业管理体系、优化管理水平，同时便于企业集中优势，专注于企业的核心业务。呼叫中心从建设之日起就面临需求复杂的挑战，通常第三方呼叫中心服务商在某些领域具有较为丰富的运营经验，他们常常可以提出适合企业的有关呼叫中心管理的建设性意见。此外，将呼叫中心外包给专业运营商，企业不仅可以享受专业化的、具有国际水准的全面服务，而且可以引入先进的国际运营管理模式。

第二，从技术层面的角度来看，呼叫中心的外包模式能带给企业许多好处。通过外包，企业不必追踪呼叫中心的技术发展，可以根据需要随时扩大或缩小业务代表的规模，避免了前期投入的压力。而且，呼叫中心系统采取外包模式也可以通过外包商的技术更新，保持一个相对先进的呼叫中心系统，能够满足企业和客户的发展需求。

第三，从经济的角度来看，外包呼叫中心可以按照企业的需求提供不同的阶段性呼叫中心服务，降低企业运营成本。阶段性呼叫中心服务的提供解决了大量中小型企业的实际需求，运营商通过保持呼叫中心业务的灵活性，保证话务量、座席量的灵活调整，从而提供更经济的服务。

（3）ASP型模式。ASP（application service provider）是指应用服务提供商模式，将各种应用软件安装在数据中心（IDC）或服务器群上，通过网络将应用软件的功能或基于这些功能的服务，以有偿的方式提供给使用者，并由ASP负责管理、维护和更新这些功能和服务，提供给使用者优质完善的服务。

ASP 型呼叫中心是指租用其他方的设备和技术，而话务代表属于自己公司的呼叫中心类型。ASP 的定位是那些信息化需求迫切但资金、人员有限的中小企业，这类企业无须配备专门人员和大规模资金投入亦可获得专业的服务和技术支持。ASP 型呼叫中心有以下特点：

第一，丰富可选的功能特性。企业不同，自然对呼叫中心的需求不尽相同，ASP 商必须提供足够的选择供企业自取所需。FineSupport IP 呼叫中心包含了 ACD（智能呼叫处理）、IVR（交互式语音应答）、客户信息数据库、FAQ 自助查询、智能中文查询、高端人声识别等，还可以为采用 ASP 服务的各个企业提供不同的商家报表和翔实的系统报表。这些都可根据企业的具体要求分别定制。

第二，科学的商家管理功能。为便于不同企业对自己的客服人员、用户数据进行管理，ASP 型呼叫中心必须具备科学的商家管理功能。在 FineSupport IP 中，商家向 ASP 申请开户，便拥有属于本企业的账号。商家的人员账号被划分为客服人员、客服班长、商家管理员不同的权限等级，他们分别具有不同的操作职能，非常便于商家的管理。

第三，全面的座席管理功能。ASP 服务的一个重要特征，就是座席人员的重要性。要使座席人员真正具备客户服务的能力、高质量地胜任客服工作，需要一个功能强大的呼叫中心进行支持。客户可以多种方式（电话、传真、Web、E-mail 等）24 小时与呼叫中心保持联系。具体的工作方式上，特殊的 ASP 体系结构使企业可以只租用机房和设备，自己提供客服人员。客服人员可以在自己喜欢的地方办公。

第四，基于 IP 的体系架构使成本更低，更适于扩展新业务。投入一个 IP 架构的 ASP 级呼叫中心，其成本小于传统的基于电路交换系统的呼叫中心的一半；运营成本也由于采用 IP 路由进行通信而大大降低。未来通信的发展趋向融合，各种新业务会层出不穷，而基于 IP 的体系架构更易于扩展新业务，使系统平滑升级到更高的层次。

2. 呼叫中心的规模选择

服务外包企业可以根据用户多少、平均呼叫次数以及企业性质、业务收入等方面的不同，选择不同的系统。系统的大小一般按提供多少个业务代表座席区分。

（1）大型呼叫中心。这种呼叫中心的座席超过 100 个，有的座席高达上千个，这种呼叫中心一般配置庞大，投资很高。它至少需要有：足够容量的大型交换机。自动呼叫分配器、自动语音应答系统、CTI 系统、呼叫管理系统、业务代表座席和终端、数据仓库等。

（2）中型呼叫中心。其座席数目在 50 ~ 100 之间。据专业数据统计公司预测，中型系统需求量最大，因此不少呼叫中心软、硬件开发商对准这一目标进行开发。这种系统结构相对简单，投资也少，容易被中、小企业所接受。目前我国的一些公司开发系统多属于此种类型，它可以省掉大型交换机的投资，而利用 PBX 与 CTI 服务器和业务代表座席直接相连，业务代表座席同时与应用服务器相连，客户资料也存在于应用服务器中，可实时地将接入电话的客户姓名自动在计算机屏幕上弹出。CTI 服务器一般由 CTI 硬件开发商的板、卡和 PC 组成，其扩容和增加功能也比较方便，成本也低，因此是一种投资小、见效快、升级灵活的系统。正因为如此，这种系统市场情况最好，需求量呈直线上升，因此开发这种系统的厂商最多。当然，作为企业选择这一系统的开发商时，要全面考虑它的开发历史、经验和已完成系统的功能、可靠性等，以免选购到配置水平低、质量差的系统而蒙受损失。

（3）小型呼叫中心。其座席数目在 50 个以下。这种系统结构与第二种类似，不过几个主要部分如 PBX（也可以用板卡代替）、CTI 服务器（主要板卡线数可选择低一些的）、业务代表座席、应用服务器（数据库大小）在数量上均相应减少，它主要适合业务量不大的中、小型企业。选择这种系统，重要的是注意可扩展性，因为随着企业的发展，呼叫业务量会迅速增加，如果无法顺利扩展，会造成一处投资全部报废的损失。

由于呼叫中心作为企业对客户的统一接触点，既能让客户感受到企业的价值，又有助于企业收集市场情报、积累客户资料，从而为客户提供定制的个性化的产品和服务，以维护客户忠诚度，扩大销售，实现企业盈利的目的。企业应积极推进呼叫中心在客户关系管理过程中的广泛应用。

3. 呼叫中心的建设步骤

当 CRM 引入整个企业时，呼叫中心的建设也会遇到各种各样的挑战。呼叫中心建设是否成功关键取决于以下几个方面：能否完整设计出客户联系的流程；能否与企业内部其他系统实现集成；能否分步骤有效地推进系统建设。

首先，完整设计出客户联系的流程，是呼叫中心能否建设成功的首要因素。因此企业必须要了解各部门的客户群数量，判断是否应该将客户转移到销售部门或是否允许该部门处理这个客户，了解客户联系过程的时间和成本。对过程的描述越详细，问题就能越好地领先处理，处理后，可以计算出采用呼叫中心处理客户交互的花费和收益比。此外，更重要的是客户联系过程是一个整体，销售收入、市场和客户满意度等是一个持续的业务过程。因此所有的客户交互最好由一个管理者主要负责，要明确责任和权利，并将客户联系与销售、市场和服务部门结合在一起。应记住：对于客户来说，他的"体

验"是整体的，并不存在销售、市场和服务的区别。只有完整设计出客户联系的流程，才能提高建设的成本收益比。

其次，在呼叫中心建设中还应当注意：与企业内部其他系统实现集成是非常关键的。呼叫中心一定要与销售、市场等业务流程结合在一起，而不应当仅仅应用于服务部门。一个客户可以选择不同的交流方式与企业发生联系，但是这些联系反映到企业的信息系统中，应该在同一个顾客账户之下，成为连贯性的记录。这样，当客户打电话来询问他通过网络输入的订单的时候，电话业务代表可以立刻从计算机屏幕弹出的页面上看到他的订单号码、内容、结构等，从而立刻对这个客户的信息有所了解，这样，尽管电话业务代表可能是第一次与该客户通话，也可以马上提供有针对性的服务。企业在考虑整合的 CRM 解决方案的时候，一定要明确呼叫中心的信息系统是否与原有的客户信息系统相兼容，甚至是否可以直接利用原有的客户信息系统。如果本来没有任何信息系统，则可以直接选择市场上的呼叫中心软件包，从一开始就保证现场销售、电话销售和网络销售的后台数据库是资源共享的。

最后，企业在建设呼叫中心活动时会发现建立一个能真正为己所用的系统是困难的，往往需要不断改进，而建立呼叫中心更具复杂性，对此，许多成功的案例告诉我们，采取分步实施的方法会减少建设中遇到的困难，可保证企业需求功能的实现。一般而言，分步建设呼叫中心应当参照以下步骤进行：①了解提供呼叫中心方案的厂商和 CTI 应用；②分析自身业务需求；③结合业务流程分析，进行技术改造和方案的修改；④咨询专家意见，确立企业要创建的呼叫中心模型；⑤考虑需要的通信等技术方案和系统的可扩展结构。制订进度方案，按阶段实施建设方案。

二、呼叫中心的管理

呼叫中心的根本意义就在于它应当成为企业的利润源泉，而实现这一根本性转变的关键在于管理措施的有效实施。在近几年的发展过程中，企业往往将呼叫中心看成是一个由应用软件和硬件设备组成的信息系统，较偏重技术和设备等硬件因素，而很少研究如何有效地运营和管理呼叫中心。因此，呼叫中心的实际潜能往往未能得到充分的挖掘。

1. 战略管理

对呼叫中心的管理首先是战略上的管理，即从企业文化和经营理念上认同呼叫中心，把呼叫中心融入企业资源，并作为其中重要的一部分，从企业整体的角度出发来管理呼叫中心。呼叫中心的目标是为 CRM 系统服务。CRM

系统又必须为企业的战略目标服务。

因此，呼叫中心的战略管理首先要根据企业的战略目标，结合 CRM 系统的特点，来制定呼叫中心的目标、方针和策略。只有明确了呼叫中心的目标以后，才能制定相应的呼叫中心策略，才能确定每个员工应该为这个目标做什么，以及所做的努力是否符合目标，是否能够实现目标。另外，企业要营造一种环境和氛围，使企业文化、原则和价值对呼叫中心予以认同，并建立组织统一的宗旨、方向和内部环境，使员工充分参与呼叫中心的实际运作与管理。

2. 运营管理

呼叫中心作为 CRM 中的一个重要功能模块，其运营管理思想应当同 CRM 系统的运营管理思想保持一致，即将客户的需求作为企业的出发点和归宿，通过不断增加客户让渡价值以提高客户满意度，也就是将优良的客户满意度作为呼叫中心运营管理的最终目标。

呼叫中心是一个具有交互能力的通信平台，可以依据企业具体目标和呼叫中心的形式，定制不同的运营管理策略，使呼叫中心的运营与 CRM 的运营有机地整合在一起。具体来讲，这主要体现在两个方面：第一，呼叫中心是 CRM 获取客户信息的主要渠道。通过呼叫中心收集客户方方面面的信息，并利用适当的工具进行数据分析与挖掘，从而进一步改善客户服务的质量和提高市场决策的能力；第二，呼叫中心是企业拓展客户服务最有效、最直接的方式。CRM 与呼叫中心两者结合起来展现给客户一个全方位、全天候的服务，有利于提高客户满意度，并建立良好的客户关系。

3. 人员管理

（1）建立良好的人员管理体系。呼叫中心是企业与客户交流的窗口，同时也是人与人交流的中心。因此，人员是呼叫中心最大的资源和资产，人员的综合素质是呼叫中心运营管理的关键。人员综合素质包括座席代表的电话应答技巧、业务知识技巧、市场营销技巧和心理素质等。呼叫中心运营商特有的企业文化，让座席代表具有更强的凝聚力和企业认同感，保证了呼叫中心运营商的特色发展。企业应该注重呼叫中心的人员管理，良好的人员管理体系是呼叫中心成功为企业服务的根本。

（2）呼叫中心的人员招募与激励、监控与督导。第一，呼叫中心的人员招募与激励。招募与激励目标：雇用员工并能留住人，激励座席代表创造最好业绩。员工的激励包括经济方面和非经济方面的激励，根据有关机构对员工的调查，员工认为能够激发员工积极性的最重要的因素依次是：从事感兴趣的工作、培训机会、工资、能参与公司事务的决策、良好的工作环境、希

望管理层对自己有反馈、奖金、受管理层和同事的尊重、提供更多休假的机会、其他福利和奖励。根据呼叫中心人员期望的激励因素分别给予员工相应的激励。第二，呼叫中心的人员监控与督导。监控和督导是呼叫中心运营管理的必要手段。通常呼叫中心都设有专门的部门与专门的手段来实施，监控与督导应该被看作是业务运营有机组成的一部分。呼叫中心建设和运营策略研究的衡量标准应该是整个管理工作指标的一部分，结果好坏应该和薪酬、升迁等结合起来。

（3）呼叫中心人员培训。第一，技术性培训：包括呼叫中心基础知识培训、客户服务基础知识培训、呼入呼出技巧培训、职业礼仪培训、语音及语言培训、呼叫中心系统软硬件操作培训、工作流程培训。第二，员工成长性培训，包括员工职业生涯培训、积极心态辅导、满足员工需要的辅助培训。

【章末案例】
中国国际旅行社呼叫中心

旅游业的蓬勃发展使国内外各大旅行社之间的竞争日趋激烈，服务质量和效率成为影响各旅行社声誉和经济效益的关键。中国国际旅行社总社有限公司（以下简称"国旅"——CITS）借助计算机、网络、现代通信、多媒体等丰富的信息技术手段，整合内部资源，提升业务处理能力，建成了以呼叫中心为业务处理核心的中国国旅客户服务中心。2010年该社43家境内外企业实现税后净利润5 856万元，同比增长121%，利润总额7 847万元，同比增长131%。国旅为什么能以如此惊人的速度增长，其中最重要的杀手锏就是服务外包战略的成功。

一、CITS"呼叫中心"通过技术服务外包提高了竞争力

国旅成立于1954年，1984年从原来归口外事部门的事业单位转为独立经营、自负盈亏的大型旅游企业。目前国旅已与世界上一百多个国家和地区的一千多家旅行商社建立了业务合作关系，并在美国、日本、澳大利亚、法国、瑞典、丹麦、中国香港、中国澳门等国家和地区设立了14家境外公司，有1 400余家稳定的客户、150多家子公司和联号经营企业，是中国旅行业名副其实的龙头企业，也是中国500强中唯一的旅游企业。

"CITS"已成为国内外驰名商标。早在20世纪80年代，"呼叫中心"（call center）作为电信企业、航空公司、商业银行与用户交互联系的一种经营模式就风靡欧美。它每天24小时不间断地为客户提供各类服务，传递信息及时，解决问题快捷，有着柜台服务无可比拟的效率。进入21世纪后，通信技术与计算机技术应用整合后出现了综合信息服务系统，这吸引了国旅，他们

找到了国内最早致力于呼叫中心系统研发的公司——合力金桥软件公司（HOLLYCRM），共同打造多功能的呼叫中心。HOLLYCRM 的解决方案具有 CTI（计算机电信集成）技术与 CRM（客户关系管理）理念完美融合的优势，使国旅呼叫中心不再仅仅是一个客户服务部门，而是通过多媒体互动渠道，形成了"服务请求—— 业务处理——主动服务"的闭环 CRM 流程管理系统。2005 年 10 月国旅电子商务三位一体平台成功运行，客户只需拨打 010 - 85118522 或者 4006008888，就可获得多项便利优质的服务，包括境内外旅游咨询、酒店机票预订、旅游产品咨询、订单受理与确认、订单查询及客户关怀服务等。国旅客户服务中心可以在第一时间解决客人的问题，满足客人需求，实现了在线业务系统的集成，前、后台的数据共享和处理。完整的信息流转体系使国旅总社内部信息达到高度一致性和高效性，大大提升了国旅的综合竞争力。

二、HOLLYCRM 承接国旅呼叫中心技术服务外包的效应

通过建立国旅呼叫中心，HOLLYCRM 的技术服务能力进一步展示，伴随整个系统的应用范围不断扩大，服务功能十分齐全，有信息咨询功能、订单处理功能、投诉处理功能、电话录音功能、传真应用功能、无纸传真功能、外拨应用功能。

呼叫中心技术服务外包使国旅尝到了甜头，为追求更优的管理模式和改进业务流程，2011 年前后，国旅又与思科系统（中国）网络技术有限公司（CISCO）通力合作，应用最新的 IP 呼叫中心（IPCC）和自动语音系统（CVP）解决方案，实现了对中国国旅旅游预订中心 400 - 600 - 8888 的扩容升级，使其能够为全球客户提供更加有效和专业的 7×24 小时旅游咨询和预订服务。国旅总社在此次扩容建设中，进一步优化了网络架构，完成了基于全 IP 网络结构的呼叫中心平台部署。凭借这一领先的技术平台，国旅呼叫中心座席可与总社和各地分社专家座席实时远程联络，实现前后台高度协作；同时支持呼叫中心南方、华东分中心的快速部署，为建立全国统一的标准化旅游预订服务体系奠定了平台基础，显著提升了服务效率和服务质量，系统运维成本大幅降低。国旅认识到："现代服务业的运作理念与先进的网络技术手段是打造中国旅游业龙头企业的法宝。"

讨论题：

1. 国旅的利润为什么能实现如此惊人的增长速度？其服务外包战略的成功点是什么？

2. 呼叫中心服务外包从哪些方面影响到国旅的服务质量？

【本章小结】

外包呼叫中心是大型服务外包企业从事服务外包过程的一个必不可少的环节，本章分为四节。第一节阐述了外包呼叫中心的概念。具体地讲述了外包呼叫中心的概念，用我们通俗的话来理解，外包呼叫中心就是我们常说的热线电话。它具有五个基本特征：集成化、便捷化、智能化、主动化、个性化。接着阐述了常见的四种外包呼叫中心：基于 Internet 的呼叫中心、多媒体呼叫中心、可视化多媒体呼叫中心、虚拟呼叫中心。第二节阐述了外包呼叫中心的基本功能与技术结构。外包呼叫中心有五个基本作用，包括提高客户服务水平、发展客户关系、获取客户信息、改善企业内部管理和创造利润。第三节阐述了外包呼叫中心的绩效评价。主要介绍了几个一般指标和关键指标，介绍了九种绩效评估的方法。第四节阐述了呼叫中心的建设以及从哪几个方面来管理外包呼叫中心。

【思考题】

1. 未来呼叫中心将在技术上呈现哪些新趋势？
2. 企业选择呼叫中心外包的原因是什么？

【自测题】

一、填空题

1. 呼叫中心具有_____、_____、_____、_____的特征。
2. 呼叫中心的类型有_____、_____、_____、_____。
3. 呼叫中心人员培训包括_____、_____。
4. 计算机电话集成（CTI）主要分为_____、_____两类。
5. 呼叫中心建设有_____、_____、_____三种模式。

二、不定项选择题

1. 下面哪些属于呼叫中心管理内容？（　　）。
A. 战略管理　　　B. 运营管理　　　C. 人员管理　　　D. 知识管理
2. 以下哪些属于呼叫中心建设的模式选择？（　　）。
A. 自用型模式　　B. 外包型模式　　C. ASP 型模式　　D. 复合型模式
3. 以下哪些属于呼叫中心的作用？（　　）。
A. 提高客户服务水平　　B. 获取客户信息　　C. 发展客户关系
D. 改善企业内部管理　　E. 创造利润

4. 以下哪些属于呼叫中心绩效评估的一般指标?(　　)。

A. 平均应答速度

B. 来电遗失率

C. 实际工作率

D. 客户问题在首次呼叫得到解决的比例

5. 以下哪些属于呼叫中心绩效评估的关键指标?(　　)。

A. 转接率　　　B. 客户满意度　　　C. 改进目标完成率

D. 服务费用预算控制率　　　E. 呼叫中心业务计划完成率

三、简答题

1. 呼叫中心建设的步骤是什么?

2. 简述呼叫中心绩效评估的一般指标。

第八章　服务外包企业客户关系的监督与控制

【学习目标】

1. 了解服务质量管理的含义
2. 掌握外包服务体系构建的基本原则
3. 掌握外包服务管理体系的构成要素
4. 掌握服务外包企业 CRM 系统实施的绩效评价原则
5. 掌握服务外包企业 CRM 系统实施的绩效评价指标选取
6. 了解风险的含义
7. 掌握客户关系外包风险的识别
8. 掌握客户关系外包风险的防范

【开篇案例】

华为的客户关系管理

华为的客户关系管理（CRM）在华为内部被总结为"一五一工程"，即一支队伍、五种手段（参观公司、参观样板点、现场会、技术交流、管理和经营研究）、一个资料库。刘平先生在《华为往事》中回忆道："为经营好客户关系，华为人无微不至。华为员工常常能把省电信管理局上下领导的爱人请去深圳看海，家里换煤气罐等所有家务事都包了，能够从机场把对手的客户接到自己的展厅里，能够比一个新任处长更早得知其新办公地址，在他上任第一天将《华为日报》改投到新单位。这些并不稀奇的'常规武器'，已经固化到华为企业制度和文化中了。"华为的营销两条线，一条产品线，一条客户线，产品经理负责售前、产品宣讲、技术交流、答标、市场策略等；客户经理正如刘平先生所说的，把客户关系关注在运营商客户上，关注客户的家人，客户的一举一动，客户的喜好、需求等。而且最为可贵的是，华为把"一五一工程"形成一个制度，形成一个成功的模式固化下来，形成一种文化。华为善于从实践中总结成功的经验，通过经验总结，通过制度流程固化下来。

第一节　服务外包企业服务管理体系

对于我国服务外包企业而言，客户服务管理是一个崭新的研究领域，需要在我国的服务外包环境中将国内外较为成熟的研究成果运用到实践中去，建立起一套适用于我国服务外包企业的客户服务管理体系。这一服务管理体系涉及服务外包企业的文化、技术、信息、领导艺术、组织结构和人才等方面的协调，触及服务外包企业内部所有独立职能部门和全部业务流程。它不仅依靠业务流程改进和技术应用来建立新的以客户为中心的服务模式，而且还通过集成前台和后台资源、办公系统的整套应用支持来建立并维系良好的客户关系，确保客户满意度的提高，全面提升客户服务质量和服务效率。随着基于客户服务的管理理念在服务外包企业管理中的不断深化，服务外包企业的管理模式、组织架构和业务流程将发生根本性的变革，服务外包企业的资源会得到更好的利用，客户服务管理是服务外包企业在以客户为导向的竞争中获胜的重要手段。

一、服务管理概述

1. 服务管理的概念

服务管理的研究是一个逐步发展和深化的过程。对服务管理相关理论和实践的研究，大致经过了服务觉醒、跳出产品模式、跨学科研究和回归本原四个阶段的发展。从服务管理理论研究不同阶段的回顾中可知，服务管理的理论来源广泛且尚未综合为统一的管理理论，至今还没有人们广为接受的、统一的、关于服务管理的定义。阿尔布兰特（Albrecht, 1988）给出了服务管理的简短定义，他认为"服务管理是为了形成被顾客感受到的服务质量而运用的一种组织的整体运作方法，是企业运作的第一驱动力"。学术界另外一种定义认为，服务管理是一种形成顾客感知服务质量和促进企业发展的最重要的方法。1990年芬兰学者格朗鲁斯（Gronroos）曾提出过一个相对全面的定义，按照他的观点可以从以下四个方面理解服务管理的内涵。

（1）了解顾客及其需要。组织要了解顾客是如何通过消费或使用组织提供的服务来获取价值的，了解服务本身或者服务信息、有形产品及其他有形要素一起如何对形成顾客需要的价值起作用。也就是了解在服务企业与顾客关系中，顾客如何通过质量感知，形成感知价值并随着时间而变化。

（2）了解组织创造价值的能力。管理者要了解组织中包括人力、技术和物质资源、服务系统与顾客互动等是如何具有提供顾客感知质量或创造价值的能力的。

（3）了解组织如何创造价值。管理者要了解组织应该如何发展和管理控制感知质量及价值。

（4）了解组织如何实现目标以实现顾客期望。管理者要使组织发挥正常功能，为顾客提供优质的服务和价值，并实现企业、顾客及其他有关各方所期望的目标。

服务管理的定义要求企业必须明确：①在服务竞争中，顾客所需要的感知服务质量和价值是什么；②如何为顾客创造价值；③如何恰当地对企业资源进行管理，以顺利完成顾客感知价值的增值过程。

格朗鲁斯上述定义的某些内容虽然松散，但清晰地表达出了服务管理的一些关键要素、主要内容和重要意义。他认为服务管理所研究的是如何在竞争环境中进行管理并取得成功，这种研究并不考虑企业的类型，即不管是服务企业还是制造企业都是服务管理研究的对象。服务管理的这种定位，意味着管理重点的四大转移：①从研究产品的效用向研究顾客关系的总效用转移；②从短期交易向长期伙伴关系转移；③从产品质量或者产出技术质量向顾客感知质量转移；④从把产品技术质量作为组织生产的关键向把全面效用质量作为组织生产关键转移。

这一定义的描述强调服务管理的核心内容是管理长期关系导向及客户导向的全面服务质量，即前面所讲的客户服务质量感知，进而提高客户满意度。

2. 服务管理的核心目标——以客户服务质量感知为决定因素

前面的分析表明，服务质量感知是由顾客评定的，具有主观性。不过，这并不表示服务外包企业服务提供者在顾客体验服务的过程中，完全处于被动地位。顾客对服务质量的感知，尤其是对服务过程质量的感知，受两个因素的影响：一是服务外包企业服务者对服务的传递；二是服务外包企业的运营能力对服务传递效果产生的影响。因此，要进行服务质量的管理就需要对这两个方面实施有效的管理，完善的服务管理体系则需要这两方面管理内容的健全。

（1）服务外包企业服务传递过程就是客户与服务提供者互动的过程，其效果与效率会影响到客户的服务质量感知。客户与服务提供者间的互动也被称为"服务接触"。服务接触指顾客在服务的消费过程中的所有接触，包括人员、设施等。这些接触发生的时候，就是顾客评估服务的特定时刻。客户质量感知主要取决于服务接触中三大因素：一是服务提供者与客户间的互动技术水平；二是与客户接触的员工的授权程度与服务水平；三是服务质量的感知取决于内部流程对于服务传递的支持。

首先要考虑客户与服务提供者之间的互动技术水平。由于服务传递在任何接触上的变化，都会令顾客的服务感知发生变化，从而影响服务质量的感知水平，因此互动环节上的技术改进会提高互动频率，改善互动效果，进而提高服务质量。信息、技术在服务外包企业的广泛应用就是最好的例证。

（2）与客户接触的员工对感知质量的影响。在与顾客互动的外包服务传递过程中，与顾客接触的员工是影响顾客服务感知的重要因素。

首先，前线员工处理客户互动的能力直接决定了客户互动的效果，同时影响着服务质量的感知水平。而这些能力应该包括：基于持久关系理论的及时回应能力、理解客户的能力、积极倾听的能力、完美地以客户满意的方式终止关系的能力、利用个人的正直与坦诚宽慰客户的能力、注意界限、角色及良好态度等方面的能力。

其次，与顾客接触的员工在得到培训、激励和计算机信息系统及时支持的前提下，获得一定程度的授权，能够在服务传递过程中管理服务接触，及时对顾客的要求作出反馈，提高服务顾客的能力。给员工授权，特别是给业务代表授权，有助于他们在工作中掌握与客户互动的自由度，这构成了决定互动效果的一个重要因素。詹姆斯·赫斯克特等人（1997）对一家人寿保险公司近1 300位员工及4 000多位顾客的调查证实：授予员工满足顾客需要的工作自由与员工服务顾客的能力有很大的相关性。USAA（专为军官提供意外事故保险的公司）在实践中就注意到了这一点，为改进服务质量，它在服务传递方面投入了大量精力。凭借先进的技术支持，该公司的服务人员能够快速获得所需要的信息，独立处理顾客的索赔电话，及时为顾客作出推荐和决定。之前公司不断对他们进行技术水平和服务态度的培训，使得顾客对USAA的服务始终非常满意。

（3）相应的组织结构的支持。为改善服务的传递，出现一种新型的"T"型服务组织结构。提供该革命性思想的SAS公司总裁Jan Garhon认为"应摒弃把与顾客接触的员工置于组织结构底层的传统做法，而应将其放在组织结构的顶端。组织中其他员工的职责是服务于这些一线员工，后者直接为顾客服务"。这种组织因为中间的管理环节减少，顾客与员工交流的信息会以最低的失真程度传递给管理决策层，他们能准确地把握顾客的真实需求，从而采取有针对性的决策；而且在这一组织结构下，前线员工的授权程度相对较高，便于他们及时回应客户多变的需求，进而提升客户感知质量水平，提高客户满意度。总之，服务外包企业的组织结构的变动与调整如果可以最有效地利用互动过程中的每个要素，并具有感应客户态度、需求、认知变化的能力，那么企业就可以通过适应行为对这些改变作出反应，从而获得竞争优势。

3. 服务外包企业运营能力对服务传递的影响

对于外包服务来说，顾客本身是一种投入。虽然某些外包服务的重点是信息处理而不是与顾客的交互，但是服务过程或多或少会有顾客的参与，只是顾客在服务过程中停留的时间占整个服务过程所花费的时间有所不同而已。服务系统的运转有赖于管理者有效地控制与作为服务过程参与者的顾客的交互，在顾客参与的开放系统中，外包服务管理者不可能像制造业那样将成品库存作为分界而把营销与生产职能相分离，而必须同时承担生产和营销职能。在生产方面，服务设施的设计能否符合顾客的需要，内部装饰、陈设、布局、噪声乃至颜色选择能否积极影响顾客对服务的感知等，都影响着服务传递是否有效、是否能把顾客这种投入转化为具有一定满意程度的产出。

二、服务外包企业服务管理体系的构成

服务外包企业服务管理的最终目标是实现客户感知质量的提升，进而实现客户满意。而决定客户感知质量的因素集中于客户与外包服务提供者之间的互动水平及服务外包企业的运营能力。由此可见，完善的外包服务管理体系应该包括外包服务的互动管理及与之匹配的运营能力管理。因为外包服务的互动包括互动人员、互动技术与互动流程的管理，所以服务管理体系也应该包括服务员工能力的管理、互动技术的管理及流程的管理。根据上述分析，外包服务管理体系的构建包括以下两个方面的问题。

1. 外包服务管理体系构建的基本原则

服务管理对于如何看待和建立组织内部及组织之间的关系有着不同的基本假定，服务管理关注的重点不是企业的内部效率、规模经济性以及降低成本，而是以全面管理的观点，将企业的外部效率、顾客如何感知核心产品及服务的质量和企业的整体运作置于优先位置。全面管理的观点包括顾客导向、长期关系导向、员工导向等方面。服务管理的重点是通过团队合作、跨职能合作、跨组织合作等整体运作方法，形成被顾客感觉到的服务质量。

（1）顾客导向。无论企业是否愿意，买方市场格局以顾客为关注焦点已经成为企业必须遵守的基本原则，企业只有以积极主动的态度研究顾客需求，服务顾客，才能增强顾客满意度。只有牢牢树立以顾客为导向的观念，将顾

客满意贯穿于质量管理活动中，其质量管理体系才具有灵魂，才能够得到真正的实施，企业的经营目标才能够实现。

服务管理强调这样的观点：顾客决定什么是质量，质量是由顾客评价的，必须对顾客感知的质量进行研究。重视顾客感知的服务质量研究对服务质量管理的整体思路和方法具有决定性的影响。随后产生的全面质量管理（TOM）理念进一步支持和发展了这一观点。顾客导向是 TOM 的核心，许多 TOM 计划并不成功，原因之一是没有营销的参与。在这方面，服务管理和 TOM 有重要区别。服务管理所固有的重视顾客感知质量和服务质量管理模型是从营销和运作领域发展起来的，并作为这两个领域之间相互联系的一部分，服务管理对质量的重视程度和涉及范围远远超过了 TOM。一些学者认为，过于重视顾客满意和改进顾客感知质量会影响生产率与盈利能力。但对服务管理的深入研究发现，努力改进质量和提高生产率之间并不是必然相互排斥的。只要企业采用正确的方式，就可以既促进服务质量，又对提高生产率起到有利的影响。

（2）长期关系导向。服务营销研究、有关顾客关系经济学和留住顾客的经济影响等项目的研究都阐明了长期关系的重要性。服务管理中的长期观念对于营销有重要影响，关系营销作为新的营销方法也很快得到了人们的关注。

长期导向显然与企业界的发展趋势是相吻合的。在很多产业，无论是国际经营还是国内经营，都出现了大量的伙伴关系、网络和战略联盟。不仅如此，这种战略合作伙伴关系对国内市场也变得日益重要。从学术或理论角度看，将营销概念集中于利润最大化问题和在市场交易等相对狭隘的范围内，越来越不能反映与日俱增地强调长期客户关系和建立管理战略联盟的事实。服务营销的观点认为，如果将传统的营销更多看作是交易营销，现代企业则更加注重从交易营销到关系营销的重点转移。由于企业运作的传统目标是利润最大化，以往相对狭隘的营销概念主要集中于市场交易，关注每一次交易行为可能带来的收益。分析企业的发展趋势可以看出，关系营销的研究重点则从将产品和企业作为分析单位，转移到对人、组织和将现行关系的各种角色连接起来的社会过程进行分析，更为重视长期客户关系，重视形成战略联盟关系。在服务管理中，营销努力被看成是对顾客的投资而不是费用，这是服务管理长期发展理念的充分体现。

（3）员工导向。服务管理也十分关注员工的发展及员工对企业目标和战略的投入，服务营销研究人员注意到了内部营销的必要性。1982 年，格朗鲁斯提出内部营销概念，他认为，要在内部员工市场注入服务意识和创造顾客导向的行为，最好的方式是采用积极的、类似于营销的方法，把一系列内部活动以积极的、类似于营销协调的方式统一起来。

没有积极的、持续的内部营销努力，整合营销对顾客的作用就会下降，导致服务质量下降，顾客流失，对利润产生消极的影响。在这个意义上，内部营销是成功的外部营销的先决条件，内部营销包括态度管理和沟通管理两个层面。组织理论和人力资源管理学者也注意到这一问题，授权被看成是内部营销的结合，这也正是服务管理所强调的。诚然，内部营销在企业中并不是全新的，促使员工认同企业目标的活动一直都有；所不同的是，内部营销概念所倡导的是积极的市场导向的方法，以往用于外部营销的一些营销活动可以与培训以及其他传统的人力开发活动结合起来，促使人力开发成为一个战略问题。

2. 外包服务管理体系的构成

如前分析，完善服务管理体系必须要考虑实现客户感知质量水平的提升，有助于客户满意度的实现，因此完善的服务质量管理体系应该至少包括以下三个方面：一是完善的服务标准的制定，以规范员工互动能力与提供高效率服务的行为；二是完善的服务流程管理，调整服务流程以适应客户多样化的需求，进而满足市场对服务外包企业柔性的需求；三是互动渠道的整合管理，以保证服务外包企业提供服务的完整性与一致性。

（1）完善的服务标准的制定。这一构成内容是为提高内部人员的互动能力，进而提升客户质量的感知水平。服务标准的拟定是服务质量的有力保障，是服务质量管理体系中重要的构成部分。不同的企业会根据不同的具体业务内容制定相应的服务标准。服务标准的拟定应该符合以下两方面的需求。

首先，服务标准应该针对关键服务点来拟定。服务流程的接触点众多，要针对每一个接触点实施完善的标准拟定似乎是不现实的，因此需要找出每项服务的各个接触点，并在这些接触点中寻找客户最关注的、最能影响客户满意度的关键接触点，对其实施服务标准的拟定。

其次，服务标准拟定的基本原则应该有：一是服务标准应该要具体化，明确各服务环节应该达到的具体标准，而且保证这些标准可测；二是服务标准应该要适度。过高的服务标准对于服务员工而言是毫无意义的，没有激励效应；三是服务标准应该由服务员工共同制定，以表达员工自己的目标期望，并且应该全员参与执行。

（2）完善的服务流程管理。在服务外包企业，主要产品是服务，这些服务按事先设计的业务流程从设计部门流向客户。服务外包企业业务流程的效率和质量，决定了客户满意度的高低，进而对公司的盈利、市场份额、风险等关键战略指标产生直接影响。

（3）互动渠道的整合管理。服务外包企业正朝向多渠道整合的方向迈进。服务外包企业需要运用一个以上的渠道或者媒介来管理客户，而且需要在跨渠道或媒介中表现出协调一致性。需要注意的是，所强调的各个渠道或媒介应该协调一致，但并不是说是以相同的方式来实现互动。不同渠道有着不同的目的，而且使用方式也存在差异。多种互动渠道综合运用，往往可以发挥每一种渠道的优势。一般而言，多渠道的客户互动可以为许多客户提供众多的接触点，客户可以通过这些接触点与企业进行更有效的互动。多渠道客户互动之所以重要，主要有以下两点原因：一是新的互动渠道技术的发展会增加互动的可靠性、存储速度、远程交流技术的运用；二是客户需求和期望可以用更加一致的方式使用技术流程来加以管理。

第二节　服务外包企业客户关系的绩效评价

绩效（performance）指的是正在进行的某种活动或者已经完成的某种活动取得的成绩，即包括过程绩效和结果绩效。服务外包企业 CRM 项目的实施不是一项信息化技术的简单应用，而是在信息技术的支撑下，使管理决策者能充分、及时地利用信息资源，及时把握市场机遇，更好地组织外包企业资源，进行经营活动。

服务外包企业 CRM 系统实施绩效的评价不是一种事后的结果性的反应，它不仅与最终系统实现的功能和目标成绩的实现有关，而且还应该包括系统运行过程中战略实施、管理控制、项目管理的综合能力，其中蕴涵着运营的效能以及可持续发展的能力。CRM 运行绩效的评价是 CRM 业务价值的综合体现。

一、服务外包企业 CRM 系统实施的绩效评价原则

服务外包企业绩效与成本的变化以及 CRM 的实施效果，最终会间接反映到一些指标的变化。通过对一些指标的分析，往往可以测量出外包企业绩效与成本的变化程度以及 CRM 的实施效果。为了实现对 CRM 绩效的有效评价，确定 CRM 评价指标体系显得至关重要，应在建立 CRM 绩效指标预测体系时遵循以下原则。

1. 在财务指标与非财务指标间达成平衡

现在比较广泛使用的平衡计分卡，本质上是财务指标与非财务指标综合

起来对企业战略进行解释交流和控制的一种管理系统，而财务指标往往都是一种结果指标，它并不能评价达到这项结果的过程中各项行为的业绩，因此需要辅之以过程指标以及一些人性化的、能够反映人的主观变化的指标。

2. 兼顾短期和长期利益

财务指标往往强调短期利益，所以平衡计分卡中引入了"学习与成长"角度的若干指标，借以强调服务外包企业的长期利益。

3. 定量与定性相结合

该原则要求在测评指标体系中，既要包括定量的关于各项工作应该达到的目标水平指标，又要有经过一定方式量化的和无法量化的定性指标，这类指标通常多属于外包企业服务质量指标或软指标。

4. 测评结果与指导方向相结合

一般来说，测评指标体系更多地被用来评定已经完成的工作状况，实际上，作为结果评定往往又成为奖励与惩罚的依据。鉴于指标的这一作用，在设计指标体系时，应该充分关注其导向性作用的发挥，所设计的指标体系应使员工清楚企业提倡什么、反对什么。

5. 战略目标与战术目标相结合

在指标体系中，应该既包括各项具体的操作指标，又包括反映企业战略目标的相关指标。

二、绩效评价方法的介绍

1. 传统绩效评价系统的局限性

标准成本制度和责任会计系统是传统企业控制成本、评价绩效的主要办法。传统的企业绩效评价体系以企业的财务评价为主，其评价方法也不可避免地以财务分析法为核心。关键绩效指标（KPI）体系就是一种很有代表性的传统绩效评价方法。在建立 KPI 体系时，通常要先由企业高层对企业未来成功的关键达成共识，在确定企业未来发展战略之后，再对每个成功的关键业务重点和相关的业绩标准及所占比重进行分析。但随着企业经营环境的不断变化和企业信息化的不断发展，这套体系就表现出一些局限性，主要表现在以下几个方面：

（1）传统的绩效评价系统偏重于对过去活动结果的财务评价，并针对这些结果作出某些战术性反馈，控制短期经营活动，以维持短期的财务成果。这种过分地重视取得和维持短期财务成果，助长了公司管理者急功近利的思想和短期投机取巧的行为，使得公司不愿进行可能会降低当前盈利目标的资本投资去追求长期战略目标，以致企业在短期绩效方面投资过多，在长期的价值创造方面投资过少。对于今天和明天为创造未来财务价值而采取的行动，财务评价系统不能提供充分的指导。

（2）建立在传统会计数据基础上的传统业绩衡量系统，以财务衡量为主。对有形资产的管理已经很充分，但在对无形资产和智力资产的确认、计量、记录和报告方面却明显不足。而恰恰是无形资产和智力资产（包括员工技能、员工干劲和灵活性、顾客忠诚度、专利权、商标权、专有技术、商誉等）对当今企业在竞争激烈的环境中获得成功起着举足轻重的作用。目前看来，把上述资产纳入资产负债表，并成为正式的财务衡量内容尚需时日，因此，企业的现实选择应该是把业绩衡量系统拓展到财务衡量以外。

（3）传统的绩效评价系统注重企业内部管理，这在卖方市场的情况下的确有效，但在买方市场条件下，厂商之间存在激烈的竞争。因此，在绩效评价系统中，除了把视野投向内部生产过程外，还必须投向外部利益相关者，关注如何吸引客户，如何使股东感到满意、如何获得政府的支持和如何赢得公众的赞誉。这是传统财务评价系统所无法涵盖的内容。

（4）虽然 KPI 体系共同指向了组织成功的关键要点，并能够发挥指标本身的成果导向作用，对于纯粹的绩效考核来说是一种有效的方法，但是由于指标之间没有明确的内在联系，考核还是主要定位在各个部门及其内部个体绩效的结果，而忽视了部门绩效之间的内在逻辑与组织战略实施之间的关系。

2. 企业常用的绩效评价方法

（1）克罗斯和林奇的业绩金字塔。凯文·克罗斯和理查德·林奇提出了把企业总体战略与财务和非财务信息结合起来的业绩评价系统。为了强调总体战略与业绩指标的重要联系，他们列出了一个业绩金字塔。在业绩金字塔中，公司总体战略位于最高层，由此产生企业的具体战略目标，并向企业组织逐级传递，直到最基层的作业中心。有了合理的战略目标，作业中心就可以开始建立合理的经营效率指标，以满足战略目标的要求。然后，这些指标再反馈给企业高层管理人员，作为制定企业未来战略目标的基础。

业绩金字塔着重强调了组织战略在确定业绩指标中所扮演的重要角色，揭示了战略目标自上而下和经营指标自下而上逐级重复运动的等级制度。这个逐级的循环过程揭示了企业的持续发展能力，对正确评价企业业绩有十分重要的意义。业绩金字塔模型最主要的缺点是忽视了组织学习能力的重要性，而在竞争激烈的今天，对组织学习能力的评价却尤为重要。这正是虽然该模型在理论上已经比较完善，但在实际工作中利用率偏低的主要原因。

（2）卡普兰和诺顿的平衡计分卡。平衡计分卡（balanced score card,

BSC）是由罗伯特·卡普兰和大卫·诺顿发明的。平衡计分卡作为一种有效的绩效管理工具，成为目前主要的企业管理方式。平衡计分卡从四个方面综合衡量企业业绩，这四个方面包括财务、客户、业务流程、学习与成长。后三个方面是非财务目标，这一方法使各公司能够一方面追踪财务结果；另一方面监视自身在提高能力和获得实现未来增长所需的无形资产等层面的进展。平衡计分卡是目前在绩效评价中最为普遍使用的方法。

平衡计分卡摆脱了传统的只重视财务指标进行绩效评价的缺点，构建兼顾内部与外部因素、反映过去与未来绩效的战略性绩效管理系统。"平衡"的观念是这个系统的关键，主要体现了财务指标与非财务指标之间的平衡、企业组织内外的平衡以及前置与滞后绩效指标的平衡。管理的注意力从短期的目标实现转移到兼顾战略目标的实现，从对结果的反馈思考转向到对问题原因的适时分析。这种思想能够指导对客户关系管理绩效进行综合全面的评价。客户关系管理和平衡计分卡两者都强调企业战略的发展，他们的结合能够实现客户关系管理绩效的全面评价和战略改进的目的。

一般来说，最佳的绩效评价指标应该与企业战略紧密联系。现在，越来越多的高级经理开始咨询他们的绩效评价系统是否合乎标准，并且对于一些非财务指标，例如，顾客满意度、雇员满意或创新等对于公司未来发展至关重要的方面更加关心。BSC 的支持者们长期以来一直建议增加非财务指标内容，并通过附加的三个方面对传统财务指标进行补充。采用这种方式，BSC可以更好地修正传统绩效管理一系列的缺陷。根据一份 BSC 报告，40% ~ 50% 的企业开始采纳这个概念。BSC 理论认为企业的可持续发展不可能单一地仅靠有形资产的开发而获得；相反，"无形资产"或"智力资本"越来越成为重要的成功因素。根据卡普兰模型，BSC 的四个基本指标将使企业不仅能够跟踪财务结果，而且可以同时监测获取"智力资本"或"无形资产"的进程，保证企业未来的成长和竞争力。

平衡计分卡的指标制定有四个方面的内容：第一，客户维度。解决谁是我们的目标顾客、我们服务的价值定位是什么的问题。企业为了获得长远的财务业绩，就必须创造出客户满意的产品和服务。这个维度的相关指标主要包括市场份额、客户保有率、客户获得率、客户满意等。第二，业务流程维度。辨认或创造能够持续地增加顾客和股东价值的关键流程。这是平衡计分卡法突破传统绩效评价的显著特征之一。传统绩效评价虽然加入了生产提前期、产品质量回报率等评价，但是往往停留在单一部门绩效上，仅靠改造这些指标，只能有助于组织生存，而不能形成组织独特的竞争优势。第三，学习和成长维度。学习和成长维度是实现其他三个维度目标的强化剂，通过这个维度所设计的指标来缩小现实与目标的差距，进而保证取得未来可持续的绩效。平衡计分卡法实施的目的和特点之一就是避免短期行为，强调未来投资的重要性，同时并不局限于传统的设备改造升级，更注重员工系统和业务流程的投资。注重分析满足需求的能力和现有能力的差距，将注意力集中在内部能力上，这些差距将通过员工培训、技术改造、产品服务得以弥补。相关指标包括新产品开发循环期、新产品销售比率、流程改进效率等。第四，财务维度。这个维度的指标表明，在其他维度已经通过指标设计，细化的战略实施是否导致最终结果的改善。企业所有的改善都应通向财务目标。平衡计分卡法将财务方面作为所有目标评价的焦点。财务维度通常是传统的滞后指标，典型的指标有获利能力、收益增长率、现金流量和经济附加值等。

（3）经济增值法（EVA）。EVA 考核体系是北美 Stern&Stewart 咨询公司在 1991 年提出的，其理论的根源是剩余收益思想。EVA 站在投资者即股东的立场，建立在企业主体理论与经济性收益理论的基础上，计算公司资本收益与资本成本的差额，其最大的贡献就在于由会计利润转化为了经济利润，要求资本获得的收益至少要能补偿投资者承担的风险，即股东赚取的利润至少等于资本市场上类似的风险投资回报收益。目前许多英国、美国公司都在使用 EVA 系统来评价企业业绩。与传统的绩效评价体系相比，EVA 具有鲜明的特点和明显的优越性：第一次有了共同的绩效评价语言，可以使企业的各种相关利益集团对企业财务目标取得一致性看法，从而有利于企业财务管理体系的协调和统一，有利于避免财务决策与执行之间的冲突，实现企业战略目标。

经济增加值计算的总体思路是：从经营利润开始，对报告期营业净利润进行一系列的调整得到税后净利润（NOPAT），然后用资本总额乘以资本加权平均成本（WACC）得到占用资本的资金成本，最后用 NOPAT 减去占用资本的资金成本就得到了 EVA。其计算公式如下：

$$EVA = NOPAT - WACC \times TC$$

实际上，调整以上项目计算 EVA 并非全部目的所在。实施 EVA 过程对企业的重要意义在于，对经理人员的引导从过去只重视会计利润转向重视持续价值增值，而这种增值是考虑了对包括权益成本在内的全部资本成本的补偿。

三、服务外包企业 CRM 系统实施的绩效评价指标选取

对于 CRM 的绩效评价指标学术界和企业都有探讨，学术界从不同的角度进行研究，企业界从实用的角度给出相应的指标，但 CRM 领域的现有研究没有可提供衡量 CRM 效果的框架，也没有一个公认的评价标准。服务外包企业

的 CRM 系统实施的绩效评价与一般企业有诸多相似之处，此外，对服务外包企业的 CRM 系统实施的绩效评价研究很有限。以下通过对一般企业实施 CRM 绩效评价的介绍，借以说明服务外包企业 CRM 系统实施的绩效评价指标。

1. 面向顾客的 CRM 绩效评价指标

Rajnish Jain 等（2003）提出了衡量企业 CRM 绩效的 10 个指标：服务态度、对顾客期望的理解、感知的服务质量、可靠性、沟通、客户定制化、认可、承诺、顾客满意度、顾客保留。这些指标多从顾客维度进行考察，顾客维度的指标皆是主观指标，偏重于顾客的感知，这些指标很难直接取得，需要对顾客进行问卷调查才能得到，对于服务企业来说有一定操作难度。

2. 企业较为流行的 CRM 绩效评价指标

服务外包企业出于实用的考虑确定 CRM 绩效评价指标。较为流行的评价指标包括：销售量、利润、市场份额、新顾客数量、顾客流失率、成本降低、为顾客服务的时间、顾客抱怨。

这些指标可以通过以下途径收集、处理，如销售报表、现场访问、联系中心等，它们都可以为 CRM 绩效的评价提供必要的信息。这些指标皆是显性指标，易于收集，也易于理解和操作，但关于服务外包企业 CRM 系统运行绩效的隐性指标，如企业协作精神、组织结构调整、员工观念改变，没有得到体现。

四、服务外包企业 CRM 系统实施的绩效评价步骤

与企业绩效评价相似，服务外包企业 CRM 系统实施的绩效评价一般分为五个步骤。

1. 选择评估系统价值的各种指标

包括定性指标和定量指标。

2. 对各种指标进行量化、标准化处理

在服务外包企业实施 CRM 绩效评价指标体系中，由于各个指标的量纲、经济意义、表现形式以及对总体目标的作用方向不同，不具有直接可比性，因此必须在对其进行无量纲处理和指标价值量化后，才能计算综合评价结果。

3. 指标数据获取

获取数据的方法包括统计问卷调查、现场走访等。由于服务外包企业必须随着发包商对业务的范围和时间经常进行动态调整，CRM 系统在运行与维护过程中不断地发生变化，因此采集指标数据不是一项一次性工作，数据采集和系统评价应定期进行，或在系统有较大改进后进行。

4. 通过建立的数学模型进行处理、分析

指标权重是每个指标在整个体系中相对重要性的数量表示。权重确定合理与否对综合评价结果和评价质量将产生重要影响。常采用层次分析法确定各指标权重。

5. 评价结果

最后给出一个综合的、合理的、全面的评价结果。

第三节　服务外包企业 CRM 风险识别与防范

服务外包作为一种高智慧、高人力、高附加值、低能耗的新兴产业，在全球范围内迅猛发展。正是服务外包的出现，使得企业得以专注于自身核心竞争力的构建和提升，进一步加深并优化了社会产业的再次分工，有力地推动了企业及社会经济的快速发展。众多优秀的服务外包企业有所为有所不为，专注于自己擅长的业务，在帮助客户实现业务拓展的同时为自己带来收益。

然而，尽管服务外包能为企业带来巨大的经济效益，一旦项目失败或者出现任何问题，为客户带来的损失也往往是不可估量的。服务外包中成功的案例不计其数，但是失败的案例更比比皆是，供应商与企业互相推诿更屡见不鲜。据 GARTNER 的统计，目前全球约有 50% 的外包业务是以失败告终的。而随着发包领域的不断扩大，除了传统的金融、电信和政府部门发包领域，有越来越多的新兴领域释放出巨大的发包市场，如制造业、电子商务、医药研发等等，而这些新兴产业对服务外包项目管理知识及经验的缺失则进一步增加了外包失败的风险。

一、风险的含义

企业在实现其目标的经营活动中，会遇到各种不确定性事件，这些事件发生的概率及其影响程度是无法事先预知的，这些事件将对经营活动产生影响，从而影响企业目标实现的程度。这种在一定环境下和一定限期内客观存在的、影响企业目标实现的各种不确定性事件就是风险。风险具有客观性、普遍性、必然性、可识别性、可控性、损失性、不确定性和社会性等特点。

二、服务外包企业外包管理的风险的识别

服务外包风险，从服务外包企业角度来看，是指服务外包企业在承接服

务外包过程中，由于内部原因、外部原因和各种不确定性因素的存在，使其未达到预期盈利或虽达到预期盈利，但服务令客户不满意而给接包企业带来的损失，前者是显性风险，后者是隐性风险。用公式表示为：$V = C_1 \times P_1 + C_2 \times P_2$（注：$V$ 是接包商的风险；C_1 是未达预期盈利所导致的损失；P_1 是接包方未到预期盈利的可能性；C_2 是发包商不满意所导致的损失；P_2 是发包商不满意的可能性）。根据企业的接包过程和企业接包的风险来源，我们拟定接包企业承接服务外包的风险综合分析框架。如图 8-1 所示：

源于接包项目的战略风险		
服务执行过程中的风险	合同签订	源于发包商的风险
		源于接包商的风险
	合同执行	源于交易过程的风险
源于外部环境的风险		

图 8-1　接包企业承接服务外包的风险综合分析框架

接包过程有战略决策和具体实施两个阶段。战略决策主要包括是否愿意提供服务外包和承接什么业务的服务外包。一般情况下，服务外包企业都是愿意提供外包服务的，所以战略风险着重分析企业接包项目的战略选择。具体实施分为合同签订和合同执行两个阶段。

服务外包企业的风险来源主要是从构成企业服务外包微观系统因素入手，其因素有：发包商、承包商、发（接）包项目、承包商与承包商之间的交易过程和外部环境。

将接包过程和服务外包企业的风险来源结合起来，就构成了图 8-1 所示的服务外包企业承接服务外包的风险综合分析框架。

结合上述分析框架，下面我们将对服务外包企业的风险展开具体分析：

1. 源于接包项目的战略风险

目前，国际服务外包向中国的转移，不仅规模巨大，而且种类繁多，如果企业不加选择承接服务项目，或者承接了与企业自身能力不相匹配的服务外包，那么，企业有可能因为服务质量的下降而失去市场机会，甚至拖垮整个企业。而且接包项目自身可能存在以下风险和问题：

因此，对拟接包项目要作如图8－2所示的分析：

象限1 会影响顾客购买决策的活动；必须留在企业内	象限2 失败或残破不堪的流程或活动
象限3 健康的非核心企业活动；外包的优良候选人	象限4 表现差强人意（但是没有出问题）的非核心企业活动，可通过外包来强化

图8－2 适合接包的项目分析

资料来源：多明主兹.企业外包实务.北京：中国财政经济出版社，2007.

第一，接包的项目是本身有问题的或残破不堪的流程或活动。有问题的项目外包只是将问题从一个国家或地区移到另一个国家或地区，并不有助于问题的解决。图8－2象限二的项目可能是接包企业单方根本就无法解决的"死问题"。第二，接包的项目中含有国家法律不允许或违反行业规定的内容。比如医药研发外包服务流程中，许多跨国医药公司将医学实验流程发包给我国的医药科研院所，但并不是所有的医学实验在我国都是允许的，因此必须了解相关的法律规定。第三，接包的项目是会影响顾客（消费者）购买决策的活动。图8－2象限1的项目由于直接影响到顾客的购买决策活动，一旦顾客投诉或拒绝购买，项目就面临被"召回"的风险。第四，接包项目所需的资产专用性和交易频率高。项目所需的资产专用性很高，接包企业要进行知识、技术、设备等专项投资，这些投资如果只能在单一客户服务中使用，会造成规模不经济，还会形成资产被锁定，从而导致接包商对发包商的依赖，丧失议价能力。项目的执行如需要接、发包商之间经常面对面或远程磋商、交流，交易频率很高，会产生高昂的商务旅行、咨询费用，从而增加接包商的成本，导致财务风险。

2. 源于发包商的风险

第一，合同签订中源于发包商的风险。①在签订合同前，发包商未给项目足够的关注，对业务外包带来的商业价值估计不足；②发包企业管理层在把某个业务功能外包之前，发包商的期望没有清楚地让接包商了解；没有给出明确的项目说明，外包项目的必要条件和规范不明确，也没有建立好衡量绩效的基准线；③发包企业将业务外包之前，没有让内部员工了解其意义，内部支持形同虚设；④发包企业对外包的成本估计不足，只愿接受最低的投标价格。

第二，合同执行中源于发包商的风险。①在外包合同执行过程中发包商缺乏适当的项目管理，缺乏对接包商有效的沟通、反馈、监督、激励；②在服务外包合作的早期磨合阶段，也就是项目的转移过渡期，发包商没有分配优秀的职员参与合作工作，或分配的成员缺乏外包经验、必备的技术和积极的工作态度；③发包商不在预先确定的时间内及时付款；④发包商在合约期间变更项目范畴；⑤项目执行中，发包商参与外包项目合作的人员流动性比较大，影响项目进行的进度；⑥发包商以各种理由终止合同，导致接包活动彻底失败。

3. 源于接包商自身的风险

第一，合同签订中源于接包商的风险。①接包商对接包的成本估计不足，尤其是隐含的协调成本和售后服务成本估计不足，报价过低，导致财务风险；②接包商不十分了解发包商的技术环境和技术能力，因此不知道该流程细节要求以及发包商原流程运作；③接包商没有充分参与外包合同的讨论、制定，未弄清楚发包商的需求，未明确双方各自的责任、权利与义务，急于签约，这样会造成合同风险；④接包企业规模偏小，影响接单能力，也无法产生规模经济；⑤接包企业恶性竞争，相互压价，影响企业利润，也无法树立整体品牌形象。

第二，合同执行中源于接包商的风险。①接包商缺乏成功完成接包项目所需的知识、技能与作风，导致接包商交付质量无法满足业主的期望，影响自身声誉和后续接包；②接包商人员流动大。这样会造成项目进度受到影响，对于某些机密性较强的外包项目，容易引发商业机密泄露的风险；③接包商缺乏相应的外包经验，不能与发包商进行项目知识的有效传递，导致发包的业务不能与发包企业其他业务流程很好连接；④接包商可能出现资金不足的现象；⑤接包商可能存在"隐藏行为"的道德风险，不积极主动与发包商进行知识、技术、进度的沟通，和发包商之间的关系不甚愉快。

4. 源于交易过程的风险

第一，合同签订中源于发、接包商交易过程的风险。①发、接包商对合同文本术语的理解有偏差；②签订的合同不够完备，合同缺乏相关责任义务和惩罚的规定；③合同缺乏灵活性和激励性；④合同是否指定第三方监管不明确。第二，合同执行中源于发、接包商交易过程的风险。①发、接包企业在合同执行的过程中缺乏有效的沟通；②由于文化、语言上的障碍导致发、接包商沟通困难，或沟通过的问题遭曲解。

5. 源于外部环境的风险

外部风险主要是指：①由于发包国由于经济、政治或自然环境的巨变，造成外包政策变动和发包需求的不稳定；②来自其他接包国激烈的竞争；③来自汇率的剧烈波动。

三、服务外包企业外包管理的风险防范

服务外包企业应针对上述提到的两个阶段和五个风险来源的风险，采取不同的方式，进行防范和规避，其总的思路是：充分的准备、严密的合同设计和有力的监控。下面是一些具体的方法和措施。

1. 源于接包项目的风险规避

（1）对拟接包项目有充分的了解和认识。服务外包企业应就拟接包的项目与发包商充分探讨，了解完成该项目所需的专有知识、技术、设备，行业或法律规范，尤其是该项目在原发包企业内部运营或实施的状况，预期达到的结果以及与顾客购买决策密切相关的活动。此外，还要了解该项目的市场报价、竞争者状况等。

（2）对拟接包项目进行重点选择。首先，对于拟接包的项目要按照图8-2进行认真分析，四个象限对号入座。象限1和2的的活动项目接包企业不适合接包，象限3、象限4应该是接包企业重点选择的项目。

其次，对于资产专用性和交易频率高的项目要谨慎接包。对于资产专用较高的项目，服务外包企业在拟接包前，一定要和客户达成长期外包协议或者要求发包企业共同投资，业务结束后，资产按一定比例折旧由发包企业购买。对于交易频率高的项目，要加强项目管理，合理节省交易费用，并在报价中加上可能的交易费用。

（3）对项目与企业内外部因素进行匹配分析。俗话说知己知彼，百战不殆，企业在了解了拟接包的项目，并进行重点选择之后，还要通过对企业的人员构成、技术水平、财务状况、固定资产规模、社会声誉、组织文化、历史负担等与项目进行匹配分析，找出企业的优势和劣势，并进行罗列，还要对企业所处的外部环境有一个清楚的认识，在项目—企业内外部因素匹配分析的基础上制定出不同于别的企业的战略基础。通过匹配分析，将项目的特征与自己的成本和收益进行客观评估，确实不适合自己做的项目要敢于放弃。

2. 服务外包企业主导源于发包商的风险规避

服务外包企业遭遇的风险可能是由于发包商的原因造成的，但是多数情况下，服务外包企业由于掌握了外包业务所需的专门技术，积累了比客户更

多的外包实践经验，更有可能评估外包风险，有能力制定降低风险的策略。不过，服务外包企业能否主动帮助客户减少客户风险，还与他在交易中所处的地位有关。服务外包企业主导源于发包商的风险规避主要有：

（1）积极主动地与发包企业建立战略合作伙伴关系。战术型伙伴关系在本质上是短期的，小范围的，基于任务式的，其目的主要是降低成本。战略型合作伙伴关系，是企业间长期合作的一种关系，服务外包企业不仅仅是帮发包商降低成本，还帮其获取竞争优势、提高供应链效率。服务外包企业应积极主动地表现自己的诚意，恪守各项承诺，并通过自身优质高效的服务获得对方的信任，使其愿意与自己建立战略合作伙伴关系。

（2）合同签订前，与发包商充分讨论沟通，科学估计外包的商业价值。发包企业为什么要考虑外包？这个问题没有弄清楚，就贸然行动，只会增加失败的机会。因此，服务外包企业在正式签订合同前，与发包企业充分地讨论、沟通，可以澄清这一问题。将外包的商业价值进行罗列，弄清楚这一问题，发包企业可以有目的地制订外包计划，服务外包企业可以尽早明确外包商的需求，评价自身的实力，早做准备，确保项目的顺利完成。

（3）合同签订前，与发包商仔细核算，科学估计外包成本。发包商的外包成本包括前期调研、决策成本，与接包商协商谈判，合同拟定的应付账款成本和合同变更成本，项目移交成本等，如果这些成本加起来大于内置成本，且外包的目的只是为了节省成本，就不应该外包。服务外包企业的接包成本除了与发包商协商谈判成本、新增设备的购置成本、人员工资福利成本、售后服务成本，还有很大一笔成本就是与发包方的人员往来的成本。双方只有在沟通交流的基础上，仔细核算，对各自的成本构成有了较为科学的估算之后，才能合理地报价和出价，签订双赢合同。

（4）建议合作双方派员共建外包项目管理委员会。发包商可建议合作双方派员共建外包项目管理委员会，并且建议对方指定一名外包项目经理，全程跟踪或参与外包项目。这样可以避免双方疏于对项目的管理、缺乏有效的沟通和员工对该项目的支持造成的风险。

（5）建议合作双方建立外包知识管理体系。建立知识管理体系有助于知识的吸收和传递，有助于将双方企业雇员在服务过程中积累的个人经验、向第三方学习的新知识、个别员工掌握的知识等隐性知识变为显性知识，将个人的知识变为组织的知识。这样也会避免因为关键核心员工的流失，关键的知识、技术也随之流失无存，给接、发包商带来巨大的损失。还会为项目的转移节省时间，降低交易费用。

3. 源于服务外包企业自身的风险规避

（1）树立全程风险管理观念以增强风险识别能力。在接包的前期阶段，服务外包企业一定要详细地了解客户的需求，询问项目难点及项目要求，在此基础上对服务项目的难度进行客观的评估。另外，服务外包企业要在专业技术人员及职工内开展广泛调研，并且结合企业自身的软、硬件情况，以判断企业是否真正具有服务项目的接包能力及运营项目的盈利能力。在服务项目的运营阶段，服务外包企业要将风险意识灌输到每一个员工的思想意识中，这样，在服务项目生产的整个周期中，才能够广泛地听取意见与建议，实现对风险的有效管理。

服务外包企业增强风险识别能力可以通过两种途径：一是建立和完善风险事故的记录与统计分析，这是进行风险识别与风险评估的依据。二是采用适合于接包企业的科学的风险识别方法。

（2）对发包商进行评估。对发包商进行评估主要是评估发包商对该业务流程的了解程度，服务质量的考核方法，发包商的商业信誉、规模以及财务状况等，前者关系到实施过程中发包商的满意度以及双方合作关系的建立，后者在于评估发包商能否及时并积极提供相关信息、帮助以及报酬问题。

（3）积极加入行业协会，规范接包行为。企业家主导的行业协会的成立，规范行业行为，体现在四个方面：第一，防止服务外包企业的恶性竞争，相互压价；其次避免服务外包企业"漫天要价"，吓走发包商。第二，对服务外包企业的行业自律、服务要求等作出明确的规定，提高服务外包的总体水平，打造"中国服务"的整体品牌。第三，促进服务外包企业甚至是互为竞争对手的服务外包企业通过建立企业联盟、合资企业、合作企业、虚拟组织等形式，协调合作，共同提供外包服务。第四，游说服务外包管理机构制定国家行业标准，确定承接离岸服务外包企业的认定条件，建立离岸服务外包风险基金，增强接包企业抵御风险的能力。

（4）服务外包企业自身要做大做强或做专做精以提高抗风险的能力。有条件的服务外包企业可以通过并购、重组或虚拟联盟等方式做大做强，有些中小企业暂时无法做大，可以通过走专业化道路做专做精以提高自身抗风险的能力。

（5）服务外包企业要注意学习相关法律，注重了解发包方文化。服务外包企业作为外包业务的承接主体，注重学习相关的法律，有利于在合同中维护自己的权益，也促使自己积极主动地遵守法律的相关规定，认真履行外包合同，不违约。

服务外包企业积极主动地学习了解发包国、发包企业的文化，将有助于自己在接包过程中更好地了解对方的需求，避免交流障碍，节省交易费用，也有助于和对方建立长期合作的战略联盟关系。

（6）服务外包企业要和职员签订保密协定，并留住核心成员。服务外包企业要和参与服务外包项目的员工签订保密协定，严防关键技术和客户信息、资料泄密，从而引发知识产权纠纷并导致信誉受损。同时，对核心成员加强柔性管理，提高他们对组织的满意度和忠诚度，留住核心成员，这样既可避免信息和技术的泄密的风险，又可避免核心人力资源的流失影响项目的进度和质量，还可节省招聘新员工及对新员工培训的费用等。

4. 源于交易过程的风险防范

（1）签订基于服务水平协议的双赢服务外包合同。由于服务外包需要提供的服务具有无形性，为了减少发包商与服务外包企业之间对服务质量的期望落差，双方拟定一个完整的服务水平协议（service-level agreement，SLA），这是整个外包合约中不可或缺的一部分。

一份有效的 SLA 必须整合两种元素：服务元素与管理元素。它通常应该包括如下条款：协议的目的、协议的主体、协议有效期、服务范围、限定条件、服务等级目标、服务等级指标、奖励条款、处罚条款、例外情况、质量报告、服务争端的解决流程。

这些条款在防范交易过程的风险的作用如图 8-3 所示：

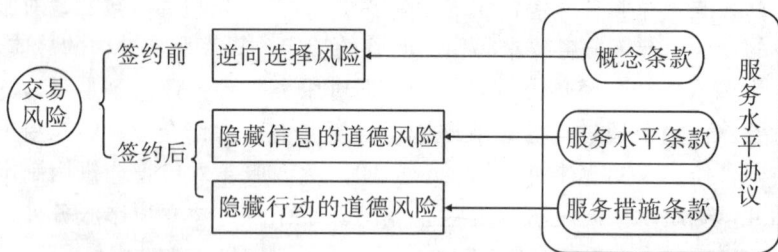

图 8-3　服务水平协议在交易过程中的防范

（2）对服务水平协定中的概念进行验证。在洽谈任何外包交易之前，对基于服务水平协议的合同中可能出现的一些关键术语或概念要进行验证，这个概念验证的程序要从纸上验证进入实体验证阶段，即在真实的环境中进行实验、示范，以便双方充分理解其含义和要求，达成一致。

（3）双方保证及时沟通。由于外包的不确定性，在合同执行过程中，难免会有一些变化，比如企业的需求可能会随着技术的变革和业务的需要有所变化，服务商可能会出现一些技术问题而不能按合同规定的标准服务。这时，双方就需要及时沟通，共同协商来解决。

（4）外包领导小组定期会晤检查项目的执行情况。发包经理全职投入承包工作小组，及时沟通可以在很大程度上减少交易风险。合同签订前双方高层主管及核心技术人员组成的外包领导小组定期会晤，对工作进展定期检查，汇报、沟通也是必不可少的。

5. 源于外部环境的风险规避

（1）接包市场多元化，接包业务多样化。接包市场多元化，接包业务多样化，可以有效应对发包国外包政策变动，外包需求剧烈波动，给接包国经济带来负面影响的风险。

首先，离岸接包市场要多元化。既要巩固已形成本国比较优势的日韩市场，又要努力开拓欧美市场和其他一些新兴市场，改变接包市场过于集中的状况，逐步建立起接包市场多元化的总体格局。

其次，高度重视承接本土服务外包战略。我们在鼓励承接离岸服务外包的同时，也要高度重视承接本土的服务外包，这样不仅可以规避来自发包国经济、政治或自然环境的巨变造成外包市场需求剧烈波动的风险，还可以规避接包国过于依赖国外市场导致其经济脆弱性加大的风险，以及汇率波动的风险。

最后，接包业务多样化战略。接包业务多样化，就是说我们既要做ITO，也要做BPO，还要做KPO，不断向外包价值链高端延伸。

（2）加强企业战略管理、结构调整，与同业有序竞争。服务外包企业通过加强战略管理、结构调整与同业有序竞争，形成整体国家整体竞争优势，才能应对其他接包国激烈的竞争。

首先，有一定实力的服务外包企业通过多种方式"做大做强"。通过"兼并、重组、联合、上市"等资本运作手段，迅速扩大规模、夺取市场份额、增强其在国际市场上的总体竞争力。那些目前还没有实力"做大做强"的企业，也要进行战略管理，依靠国内强大的市场需求，进入某一个垂直细分市场，"做精做强"，并积极推行质量体系认证，使企业的业务水准得到世界范围的认可。

此外，服务外包企业要加强行业自律，规范接包行为，形成有序竞争，在竞争中合作，在合作中竞争，增强企业的业务能力和抗风险能力，扩大企业的知名度。

（3）采用多种方式规避汇率风险。首先，采用行业整体发展战略。对于外包企业来说，"联盟"或"集团"的成立实际上就是一种应对汇率风险的战略。其次，扩大国内服务外包市场需求。再次，提高企业自身竞争力，形成高端服务外包产业链。最后，企业合理地对结算货币进行管理，正确使用各种金融工具规避风险。

【章末案例】

Telerx 公司的客户关系管理

美国得克萨斯州的美国心脏协会（AHA）是一家非营利机构，过去该机构一直通过自己的电话中心或者邮件系统向客户提供服务。全美大约分布着1 000个AHA的分支机构，1997年初AHA选择了集中化的电话处理战略，并推出了它的免费电话号码。然而，鉴于自行管理电话中心的高开销，AHA最终作出了外包其电话和E-mail业务的选择。不过，令AHA感到遗憾的是，它的第一次外包经历并不成功。1999年5月，AHA开展的一次大规模客户服务活动几乎遭到彻底的失败，2000年8月，AHA不得不又重新选择了一家新的外包商——宾夕法尼亚的Telerx公司。Telerx公司从其位于宾夕法尼亚的新电话中心为AHA接听所有的客户电话。Telerx的一个由28个专门代理商组成的代理队伍，从星期一到星期六的上午6点到午夜12点不间断地接听、处理所有AHA客户的电话和E-mail消息。全部电话源于4个独立的免费号码，这些电话和E-mail消息包括AHA的各种服务内容。Telerx把这些电话路由给相应的代理商，这些代理商全部拥有针对多服务领域回答客户电话的能力。如果必要的话，Telerx也会把电话直接传送给AHA总部的职员。同时，Telerx自己的雇员队伍也同时在接听客户的电话，除此之外，他们还负责对AHA的E-mail和常规邮件的处理。当电话过于繁忙时，客户还可以把电话打到一个叫IVR的系统，这一系统可把客户的电话转给一个能够及时向他们提供服务的代理商。目前，Telerx仅负责处理AHA的免费电话。为了进一步改善其客户服务能力，AHA正在计划扩展它的在线业务、开发它的Web网点，以鼓励更多的人向其发送E-mail消息。看来，Telerx的业务又该扩大了。

讨论题：

结合本章所讲的内容，分析上述案例中"Telerx的业务又该扩大了"的原因何在？

【本章小结】

本章从三个方面对服务外包企业客户关系的监督和控制进行了阐述，首先阐述了服务外包企业服务管理体系的健全与完善。这部分从服务管理的概念开始阐述，讲到服务管理的内涵，然后讲到服务管理的核心目标就是要以客户服务质量感知为决定要素。同时对服务外包企业服务管理体系的构成进行了阐述，讲到了外包服务管理体系构建的基本原则和外包服务管理体系的构成要素。其次就是服务外包企业 CRM 系统实施的绩效评价。这部分主要服务外包企业 CRM 的绩效评价原则、绩效评价指标、绩效评价步骤等方面来进行分析。最后讲述服务外包企业 CRM 的风险控制。这个部分主要阐述了服务外包企业在客户关系管理的过程中要如何注意风险的识别和防范这两方面的问题。

【思考题】

1. 什么是服务管理？
2. 简述服务外包企业 CRM 系统实施的绩效评价原则。
3. 简述传统绩效评价系统的局限性。

【自测题】

一、不定项选择题

1. 以下哪些属于服务管理的发展阶段？（　　　）。

A. 服务觉醒　　　　　　　　B. 跳出产品模式

C. 跨学科研究　　　　　　　D. 回归本原

2. 以下哪个属于企业运作的第一驱动力？（　　　）。

A. 财务管理　　　　　　　　B. 服务管理

C. 人力资源管理　　　　　　D. 仓库管理

3. 以下属于外包服务管理体系构建的原则的是？（　　　）。

A. 顾客导向　　　　　　　　B. 长期关系导向

C. 员工导向　　　　　　　　D. 产品导向

4. 内部营销包括哪两个层面？（　　　）。

A. 销售管理　　　B. 服务管理　　　C. 态度管理　　　D. 沟通管理

5. 以下哪些属于服务外包企业外包管理的风险来源？（　　　）。

A. 源于接包项目的战略风险

B. 源于发包商的风险

C. 源于接包商自身的风险

D. 源于发、接包商交易过程的风险

6. 以下哪些属于服务外包企业外包管理的风险防范措施？（　　　）。

A. 源于接包项目的风险规避

B. 源于服务外包企业自身的风险规避

C. 源于交易过程的风险防范

D. 源于外部环境的风险规避

7. 以下哪些属于风险的特性？（　　）。

A. 普遍性　　　　B. 必然性　　　　C. 可识别性　　　D. 可控性

8. 下列属于服务外包企业 CRM 系统实施的绩效评价原则的是（　　）。

A. 在财务指标与非财务指标间达成平衡

B. 兼顾短期和长期利益

C. 战略目标与战术目标相结合

D. 定量与定性相结合

9. 平衡计分卡从哪几个方面综合衡量企业绩效？（　　）。

A. 财务　　　　　B. 客户　　　　　C. 业务流程　　　D. 学习与成长

10. 企业较为流行的 CRM 绩效评价指标包括（　　）。

A. 销售量和销售额　　　　　　B. 市场份额

C. 成本降低　　　　　　　　　D. 顾客抱怨

二、名词解释

1. 服务管理

2. 风险

三、简答题

1. 简述服务管理的内涵。

2. 简述服务外包企业 CRM 系统实施的绩效评价指标选取。

3. 简述外包服务管理体系构建的基本原则。

参考文献

［1］韩小芸，申文果．客户关系管理．天津：南开大学出版社，2009.

［2］李怀祖，韩新民．客户关系管理理论与方法．北京：中国水利水电出版社，知识产权出版社，2006.

［3］綦方中等．客户关系管理原理与技术（第二版）．杭州：浙江大学出版社，2011.

［4］邵兵家．客户关系管理（第二版）．北京：清华大学出版社，2010.

［5］赵冰，陶峻．客户关系管理．北京：经济管理出版社，2010.

［6］周洁如，庄晖．现代客户关系管理．上海：上海交通大学出版社，2008.

［7］张婷，李莉娜．浅谈企业业务外包．今日湖北，2007（4）：51～52.

［8］吕建中．外包——企业获得竞争优势的手段．北京工商大学学报，2002（6）：47～48.

［9］王立明，刘丽文．外包的起源、发展及研究现状综述．科学学与科学技术管理，2007（3）：151～152.

［10］武力超．服务外包研究综述．西安电子科技大学学报，2009（4）：6～7.

［11］尹涛．企业业务外包决策及管理策略研究．武汉理工大学学报，2006（8）：15～18.

［12］刘征驰．服务外包组织治理模式与运行机制研究．湖南大学学报，2012（1）：1～3，17～25.

［13］徐勇．服务外包——理论解释与实证研究．吉林大学学报，2011（5）：46～74.

［14］彭璋．浅议中国服务外包的 SWOT 分析及对策建议．企业导报，2011（21）：114.

［15］王瑛．国际外包业务承接企业的案例分析——以印度 Wipro 公司的发展为例．商业现代化，2008（11）：362.

［16］王燕妮，李华．论服务外包产业领域的分类及发展方向．商业时

代，2012（13）：47～49.

[17] 周游，徐玲玲．客户关系外包管理．北京：化学工业出版社，2012.

[18] 魏秀敏．服务外包300问．天津：天津大学出版社，2011.

[19]【英】查菲等著．网络营销：战略、实施与实践（第3版）．马连福等译．北京：机械工业出版社，2008.

[20] 陈拥军，孟晓明．电子商务与网络营销．北京：电子工业出版社，2012.

[21] 吴友富，陈霓．新编整合营销．上海：上海外语教育出版社，2010.

[22] 张扬，陈丽娜．整合营销传播．长沙：中南大学出版社，2009.

[23] 王岩，任建国．整合客户关系管理：打造商业银行的竞争力．辽宁商务职业学院学报（社会科学版），2003（4）.

[24] 宁娇．企业网络营销策略．企业导报，2011（1）.

[25] 潘玉峰．基于客户生命周期的客户关系管理策略．宁波大学硕士学位论文，2011.

[26] 赵春雨，王艳红．服务外包企业客户关系管理．北京：化学工业出版社，2012.

[27] 李筱荔．运营商基于客户关系生命周期的营销策略．管理学研究，2011（6）：146～147.

[28] 陈小峰，李从东，李亚东．客户关系管理在我国企业应用过程中的概念广义化研究．企业发展，2007（7）.

[29] 沈秀梅．浅谈客户关系管理中的客户识别．科技情报开发与经济，2008（18）.

[30] 黄浩．论客户信息资源管理．湖南有色金属，2001（5）.

[31] 郭立宏，张海兰，景勤娟．客户关系管理中的客户细分．辽宁行政学院学报，2008（9）.

[32] 胡少东．客户细分方法探析．工业技术经济，2005（7）.

[33] 戴俊良．客户定位策略及应用研究．经营管理，2007（1）.

[34] 北京全聚德烤鸭店的顾客细分．中国经营报，2002-01-21.

[35] 刘菊．试论现代企业客户关系的建立与管理．营销在线，2011（2）：38～39.

[36] 徐忠海，王玲．基于客户关系生命周期的CRM理念．科研管理，2003，24（6）：98～99.

［37］白溪冲．客情关系与渠道维护——来自渠道的告白．销售与市场，2000（1）．

［38］吴见平，张玲．电子产品市场客户忠诚关系维持的因素研究．工业工程与管理，2012，17（1）：91～94.

［39］张朝阳．怎样让客户对你更忠诚．印刷工业，2010（7）：59～60.

［40］霍映宝，韩之俊．客户忠诚述评．商业研究，2004（4）：77～80.

［41］朱道平．用诚信服务赢得客户信任．信息网络，2007（12）：66～67.

［42］肖传亮．提高客户感知价值策略探析．当代经济，2007（12）：74～76.

［43］张月莉．利用转换成本培育客户忠诚．中国高等院校市场学研究会2009年年会论文集．362～363.

［44］尹志彬．物流客户的差异化管理．市场周刊（新物流），2009（2）：59.

［45］白志根．客户满意度管理一般过程．当代经理人，2007（12）：104～106.

［46］彭志忠，李蕴．客户关系管理：理论、实务与系统应用．济南：山东大学出版社，2005.

［47］张素珍．防范企业老客户流失的探讨．机械管理开发，2006（3）：136～137.

［48］苏立国．利乐：为客户创利 与客户同乐．企业改革与管理，2008（7）：44～45.

［49］弓宪文，邓正华．第三方物流企业客户差异化服务策略探讨．重庆教育学院学报，2011，24（3）：115～117.

［50］杨俐．客户沟通在客户关系管理中的应用．合作经济与科技，2009（8）：54～55.

［51］张一．与不同类型客户互动．中华合作时报，2012-02-24（B05）．

［52］王伟，唐维俊，袁昌松，朱树存．网络化制造环境下的个性化客户管理．制造业自动化，2003（9）：1～3.

［53］祝钧陶，陈予．试析客户价值的识别和差别化服务的策略．湖北省社会主义学院学报，2003（5）．

［54］李践．客户价值的开发要靠服务．中国证券报，2007-10-30（A20）．

［55］陈明亮，李怀祖．客户价值细分与保持策略研究．现代生产与管理技术，2001.

［56］杨萍，王燕燕，王新宇．呼叫中心的客户关系管理能力提升研究．经管空间，2012（1）．

［57］周光宇．外包呼叫中心关键技术研究——助力企业发展．北京：北京邮电大学出版社，2010.

［58］汤兵勇，王素芬．客户关系管理．北京：高等教育出版社，2003.

［59］庞鸿藻．略论呼叫中心运营战略管理及绩效评估．现代财经，2008，28（220）：47～51.

［60］杜丽芳．基于 CRM 的呼叫中心的运营管理．中国市场，2012（52）：58.

［61］史婧．关键绩效指标应用问题初探．东方企业文化，2011（32）．

［62］徐姝．企业业务外包战略运作体系与方法研究．长沙：中南大学出版社，2006.

［63］国际外包中心（IOC），中国服务外包研究中心，商务部培训中心．国际外包：国际外包运作与管理（第 2 册）．北京：经济管理出版社，2008.

［64］陈建华．质量管理的 100 种方法．北京：中国经济出版社，2006.

［65］中国会计报．加强业务外包管理　防范业务外包风险．凤凰网，2010 - 07 - 09.

［66］杨继东．外包服务质量管理问题的几点思考．客户世界，2008，4（27）．

［67］许燕冰．外包合作中质量管理的制胜法宝——某省移动公司外包方服务质量管理咨询项目经验浅谈．CTI 论坛，2007 - 12 - 27，http：//www. ccmw. net/article/20698.

［68］王厚东．呼叫中心质量监控外包．CCSS，2006（9）．

［69］博锐管理在线．中外运敦豪实施平衡计分卡的启示．客户世界，2006，5（18）．

［70］Dick Alan S. & Kunal Basu. Customer Loyalty：Toward An Integrated Conceptual Framework. *Journal of the Academy of Marketing Science*，1994，22（2）：102.

［71］Oliver Richard L. A Cognitive Model of the Antecedents and Consequences of Satisfaction Decisions. *Journal of Marketing Research*，1989，17（4）：462.

［72］Reichheld F. F. *The Loyalty Effect*：*The Hidden Force Behind Growth*，*Profits and Lasting Value*. Boston：Harvard Business School Press，1996.

图书在版编目（CIP）数据

服务外包客户关系管理/陈震红主编．—广州：暨南大学出版社，2013.8
（广东外语外贸大学国际服务外包人才培训系列教材）
ISBN 978 – 7 – 5668 – 0539 – 3

Ⅰ.①服… Ⅱ.①陈… Ⅲ.①服务业—对外承包—企业管理—供销管理
Ⅳ.①F719

中国版本图书馆 CIP 数据核字(2013)第 080502 号

出版发行：暨南大学出版社

地　　址：中国广州暨南大学
电　　话：总编室（8620）85221601
　　　　　营销部（8620）85225284　85228291　85228292（邮购）
传　　真：（8620）85221583（办公室）　85223774（营销部）
邮　　编：510630
网　　址：http：//www.jnupress.com　http：//press.jnu.edu.cn

排　　版：广州市天河星辰文化发展部照排中心
印　　刷：湛江日报社印刷厂

开　　本：787mm×1092mm　1/16
印　　张：13.25
字　　数：246 千
版　　次：2013 年 8 月第 1 版
印　　次：2013 年 8 月第 1 次
印　　数：1—2000 册

定　　价：33.00 元